Ata, Ennatz, Susi, Yyyves

82 Köpfe des Revierfußballs

Edition
ReVier Sport

KLARTEXT

Kai Griepenkerl

Ata, Ennatz, Susi, Yyyves

82 Köpfe des Revierfußballs

Umschlagabbildung
Halde Hoheward in Herten (Foto: Janina Kumpies)

Edition
ReVierSport

Band 1

Die Edition RevierSport wird von Ralf Piorr herausgegeben.

1. Auflage Januar 2012

Satz und Gestaltung
Prokom Medienberatungs- und Verlagsgesellschaft, Essen

Druck und Bindung
Aalexx Buchproduktion GmbH, Großburgwedel

www.klartext-verlag.de

Editorial

Falsche Erwartungen führen zu Enttäuschungen, Wut und Trainerentlassungen. Klären wir das Wesentliche also vorweg: Dieses Buch erhebt nicht den Anspruch, die größten Revierfußballer aller Zeiten abzubilden. Vielmehr will es Ihnen neben den lebenden Legenden auch die Kicker mit den interessantesten Geschichten näher bringen.

Sie werden „Ata" Lameck ebenso begegnen wie Achim Weber, dem ein abgebrochener Zahn die Karriere in der DFB-Auswahl ruinierte. Sie werden „Ennatz" Dietz, „Ente" Lippens und „Susi" Zorc treffen, aber auch „Kobra" Wegmann, dem nach der Fußball-karriere der Biss abhanden gekommen ist. Sie werden von Ruhrgebiets-Originalen wie „Hoppy" Kurrat und Joachim Hopp lesen, aber auch von Zugereisten wie Yves Eigen-rauch, Dariusz Wosz und Samy Sané, die dem Charme des Reviers erlegen sind. Sie treffen den Kult-Schiedsrichter Wolf-Dieter Ahlenfelder ebenso wie Otto Rehhagel und Rolf Schafstall, die erst als Trainer die ganz große Karriere hingelegt haben. Der Super-star Mesut Özil kommt genauso wie Sascha Mölders vor, der mit Augsburg in der Bun-desliga spielt und jede Möglichkeit nutzt, Rot-Weiss Essen als Fan in der Regionalliga zu begleiten.

Die Vielfalt der vorgestellten Charaktere soll den Reiz dieses Buches ausmachen. Und sie soll idealerweise ermöglichen, so etwas wie das Bild des Revierfußballers zu zeich-nen. Vor allem aber möchte Ihnen dieses Buch die Menschen hinter den Fußballstars näher bringen, dank Interviews, die so noch nicht geführt, und Antworten, die so noch nicht gegeben worden sind.

Der Großteil der Gespräche entstand im Rahmen der RevierSport-Serie „Mein ers-ter Platz", für die prominente Kicker auf ihrem ersten Fußballplatz abgelichtet werden. Diese besondere Situation, in der die Stars häufig erstmals nach Jahrzehnten an den Ur-sprungsort ihrer Karriere zurückkehrten, bot den idealen Rahmen für sehr persönliche Unterhaltungen. Nebenbei bot sich mir die Gelegenheit, mit Willi Landgraf durchs Ge-büsch zu kriechen, von Otto Rehhagel mit Lebensweisheiten bedacht zu werden, Klaus Fischer einen Hausbesuch abzustatten und eine innige Telefonfreundschaft mit Manni Burgsmüller zu begründen. Diesen Erlebnissen ist oft eine lange Suche nach der richti-gen Telefonnummer vorausgegangen. Da fand Christa Ternow von der Geschäftsstelle des VfL Bochum tatsächlich noch die Nummer von Yildiray Bastürk, konnte mir die Duisburger Legende „Pitter" Danzberg den Kontakt zu Wolfram Wuttke herstellen und wusste Willi Lippens zu berichten, dass sein alter Kumpel Hansi Dörre in der Nähe von Bad Honnef lebt und im Telefonbuch steht.

Die Auswahl der Protagonisten war höchst subjektiv und sollte gewährleisten, dass jeder der großen Reviervereine in einem angemessenen Umfang vertreten ist. Es wur-den Persönlichkeiten ausgewählt, die alles widerspiegeln, was die Menschen am Fußball im Revier lieben. So hoffe ich, dass die erfreute Wiederentdeckung längst vergessener Fußballer die Enttäuschung über nicht berücksichtigte Kicker mindestens aufwiegt. Es wäre eine gute Grundlage dafür, dass Sie beim Lesen dieses Buches ähnlich viel Freude verspüren wie ich es beim Verfassen tat.

Inhalt

„Ich wollte nie weg": Abel 1979 im Trikot des VfL Bochum.

Jochen Abel
Die rheinische Revierlegende

Ob nun in Herne, Bochum oder auf Schalke: Wo Jochen Abel spielte, war der nächste Treffer nicht weit. Abel war ein klassischer Torjäger und wurde als solcher zu einer Legende des Revierfußballs. Dabei stammt er eigentlich aus Düsseldorf und hat während seiner Profikarriere in Ratingen gewohnt. Immerhin findet er in seiner Vita ein paar Parallelen zum Revier: „Mein Vater stammt aus Moers, mein Großvater hat unter Tage gearbeitet."

Seit 25 Jahren lebt Abel ganz fern vom großen Fußball in Liechtenstein. Ins Ruhrgebiet kommt er kaum noch: „Wenn ich in Deutschland bin, dann meistens im bayerischen Raum. Ich fahre öfters nach München, in das Tessin oder nach Zürich." Und auch mit dem Fußball hat er kaum noch etwas zu tun: Abel arbeitet als Logistiker in einer großen Firma, die Steckerverbindungen für die Audio-Industrie vertreibt. Er wirkt glücklich in seinem heutigen Leben, fernab vom Rampenlicht.

Jochen Abel
(* 25. Juni 1952 in Düsseldorf) absolvierte zwischen 1972 und 1984 183 Bundesligaspiele (70 Tore) und 103 Zweitligapartien (45 Tore) für Fortuna Düsseldorf, Westfalia Herne, den VfL Bochum und Schalke 04. Noch heute ist er mit 60 Treffern Bochums Bundesliga-Rekordtorschütze. Zudem hält Abel mit 22 Elfmetern, die er allesamt verwandelte, den Bundesligarekord. Seit 1987 lebt er mit seiner Familie in Liechtenstein, wo er als Logistiker arbeitet.

Jochen Abel, wie wird man als Düsseldorfer zu einer Legende des Revierfußballs?
Da gehört auch ein bisschen Glück dazu. Ich war zum richtigen Zeitpunkt im richtigen Verein. Am Anfang meiner Karriere wurde ich mit Fortuna Düsseldorf zwei Mal Dritter in der Bundesliga. Für mich als jungen Spieler war es ideal, von den Profis wie Klaus Budde zu lernen. Und für meine Reife war es wichtig, zu einigen Kurzeinsätzen zu kommen.

Warum sind Sie mit 23 Jahren zwei Klassen tiefer zu Westfalia Herne gewechselt?
Ich hatte jung geheiratet und musste meine Familie durchbringen. Bei der Fortuna gab es damals nicht so viel zu verdienen. Da kam mir das Angebot von Erhard Goldbach sehr gelegen. Ich habe in Herne wesentlich mehr verdient und mir wurde eine berufliche Perspektive geboten.

Später wurden Sie zum Bochumer Rekordtorschützen in der Bundesliga.
Dass bis zum heutigen Zeitpunkt keiner den Rekord übertroffen hat, ist eine schöne Sache. Aber ich lege keinen Wert darauf. Ich hatte eine schöne Zeit beim VfL, aber alles ist vergänglich.

Warum haben Sie das Revier nicht mehr verlassen?
Ich wollte nie weg, auch wenn die Angebote von überall herkamen: Bayern München, Ajax Amsterdam, VfB Stuttgart. Aber meine Familie war mir wichtiger als alles andere.

Haben Sie mal nachgedacht, was bei den Bayern alles möglich gewesen wäre?
Um ganz ehrlich zu sein: So einen Gerd Müller zu verdrängen, das wäre sehr schwer geworden. Er war ein Weltklassestürmer, da muss man realistisch sein. Ich wollte lieber spielen als bei einem großen Verein auf der Bank zu sitzen.

Warum haben Sie bereits im Alter von 32 Jahren Ihre Profikarriere beendet?
Im zweiten Jahr auf Schalke hatte ich Probleme mit dem Hüftgelenk. Ich habe dem Verein mit 14 Toren noch zum Aufstieg in die Bundesliga verholfen und das war für mich der günstigste Zeitpunkt, aufzuhören. Ich wollte den Leuten lieber in guter Erinnerung bleiben, als noch ein oder zwei Jahre abzukassieren. Dafür bin ich nicht der Typ.

Wie ging es danach weiter?
Nach einer Pause habe ich ab 1985 beim VfR Baumholder in Rheinland-Pfalz gespielt. Auch da habe ich noch über 30 Tore in der dritthöchsten Amateurliga geschossen.

Wie kam es, dass Sie 1987 nach Liechtenstein gezogen sind?
Ich hatte mit der Auswahl der Krebshilfe an einem Turnier im Schwarzwald teilgenommen. Da hatte mich ein Berater angesprochen: „Du bist doch so fit, dass du noch spielen könntest." Es kam mir gerade recht, weil ich noch etwas Neues sehen wollte. Also wurde ich Spielertrainer beim FC Balzers in Liechtenstein. Dort habe ich bis zu meinem 43. Lebensjahr gespielt.

Haben Sie es darauf angelegt, Trainer zu werden?
Ja – aber nicht im Profibereich. Ich wollte kürzertreten, weil es mir zu stressig war. Alle zwei Jahre den Verein zu wechseln und seiner Familie die Umzüge zuzumuten – dafür muss man geboren sein. Es war mein Wunsch, an einem festen Ort zu bleiben. Und das hat in Liechtenstein toll geklappt.

Sind Sie dem Fußball heute noch verbunden?
Ich verfolge das Geschehen bei allen meinen ehemaligen Vereinen vom Fernseher aus. In einem Stadion war ich zum letzten Mal vor zwei Jahren, als Schalke bei Bayern München spielte. Ab und zu kicke ich auch mit meinem fünfjährigen Enkel. Aber beruflich mache ich nichts mehr im Sport. Ich hatte 2003 einen Herzinfarkt. Das war ein Alarmzeichen.

Zu Hause nicht gefragt: der Trainer Rüdiger Abramczik.

Rüdiger Abramczik
Weltenbummler wider Willen

Bulgarien, die Türkei, Österreich und Lettland – Rüdiger Abramczik hat keine Trainerstation ausgelassen. Nur in Deutschland durfte der einstige Schalker „Flankengott" noch nicht an der Seitenlinie arbeiten. Warum, versteht er selbst am wenigsten. Schließlich kann er einige Erfolge vorweisen. Und trotzdem wartet er seit seinem Ausstieg beim lettischen Spitzenklub Metalurgs Liepaja Ende 2010 auf ein adäquates Angebot.

Zwar gab es Kontakte nach Griechenland und auch zu Konyaspor und Genclerbirligi aus der Türkei, aber konkret wurde nichts. „Das sind alles Mannschaften, bei denen ich mich frage: ‚Willst du das wirklich?'", betont Abramczik. Im Nachhinein bereut er seinen Wechsel von Schalke nach Dortmund. Schließlich hätte er auch zu den Bayern gehen können: „Dann wäre ich drei Mal Deutscher Meister geworden. Das wäre für meine Vita sicher besser gewesen."

Rüdiger Abramczik
(* 18. Februar 1956 in Gelsenkirchen) absolvierte zwischen 1973 und 1988 316 Bundesligaspiele (77 Tore) und 47 Zweitligapartien (9 Tore) für Schalke, Dortmund, den 1. FC Nürnberg und Rot-Weiß Oberhausen. Zudem bestritt er 19 A-Länderspiele (2 Tore) für Deutschland und kickte eine Saison lang für Galatasaray Istanbul. Als Trainer war er seit 1993 für den 1. FC Saarbrücken, Antalyaspor, Lewski Sofia, Austria Kärnten und Metalurgs Liepaja verantwortlich. Heute lebt er mit seiner Familie wieder in Gelsenkirchen-Erle.

Rüdiger Abramczik, sind Sie ein Weltenbummler wider Willen?

Wenn man als Trainer arbeiten will, muss man auch mal in den sauren Apfel beißen und ins Ausland gehen. Ich hatte schlichtweg keine vernünftigen Angebote aus Deutschland.

Fehlt Ihnen die Anerkennung in der Heimat?

Ich habe fast alle Mannschaften in den internationalen Wettbewerb geführt. Daher glaube ich, dass ich etwas kann. Aber in Deutschland sind diese Erfolge wohl nicht gefragt.

Haben Sie ein Imageproblem?

Vielleicht traut man es mir wirklich nicht zu. Aber da bin ich nicht der Einzige. Lothar Matthäus hat als Trainer im Ausland wirklich ordentliche Arbeit geleistet. Warum holt man den nicht in die Bundesliga? So blöd kann er doch gar nicht sein. Manche Typen werden eben verkannt.

Standen Sie bei Ihren bisherigen Stationen zu weit abseits des Rampenlichts?

Das kann natürlich sein. Ich war bestimmt nicht im Fokus der Bundesliga, aber in Osteuropa stand ich durchaus im Blickpunkt. Das habe ich mir nicht ausgesucht, ich würde auch lieber um die Ecke Schalke trainieren. Ich hätte auch keine Schwierigkeiten, den S04 zu coachen. Das ist wie Fahrradfahren. Nur weil man von einem Rad aufs andere wechselt, fällt man nicht gleich um.

Das klingt selbstbewusst.

Es dauert zehn Tage, bis man weiß, wie der Klub strukturiert ist und wie die Mannschaft aussieht. Danach hat man es drin. Und gegenüber anderen Trainern habe ich einen Vorteil: Ich arbeite mit ausländischen Spielern und ich weiß, wie sie ticken. Wir hatten Brasilianer, Argentinier, Japaner, Kroaten – jeder hat eine andere Mentalität und ich habe gelernt, wie ich sie anzupacken habe.

Sind Sie ein harter Hund?

Nein, das würde ich nicht sagen. Ich verliere ungern. Ich arbeite hart in der Woche und das Spiel am Wochenende ist für mich das Schönste. Wenn sich dann einer nicht reinhängt, bekommt er ein Problem mit mir. Ich bin einer, der schnell beleidigt sein kann. Das lässt sich nicht ändern, das ist meine Mentalität.

Wie groß ist Ihr Wunsch, in Deutschland zu arbeiten?

Der ist schon vorhanden, aber ich spezialisiere mich nicht auf ein Land. Andererseits ist es in der Bundesliga viel einfacher zu trainieren. Da hast du schon verhältnismäßig gute Fußballer im Kader, denen musst du nicht mehr viel erklären.

Sind Sie denn noch auf dem Laufenden, was den deutschen Fußball angeht?

Die Zweite Liga kenne ich aus dem Effeff, da braucht mir keiner was zu sagen. Wenn ich bei einem Klub im Gespräch bin, heißt es meistens: „Der kennt die Liga nicht." Ich glaube, dass ich die zweite Klasse besser kenne als jeder Trainer, der dort aktuell tätig ist.

Wie kommt das?

Es interessiert mich einfach, genauso wie die türkische Liga. Heutzutage kann man sich alle Informationen aus dem Internet holen, selbst die Spiele kann man sich in voller Länge anschauen. Es ist wirklich leicht, auf dem Laufenden zu bleiben. Darum lasse ich mir auch nicht gerne vorwerfen, dass ich noch nicht in Deutschland gearbeitet habe. Nachdem ich sieben Jahre im Ausland war, fällt es mir in Deutschland sicherlich leichter.

Glauben Sie, dass sich Ihr Traum von der Bundesliga noch erfüllt?

Ich habe immer aus Spaß gesagt: „Es wird keiner Deutscher Meister mit Schalke – außer mir." Es wird Zeit, dass Schalke endlich mal einen Jungen aus dem Ruhrgebiet holt.

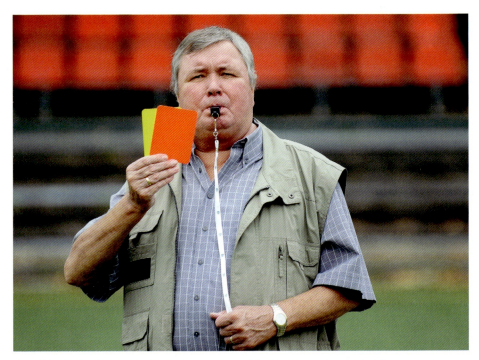
„Wer Ahlenfelder nicht kennt, der hat verpennt": der Kult-Schiri mit seinem Zubehör.

Wolf-Dieter Ahlenfelder
Gegen alle Regeln

Wer in einem Bundesligaspiel in angetrunkenem Zustand bereits nach 32 Minuten zur Halbzeit pfeift, wird schnell zur Legende. Und Wolf-Dieter Ahlenfelder, einst das Enfant terrible des deutschen Schiedsrichterwesens, arbeitet hartnäckig an seinem Status. Es fängt schon vor dem Gesprächstermin an. Ahlenfelder betritt die Bühne, die in diesem Fall der Platz von Blau-Weiss Oberhausen-Lirich ist. „Mein Vater kennt Sie noch von früher", ruft ihm der Jugendleiter des Vereins zu. „Wer Ahlenfelder nicht kennt, hat verpennt", raunt Ahlenfelder mit belegter Stimme zurück.

Das kann ja heiter werden, denke ich, und behalte Recht. Ahlenfelder redet von sich bevorzugt in der dritten Person, „weil ich dieses ‚ich, ich, ich' nicht hören kann". Dabei soll es doch um ihn gehen: ein Unikum, für das es im modernen Schiedsrichterweisen mit all seinen Konventionen keinen Platz mehr gibt.

Wolf-Dieter Ahlenfelder
(* 11. Februar 1944 in Oberhausen) leitete zwischen 1975 und 1988 106 Bundesligaspiele und ab 1974 insgesamt 77 Zweitligapartien. Sein Highlight: ein Schüler-Länderspiel zwischen Deutschland und England im Düsseldorfer Rheinstadion. „Ich hatte vieles gesehen. Aber wie die Schulkinder das gesamte Spiel über schreien konnten – das war gleichzeitig grausam und toll. Ich stand mit Gänsehaut da und habe die Linienrichter nicht verstanden."

Wolf-Dieter Ahlenfelder, Ihre 106 Bundesligaspiele in 13 Jahren lesen sich nicht unbedingt als reine Erfolgsgeschichte, oder?

Wir waren 36 Bundesliga-Schiedsrichter, da blieben pro Mann acht, neun Spiele pro Saison, mehr nicht. Das kann man nicht mit heute vergleichen, wo die Top-Leute zwei, drei Mal pro Woche pfeifen.

Können normale Arbeitnehmer heutzutage noch auf hohem Niveau als Schiedsrichter tätig sein?

Nein, leider. Wenn man die Liste durchgeht, findet man im Profibereich keinen Arbeiter. Die kommen alle aus der höheren Gehaltsklasse, sind eher Doktoren als Stahlwerker bei ThyssenKrupp. Das lässt sich ja auch gar nicht vereinbaren: Wenn am Mittwoch ein Spiel ist, muss man bereits am Dienstag anreisen. Das macht doch keine Firma mit. Zahnärzte, Versicherungsvertreter oder Klavierlehrer können sich das viel eher erlauben.

Sie haben es als gelernter Industriekaufmann aber auch geschafft.

Ich war als Linienrichter unter Walter Eschweiler, Paul Kindervater und Gerd Hennig bei internationalen Spielen im Einsatz. Das sind meine Ziehväter, von denen ich kolossal viel gelernt habe. Irgendwann habe ich aber gesagt: Jetzt möchte ich der Mann sein, der im Kreis steht. Und das habe ich geschafft.

Warum haben Sie trotzdem keine internationale Karriere gemacht?

Ich habe zwei U16- und U18-Länderspiele gepfiffen, Polen gegen Griechenland und Belgien gegen Nordirland. Ich habe positive Benotungen bekommen und es wurde gesagt, das ist ein Guter, den müssen wir fördern. Und dann habe ich ein WM-Qualifikationsspiel der A-Nationalmannschaften bekommen: Ungarn gegen die Niederlande.

Das Sie allerdings nie gepfiffen haben.

In der Bundesliga habe ich mich nie warm gelaufen, aber auf diesem Niveau wollte ich zum Aufwärmen ein paar Sprints hinlegen. Auf einmal hat es zack gemacht: Ich hatte eine Muskelverhärtung. In Deutschland hätten sie mich in zwei Minuten wieder fit gemacht, aber so musste mein Assistent Karl-Josef Assenmacher einspringen und ich stand nur an der Linie. Assenmacher wurde dann FIFA-Schiedsrichter.

Wie ging es für Sie weiter?

Ab da war es, als ob ich den Schweinehund in der Tasche gehabt hätte. Ich hatte andauernd etwas und wurde immer gespritzt, gespritzt, gespritzt. Doch der Körper verlangt sein Recht, und die Schmerzen kamen doppelt zurück. Ich habe immer drei Mal die Woche trainiert, aber irgendwann ging es nicht mehr. Der Saft war raus.

Waren die Verletzungen der Grund dafür, dass Sie nur ein Jahr lang auf der FIFA-Liste standen?

Ich hatte Schwierigkeiten mit der Achillessehne, das sieht der DFB nicht so gerne. „Deutsche Schiedsrichter verletzen sich nicht", ist mir wortwörtlich gesagt worden.

War Ihre Streichung auch eine politische Entscheidung?

Ich konnte nicht gut mit den Funktionären. Ich bin keiner, der sagt, dass die Ampel grün ist, wenn sie rot ist. Beim DFB hat man aber schlechte Karten, wenn man sich mit einem Oberen anlegt. Das zieht sich durch die Geschichte wie ein roter Faden: Dort muss man mit den Wölfen heulen.

Könnte es einen Typen wie Sie heutzutage überhaupt noch auf dem Platz geben?

Nein, die Zeiten sind vorbei. Vielleicht wäre der ein Medienliebling, aber das würde dem DFB wiederum nicht passen.

Zwei Karrieren, eine stolze Mutter: Hamit und Halil Altintop.

Hamit und Halil Altintop
Mutters Beste

Es ist ja nicht so, dass sich Meryem Altintop nicht über den Erfolg ihrer Söhne freuen würde – um Himmels willen, sie ist doch stolz auf ihre Jungs! Aber ist es nötig, dass die beiden so weit in die Ferne ziehen? Hamit und Halil Altintop wissen um die Bedenken ihrer Mutter, und so sehr sie sie auch verstehen: Vorerst müssen sie sie allein lassen. Mit 29 Jahren sind sie im besten Fußballeralter, sie werden noch ein paar Spielzeiten durch die Welt ziehen, ehe sie nach Gelsenkirchen heimkehren. Wenn es nach ihrer Mutter ginge, hätten sie bis zum Karriereende gemeinsam auf Schalke gespielt und weiterhin zu Hause gewohnt. Doch im Leben läuft nie alles wie gewünscht, schon gar nicht im Fußball.

Das hat Mutter Altintop verinnerlicht, seitdem sich 2003 zum ersten Mal die Wege trennten: Hamit wechselte von Wattenscheid 09 nach Schalke, der zehn Minuten jüngere Halil ging den Weg über Kaiserslautern. 2006 kamen sie wieder zusammen, doch nur ein Jahr später lockte Hamit die ganz große Karriere: erst Bayern München, dann Real Madrid. Halil blieb ein bisschen länger, ehe selbst seine Mutter den Frust über das Reservistendasein beim S04 nicht mehr lindern konnte. Zunächst zog es ihn nach Frankfurt, dann zu Trabzonspor.

Meryem Altintop könnte ihre Söhne dank Pay-TV auch aus der Ferne live bei der Arbeit verfolgen, doch sie will es nicht. Zu groß ist die Sorge, dass sich einer von ihnen verletzt. Das, in Verbindung mit dem ganzen Lärm, ist auch der Grund, weshalb sie sich noch nie ein Spiel live im Stadion angeschaut hat.

Das Fernbleiben der Mutter sollte man nicht mit Desinteresse verwechseln, ganz im

Gegenteil. Seitdem ihre Söhne im Profifußball angekommen sind, beschäftigt auch sie sich mit dem Sport, kennt Spielernamen und Tabellenstände. Aber zusehen, wie ihren Jungs womöglich weh getan wird, ohne helfen zu können – das geht nicht.

Die innige Beziehung erklärt sich aus der Familiengeschichte. Meryem und ihr Mann Mehmet stammen aus Anatolien, der Arbeit wegen sind sie nach Deutschland ausgewandert. Doch zwei Jahre nach der Geburt der Zwillinge stirbt der Vater an Krebs. Die Mutter, die nur gebrochen deutsch spricht, steht plötzlich allein da und muss Hamit, Halil und die drei älteren Schwestern durchbringen. Sie arbeitet in einer Metallfabrik, die Familie lebt in einer 80-Quadratmeterwohnung am Gelsenkirchener Hauptbahnhof, mit Blick auf Gleis 1. „Sie konnte weder lesen noch schreiben – und hat es in Deutschland trotzdem zu etwas gebracht", sagt Hamit sichtlich stolz.

Dabei liefert auch sein eigener Weg genug Gründe, stolz zu sein: Der leicht stotternde Halbwaise aus einfachen Verhältnissen macht erst ebenso wie sein Bruder das Abitur und wird dann zum Meisterspieler – das ist eigentlich der Stoff, aus dem schwülstige Hollywoodfilme gemacht sind. Doch Hamit Altintop ist kein Star, dafür fehlt ihm allein schon das Getue. Dabei ist er einer von der Sorte, die jede große Mannschaft braucht, um groß zu sein: Einer, der ohne Murren die Drecksarbeit verrichtet, obwohl er anderswo selbst der große Zampano sein könnte.

Doch das will er nicht, ebenso wenig wie Halil, der ein wenig in seinem Schatten steht. Die Altintops sind Teamplayer, vor allem innerhalb der Familie: Sie telefonieren täglich miteinander und arbeiten an ihrem großen Plan. In ihrem letzten Profijahr wollen sie gemeinsam in einer Mannschaft spielen. Und danach soll es zurück nach Gelsenkirchen gehen: „Weil dort einfach unsere Wurzeln sind." Das hört ihre Mutter nur zu gerne.

Hamit Altintop
(* 8. Dezember 1982 in Gelsenkirchen) bestritt zwischen 2000 und 2011 176 Bundesligaspiele (15 Tore), 1 Drittligaspiel (kein Tor) und 76 Regionalligapartien (12 Tore) für die SG Wattenscheid 09, Schalke 04 und den FC Bayern München. Zudem kommt er auf 54 Länderspiele (4 Tore) für die Türkei. Seit Sommer 2011 spielt er für Real Madrid. Seine größten Erfolge: Doublegewinner 2008 und 2010, Ligapokalsieger 2005 und 2007, Supercupsieger 2010.

Halil Altintop
(* 8. Dezember 1982 in Gelsenkirchen) absolvierte zwischen 2000 und 2011 236 Bundesligaspiele (47 Tore) und 84 Regionalligaeinsätze (39 Tore) für die SG Wattenscheid 09, den 1. FC Kaiserslautern, Schalke 04 und Eintracht Frankfurt. In der türkischen Nationalmannschaft brachte er es bislang auf 27 Spiele (6 Tore). Im Sommer 2011 zog es ihn zu Trabzonspor in die türkische Süper Lig.

Ein Leben lang Schalke: Rudi Assauer.

Rudi Assauer
Mehr als nur DER Schalke-Manager

Im Mai 2006 hört Rudi Assauer auf, Rudi Assauer zu sein. Er wurde Europapokalsieger der Pokalsieger mit Borussia Dortmund, war Profi und Manager bei Werder Bremen und deutscher U23-Nationalspieler. Aber vor allem war Assauer DER Schalke-Manager. Im Bewusstsein der Öffentlichkeit. Und in seinem eigenen. Nach seiner ersten Amtszeit auf Gelsenkirchen zwischen 1981 und 1986 kehrte er 1993 zum S04 zurück und machte ihn groß: UEFA-Cupsieg, zwei Erfolge im DFB-Pokal, dazu der Bau der Arena – was Assauer anpackte, funktionierte.

Doch irgendetwas ist in letzter Zeit aus dem Ruder gelaufen. Nachdem ihn Jörg Wontorra im DSF-Doppelpass des übermäßigen Alkoholkonsums bezichtigt, wird seine Position im eigenen Verein zusehends geschwächt. Zunächst findet Assauer Gefallen an dem Gedanken, in Andreas Müller seinen Nachfolger selbst aufzubauen, und auch einer Kürzung seines Gehaltes zugunsten von Müller stimmt er zu. Doch spätestens, als Müller von Aufsichtsratschef Clemens Tönnies mit der Suche nach einem Nachfolger von Trainer Ralf Rangnick betraut wird, spürt Assauer, dass sein Einfluss rasant geschwunden ist. Er, der Machtmensch, hat plötzlich kaum noch etwas zu sagen.

Als dann auch noch im Focus ein Bericht über Schalkes Finanzprobleme erscheint und Assauer auf Schalke als „Maulwurf" gebrandmarkt wird, ist es zu viel. Die Intrige, der er sich ausgesetzt fühlt, gipfelt mit der Einladung zur Aufsichtsratsitzung mit dem Tagesordnungspunkt „Abberufung". Das lässt Schalkes Macher nicht mit sich machen. Er tritt von seinem Amt zurück, mit allen Konsequenzen. Das angestrebte Präsidenten-Amt ist damit auch futsch, genau genommen ist es wenig, was ihm noch bleibt. „Schalke war mein Lebensinhalt", sagt Assauer.

Er findet neue Inhalte, wird Gesellschafter der Fast-Food-Kette Mr. Chicken, mausert sich zur Werbe-Ikone für Veltins und berät den Wuppertaler SV Borussia ebenso wie einige junge Spieler, die erst noch Karriere machen wollen. Nach außen hin bleibt er der Macher. Dabei ist Assauer doch immer der Fußballer geblieben, der nach den Spielen am liebsten mit den Jungs in der Kabine zusammensitzt und ein Bierchen trinkt.

Das Kabinengefühl fehlt, und das lässt Assauer mürrisch werden. 2008 geht seine Beziehung zu Simone Thomalla nach acht Jahren in die Brüche, 2009 wird er ihr gegenüber in angetrunkenem Zustand handgreiflich. Wenig später wird bekannt, dass die Schauspielerin in einer Beziehung mit Handballtorwart Silvio Heinevetter lebt, der 40 Jahre jünger als Assauer ist. Wenn überhaupt noch etwas von Assauers Image übrig geblieben ist, dann ist es das Bild des alternden Machos. Nicht wenige, die so viel Mühe in den Aufbau ihres Selbstbildes gesteckt haben, würden an den kümmerlichen Überbleibseln verzweifeln.

Aber eines muss man Assauer lassen: Er ist ein Stehaufmännchen. Assauer beginnt eine neue Beziehung mit einer jüngeren Frau. Nach noch nicht einmal einem Jahr heiratet er seine Britta – am 19. April 2011. Schalke ist immer noch Teil seines Lebens, andere Dinge verlieren an Bedeutung. Seit Anfang 2011 rührt er keinen Alkohol mehr an, auch seinen Zigarrenkonsum schränkt er deutlich ein.

Der einstige „Stumpen-Rudi" hat sich gewandelt. Fünf Jahre danach hat er seine Entmachtung auf Schalke noch immer nicht verwunden, aber er hat sich damit abgefunden. „Dieses Buch habe ich nun zugeschlagen", sagt er. Assauer hat nicht resigniert, vielmehr hat er zumindest teilweise eingesehen, dass er eben doch noch mehr als der Schalke-Manager ist.

Assauer auf seinem ersten Platz bei der Spielvereinigung Herten.

Rudi Assauer
(* 30. April 1944 in Sulzbach-Altenwald) bestritt zwischen 1964 und 1976 307 Bundesligaspiele (12 Tore) für Borussia Dortmund und Werder Bremen. 1965 wurde er DFB-Pokalsieger, 1966 Europapokalsieger der Pokalsieger mit dem BVB. Nach der Spielerkarriere arbeitete er als Manager für Werder Bremen, den VfB Oldenburg und Schalke. Mit dem S04 wurde er UEFA-Cupsieger und zwei Mal DFB-Pokalsieger. Heute ist er als Berater in der Fußballbranche tätig.

Niemals RWO: Bast auf seinem ersten Platz bei Arminia Klosterhardt.

Dieter Bast
Der Bodenständige

Dieter Bast ist eine treue Seele. Allen Unwägbarkeiten des Profilebens zum Trotz hat er sein ganzes Leben in Oberhausen verbracht. Dabei hat er nie für RWO, das sportliche Aushängeschild seiner Heimatstadt, gespielt. Ganz im Gegenteil: Bast ist eine Essener Legende. Denn auch nach dem Ende seiner Spielerkarriere blieb er RWE treu und besorgte dem chronisch klammen Verein unter anderem den Trikotsponsor Renault.

Noch immer leitet Bast die Traditionsmannschaft seines Herzensklubs, auch wenn er sich beruflich längst anders orientiert hat. Bei der Firma H&R Elektromontagen ist er für den Einkauf zuständig – und dafür, für RWE zu werben. Bislang besitzt das Unternehmen zwei Dauerkarten für den BVB. „Aber wenn das neue Essener Stadion kommt, werde ich wieder ein bisschen bei meinem Chef graben", betont Bast. Ein Gespräch über eine alte Liebe und die Sehnsucht nach Schornsteinen.

Dieter Bast
(* 28. August 1951 in Oberhausen) bestritt zwischen 1970 und 1989 412 Bundesligaspiele (54 Tore) und 102 Zweitligapartien (2 Tore) für Rot-Weiss Essen, den VfL Bochum und Bayer Leverkusen. Zudem lief er für die U23- und die B-Nationalmannschaft sowie für die Olympiaauswahl Deutschlands auf. Auch heute lebt er noch in Oberhausen und organisiert die Spiele der RWE-Traditionsmannschaft.

Dieter Bast, wie wird man als gebürtiger Oberhausener zum Ur-Essener?
In der A-Jugend hatte ich Angebote von RWE, Rot-Weiß Oberhausen und Mönchengladbach. Die Gladbacher waren damals so stark, dass ich mir keine Chancen ausgerechnet hatte, zu spielen. In der Jugend waren Sterkrade und RWO große Konkurrenten, so dass mein damaliger Trainer Jörg Focke meinte: „Ihr könnt überall hingehen, nur nicht zu RWO." Also bin ich nach Essen gewechselt. Und das war der richtige Weg.

An der Hafenstraße haben Sie sich schnell einen Namen gemacht.
In sieben Jahren bei RWE habe ich fünf Spielzeiten in der Bundesliga verbracht. Leider waren es die letzten für den Verein. Dabei hätten wir uns zwischendurch sogar fast mal für den internationalen Wettbewerb qualifiziert.

Wie kam es zum schleichenden Niedergang?
Der Verein hat durch gezielte Spielerverkäufe und ausbleibende Einkäufe dazu beigetragen, dass wir nicht mehr so gut waren. Wir hatten mit Horst Hrubesch und Frank Mill zwar noch gute Stürmer, aber das hat nicht gereicht, um die Klasse zu halten.

Warum sind Sie nach dem Bundesliga-Abstieg 1977 zum VfL Bochum gewechselt?
Ich hatte zwar ein Angebot von Bayern München. Aber ich war sehr bodenständig und bin von den Schornsteinen des Reviers nicht losgekommen. Außerdem hatte ich 1972 geheiratet und wurde 1974 Vater. Bei den Bayern wäre ich durch den Europapokal zwei Mal pro Woche unterwegs gewesen. Ständig die Familie allein lassen – das wollte ich nicht.

Trauern Sie der verpassten Chance manchmal nach?
Vielleicht wäre ich bei den Bayern einen Schritt weitergekommen. Es hätte aber auch sein können, dass ich wie viele andere Spieler nicht zurechtgekommen wäre. Mit Bochum hatte ich einen gut geführten Verein angetroffen. Beim VfL hätte ich auch gerne meine Laufbahn beendet. Aber das ging nicht, weil der Klub immer knapp bei Kasse war.

Also folgte 1983 der Wechsel zu Bayer Leverkusen.
Ich wurde im Paket mit Wolfgang Patzke und Uli Bittorf für die damals läppische Summe von 1,5 Millionen D-Mark verkauft. Ich war schon fast 32, aber hatte noch zweieinhalb gute Jahre bei Bayer.

Warum ging es dann zu RWE zurück?
Ich hätte im Dezember 1985 nach Innsbruck und Dortmund wechseln können. Aber ich hatte den Rot-Weissen versprochen, nach meiner Zeit in Leverkusen zurückzukehren. So ist es 1986 auch gekommen. Ich habe noch drei Jahre in der Zweiten Liga drangehängt.

Wie ging es danach weiter?
Nach dem Karriereende hatte ich als Miteigentümer eines Autohauses viel zu tun. Nach dem Zwangsabstieg 1991 wurde ich gefragt, ob ich den sportlichen Bereich übernehmen will. Es war kein Geld da, daher haben wir Jürgen Röber zum Spielertrainer gemacht und eine Mannschaft aufgebaut, die 1994 ins DFB-Pokalfinale eingezogen ist.

Warum endete Ihr Engagement ein Jahr später?
Der Präsident Wilfried Schenk meinte, dass er plötzlich auch Ahnung vom Fußball hätte. Also hat er einige Entscheidungen revidiert, die Dirk Karkuth und ich getroffen hatten. Daraufhin bin ich aus dem Vorstand ausgetreten.

Wie ist Ihre Beziehung zu RWE heute?
1996 habe ich gemeinsam mit dem damaligen Manager Frank Kontny die Traditionsmannschaft ins Leben gerufen, seitdem organisiere ich die Spiele. Wir treten etwa einmal im Monat im Umkreis an. Wir nehmen kein Geld dafür, weil wir es aus Spaß tun.

Klein angefangen, groß aufgehört: Bastürk auf seinem ersten Platz bei den Sportfreunden Wanne.

Yildiray Bastürk
Ein Abgang mit Stil

Yildiray Bastürk war vielleicht einer der begnadetsten Techniker, die die Bundesliga gesehen hat. Innerhalb weniger Wochen hätte er beinahe alle Titel gewonnen, die man als Fußballer gewinnen kann, aber eben nur beinahe. Denn im Sommer 2002 wurde er mit Bayer Leverkusen Vizemeister, Vize-Pokalsieger, Vize-Champions-League-Sieger und wenig später auch noch WM-Dritter mit der Türkei.

Es ist fast schon tragisch, dass seine große Karriere titellos bleiben sollte. Denn der Meister des Tempo-Dribblings sollte aufgrund von zahlreichen Verletzungen nie mehr ein Jahr wie 2002 erleben. Ganz im Gegenteil: Es ging langsam bergab auf der Karriereleiter, ehe er beim VfB Stuttgart sogar als Fehleinkauf abgestempelt wurde. Nachdem sein Vertrag bei den Blackburn Rovers im Sommer 2010 auslief, zog er den Schlussstrich unter eine große Karriere, die nicht klein enden sollte.

Yildiray Bastürk
(* 24. Dezember 1978 in Herne) absolvierte zwischen 1997 und 2010 249 Bundesligaspiele (32 Tore) und 30 Zweitligapartien (7 Tore) für den VfL Bochum, Bayer Leverkusen, Hertha BSC Berlin und den VfB Stuttgart sowie ein Premier-League-Match (kein Tor) für die Blackburn Rovers. Zudem lief er 55 Mal für die türkische Nationalmannschaft auf und erzielte dabei drei Treffer. Sein größter Erfolg ist der dritte Platz bei der WM 2002. Die Freizeit nach der Karriere nutzte er, um im Sommer 2010 in Düsseldorf seine Freundin Gülcan zu heiraten.

Yildiray Bastürk, wie kam es zum Karriereende mit 31?
Das ist doch ein Alter, in dem man aufhören kann. Schließlich hatte ich davor schon mit Verletzungen zu kämpfen gehabt. Und jetzt ist es viel schwieriger als mit 18 oder 20, wieder den Anschluss zu finden.

Haben Sie Ihren Körper angesichts der vielen Wehwehchen verteufelt?
Das wäre fatal gewesen. Ich habe Gott und meinem Körper alles zu verdanken.

Haben Sie den Entschluss, Ihre Karriere zu beenden, freiwillig gefasst?
Im Sommer 2010 habe ich mir ein paar Sachen angehört. Ich hätte die Möglichkeit gehabt, in der Türkei zu spielen und ordentliches Geld zu verdienen.

Warum sind Sie nicht dorthin gegangen?
Ich wollte es nicht machen, weil keines der Angebote meinen sportlichen Vorstellungen entsprach. In der Türkei hätte ich nur für die drei Topklubs spielen wollen. Dafür war es aber zu spät. Vielleicht hätte ich das zwei, drei Jahre früher machen müssen.

Einige Ihrer alten Weggefährten versinken mittlerweile im Zweitliga-Mittelmaß.
Ich wollte mich ganz bewusst nicht mehr da unten durchquälen. Ich habe erstklassig aufgehört, das passt eher zu mir.

Schmerzt es Sie, dass Sie in Stuttgart, Ihrer letzten Bundesligastation, als Fehleinkauf in Erinnerung bleiben werden?
Die Zeit beim VfB kann man schnell abhaken. Für mich war es schwer, in Stuttgart Fuß zu fassen. Im ersten Jahr habe ich durchgespielt, im zweiten war ich ständig verletzt und im dritten habe ich keine Chance mehr bekommen, obwohl der VfB den Abstiegsrängen nah war. Es ist schade, als Fehleinkauf abgestempelt zu werden.

Welche Lehren haben Sie aus Ihrer Zeit beim VfB gezogen?
Ich würde keinem Spieler empfehlen, zu einer Mannschaft zu wechseln, die überraschend Meister wird. Die Erwartungen sind sehr hoch, und alles andere als der erneute Titelgewinn ist eine Enttäuschung. Es gibt nichts Schlimmeres, als sich ein Spiel von der Tribüne anschauen zu müssen.

Wie empfinden Sie die Rolle als Zuschauer heute?
Am Anfang war es sehr problematisch für mich, Spiele zu schauen. Ich bin lange Zeit nicht ins Stadion gegangen. Es hat ja schon weh getan, ein Match im TV zu sehen.

Warum?
Ich habe mich gefragt: „Wie wäre es, wenn du noch einmal angreifen würdest?" Mittlerweile habe ich mich damit abgefunden, dass es vorbei ist. Und inzwischen war ich auf Schalke, in Bochum, Dortmund und Berlin. Ich möchte schließlich im Fußball bleiben.

Was für eine Position schwebt Ihnen vor?
Ich hatte genug Zeit, mir Gedanken zu machen. Der Fußballlehrer ist mein Ziel. Ich würde gerne mit jungen Leuten und Kindern zusammenarbeiten. Das macht mir Spaß.

Wie sehr genießen Sie es, mehr Zeit für die Familie zu haben?
Ich musste ein bisschen zur Ruhe kommen und alles verarbeiten. Als Nationalspieler war ich fast nur unterwegs und selten zu Hause. Im letzten Jahr habe ich meine Eltern genauso häufig gesehen wie in den letzten zehn Jahren insgesamt.

Haben Sie sich bewusst eine Auszeit genommen?
Um ehrlich zu sein, wusste ich lange nicht, ob ich noch weiterspielen würde. Hätte ich mich direkt für das Karriereende entschieden, hätte es vielleicht einen direkten Übergang gegeben. Aber es war besser so, dass ich mich ein bisschen ausruhen konnte.

Benatelli, hier auf seinem ersten Platz beim SV Waldesrand Linden, ist Bochumer durch und durch.

Frank Benatelli

Der Fan im Profi

Frank Benatelli ist ein Bochumer Urgestein. Zwischen 1982 und 1992 hat er 192 Bundesligaspiele (13 Tore) für den VfL bestritten, davor stand er als Fan in der Ostkurve. Sein Vater hatte bereits eine Dauerkarte, und so war auch für Benatelli der Weg an die Castroper Straße nicht mehr weit. Mit acht Jahren durfte der gebürtige Bochumer seinen Papa schließlich zum ersten Mal zu einem Spiel begleiten, ehe er als Jugendlicher in den Fanklub „Bochum-Süd" eintrat.

Dass er später selbst einer der Stars sein sollte, der von den Fans bejubelt wird, ahnte Benatelli damals noch nicht. „Ich habe immer gesagt: ‚Es wäre mir mehr wert, mit Bochum im UEFA-Cup zu spielen als mit den Bayern Deutscher Meister zu werden'", betont der 49-Jährige. Wie er sein Fan-Dasein erlebt hat und warum es inzwischen immer weniger Anhänger unter den Profis gibt, verrät er im Interview.

Frank Benatelli
(* 19. August 1962 in Bochum) spielte schon in der Jugend und bei den Amateuren für den VfL Bochum, ehe er 1982 bei den Profis debütierte. Bis 1992 absolvierte er 192 Bundesligaspiele (13 Tore) für die Blau-Weißen, ehe er Sportinvalide wurde. Anschließend arbeitete er als Trainer unter anderem für Schwarz-Weiß Essen, TuRU Düsseldorf und den SSV Hagen. Heute ist er als Sportlicher Leiter des CSV Sportfreunde Bochum-Linden tätig, mit dem er 2011 den Aufstieg in die Bezirksliga schaffte.

Frank Benatelli, waren Sie ein Hardcore-Anhänger?
Einmal die Woche gab es ein Fanklubtreffen, dabei haben wir vom Verein vergünstigte Karten für die Ostkurve bekommen. Zudem bin ich mit meinen Kumpels häufig zu Auswärtsspielen gefahren. Wir waren überall mit dem Bus und sind auch nach den Spielen noch bis nach Mitternacht in der jeweiligen Stadt geblieben.

Wie landeten Sie später als Fußballer beim VfL?
Das war im letzten A-Jugendjahr, ich muss 17 gewesen sein. Als mir mein Trainer von Weitmar 09 von der Anfrage erzählt hat, ging für mich ein Traum in Erfüllung. Wenig später war ich bei den Profis. Dieter Bast war immer mein Lieblingsspieler, und ich durfte plötzlich gemeinsam mit ihm kicken. Das war ganz außergewöhnlich.

Wie war es, selbst auf dem Rasen des Ruhrstadions zu stehen?
Das war ein tolles Gefühl. Ich war immer mit vollem Herzen dabei. Nach und nach wurde es ein bisschen zur Normalität. Aber trotzdem war ich mit Leib und Seele VfLer. Darunter hat dann auch die Gesundheit gelitten.

Warum?
Ich habe im Abstiegskampf viel mit Spritzen gespielt, musste immer auf die Zähne beißen. Drei Mal wurde das rechte Knie operiert, zwei Mal das linke. Dazu ein Kahnbeinbruch und ein Bauchmuskelriss – da kam einiges zusammen.

Hatten Sie auch als Profi noch Kontakt zu den Mitgliedern von „Bochum-Süd"?
Anfangs ja, aber nachher ist es weniger geworden. Ich bin auch noch zu den Abenden gegangen, aber irgendwann ist der Fanklub aufgelöst worden.

Wie haben Sie die Derbys gegen Dortmund und Schalke erlebt?
Das war etwas Besonderes, da hat man richtig Adrenalin ausgestoßen. Ich habe schon innerlich gekocht, bevor ich auf den Platz ging. Da habe ich auch als Fan gespielt.

Hat sich Ihre Leidenschaft auch im privaten Bereich niedergeschlagen?
Meine Frau wollte unsere Kinder unbedingt in einem anthroposophischen Krankenhaus in Herdecke zur Welt bringen. Das war ein langer Kampf. Ich habe gesagt, das kann doch nicht wahr sein, dass nicht Bochum in der Geburtsurkunde steht. Am Ende hat sich meine Frau doch durchgesetzt. Für mich war das sehr schwierig.

Würden Sie sich als Ur-Bochumer bezeichnen?
Ja, sicher. Wenn ich im Stadion sitze und vor dem Anpfiff „Bochum" von Herbert Grönemeyer gespielt wird, geht mir das immer noch unter die Haut. Dieses Lied verbinde ich mit dem VfL, da kommen viele Gefühle hoch. Ich konnte es nie nachvollziehen, wenn ein Auto mit Bochumer Kennzeichen einen Dortmund- oder Schalke-Aufkleber hatte.

Hat es Sie denn nie gereizt, mal etwas anderes zu sehen?
Nein. Es gab Anfragen, aber darauf habe ich nicht reagiert. Ich war ja schließlich immer gerne in Bochum. Heute denke ich ehrlich gesagt ein bisschen anders darüber.

War da nicht etwas mit Borussia Dortmund?
Michael Zorc war gerade beim BVB verletzt, daher hätte die Möglichkeit zu einem Wechsel bestanden. Letztlich bin ich gerade in dieser Phase Sportinvalide geworden. Statt mir kam dann Steffen Freund. Ich weiß aber nicht, ob ich es wirklich gemacht hätte.

Ihr Sohn Rico hat den Schritt vom VfL zum BVB gewagt. Schmerzt Sie das?
Nein, das kann ich nicht sagen. Die Dinge haben sich halt ein bisschen geändert. Das ist der Lauf der Zeit, die Spieler kommen heutzutage von überall her. Die Identifikation mit einem Verein kann gar nicht mehr so groß sein.

Immer steil nach oben: Bierhoff mit Bundestrainer Jogi Löw.

Oliver Bierhoff
Der Überdurchschnittliche

Dr. Rolf Bierhoff hat es sich nicht leicht gemacht. Als Vorstand eines Energieriesen hat man es vermutlich ohnehin nicht einfach. Aber selten ist es so schwierig wie in dieser Sache. Es ist ja auch eine delikate Angelegenheit. Sein Sohn Oliver ist ein guter Fußballer, doch weder bei Bayer Uerdingen noch beim Hamburger SV oder Borussia Mönchengladbach kann er sich durchsetzen. Immerhin profitiert er von der steigenden Beliebtheit deutscher Fußballer im Zuge des WM-Titels 1990 und wechselt zu Austria Salzburg.

In Österreich schlägt er prompt ein und macht seine Tore. Aber es ist immer noch Österreich, weit unter dem Niveau der heimischen Bundesliga. Und Mittelmaß ist nichts, mit dem sich die Bierhoffs zufriedengeben. Dr. Bierhoff ist ein hohes Tier in der Wirtschaft, sein Vater war Oberkreisdirektor im Kreis Düren. Oliver kann Ähnliches erreichen, daher studiert er seit zwei Jahren an einer Fern-Universität Betriebswirtschaftslehre. Nur für den Fall, dass mehr als Durchschnitt im Fußball nicht drin sein sollte.

Doch eines ist Dr. Bierhoff klar: Wenn sich sein Sohn noch einmal im deutschen Oberhaus durchsetzen will, dann muss es jetzt sein. Irgendetwas würde er mit seinen Kontakten doch bewirken können – oder? Kurzerhand greift er zum Hörer und tut das, was man in Essen eben tut: Er meldet sich beim RevierSport. Ob man seinen Sohn nicht mal ins Gespräch bringen könne, vielleicht gegen Anzeigenschaltungen seines Unternehmens?

Der Plan geht nicht auf: Der VfL Bochum denkt zwar kurz über eine Verpflichtung Bierhoffs nach, entscheidet sich aber letztlich für den Uerdinger Michael Klauß. Dass in diesem Moment der Startschuss für eine große Karriere fällt, überhört Oliver Bierhoff.

Während sich der 23-Jährige noch der verpassten Chance wegen grämt, sichert sich Inter Mailand die Transferrechte an ihm – allerdings nur, um ihn prompt an den Ligakonkurrenten Ascoli Calcio zu verleihen. In der ersten Saison absolviert Bierhoff die Hälfte der Spiele, erzielt zwei Tore und steigt ab – der vorläufige Tiefpunkt scheint nun erreicht.

Doch der Schein trügt: Der vermeintliche Wandervogel, der es bis dahin bei keiner Profistation länger als zwei Jahre ausgehalten hat, wird endlich heimisch. Und das tut seiner Leistung gut: Nach drei weiteren Spielzeiten mit Ascoli in der Serie B folgt er 1995 dem Lockruf des Erstligisten Udinese Calcio. Was dann kommt, dürfte Vater Bierhoff als Boom bezeichnen. 17 Tore in der ersten Saison, Länderspieldebüt und zwei Tore im EM-Finale 1996 – Bierhoff hat es binnen kürzester Zeit ganz nach oben geschafft.

Und er hält das hohe Tempo: Torschützenkönig der Serie A und Deutschlands Fußballer des Jahres 1998, Wechsel zum AC Mailand, Gewinn des Scudetto 1999. Bierhoff ist ein Star, nicht nur in Deutschland. Dass er seinen Leistungszenit zur Jahrtausendwende überschritten hat, schadet der Popularität nicht.

Selbst nach dem Karriereende 2003 steht er pausenlos im Rampenlicht. Zunächst arbeitet er als TV-Kommentator für Sat.1, dann fängt er im Juli 2004 gemeinsam mit Jürgen Klinsmann beim DFB an. Die eigens für ihn geschaffene Position des Teammanagers bekleidet er bis heute. Bierhoff ist nicht unumstritten; man wirft ihm Arroganz vor und nennt ihn Eventmanager. Doch gefährlich wird ihm all das nicht. Denn Bierhoff hat nicht nur gelernt, an die Spitze zu kommen, sondern auch, sich dort zu behaupten. Und, was für seinen Vater nicht ganz unwichtig ist: Nebenbei beendet er sein Studium im Jahr 2002 nach 26 Semestern und darf sich Diplom-Kaufmann nennen. Dabei ist es längst etwas mit dem Fußball geworden.

Ein deutscher Held: Bierhoff bei der Euro 96.

Oliver Bierhoff

(* 1. Mai 1968 in Karlsruhe) absolvierte zwischen 1986 und 2003 73 Bundesligaspiele (10 Tore) für Uerdingen, den HSV und Mönchengladbach, 32 Erstligapartien (23 Tore) in Österreich für Austria Salzburg, 220 Einsätze (104 Tore) in der Serie A sowie 100 Partien (46 Tore) in der Serie B für Ascoli Calcio, Udinese Calcio, den AC Mailand und Chievo Verona sowie 18 Partien (5 Tore) in der Ligue 1 für den AS Monaco. Zudem bestritt er zwischen 1996 und 2002 70 A-Länderspiele (37 Tore). Seine größten Erfolge: Europameister 1996, italienischer Meister 1999. Seit 2004 arbeitet Bierhoff als Teammanager für den DFB.

Hannes Bongartz, „Boss" Klaus Steilmann und Co-Trainer Peter Kunkel genossen die Bundesligazeit.

Hannes Bongartz

Der Bayern-Bezwinger

Hannes Bongartz war einiges: „Spargeltarzan", Vize-Europameister, Trainer. Vor allem ist er aber der Mann, der Wattenscheid in die Bundesliga führte und vier Jahre lang dort hielt. Hier blickt er zurück auf die Zeit und insbesondere auf den 1. Juni 1991, das Spiel gegen die Bayern. Die hofften am 32. Spieltag noch auf die Meisterschaft, während der Aufsteiger punkten musste, um den Klassenerhalt zu sichern.

„Als ich 1989 als Trainer nach Wattenscheid zurückkehrte, war der Verein ein ewiger Zweitligist, der gerade erst knapp am Aufstieg gescheitert war. Die Spieler waren prädestiniert für die Viererkette, die ich zuvor schon mit großem Erfolg in Kaiserslautern praktiziert hatte. In Deutschland war es eine Überraschung für die Konkurrenz, dass ein kleiner Klub mit Raumdeckung spielte. So haben wir schließlich den Aufstieg gepackt.

Gerade am Anfang sind wir in der Bundesliga unterschätzt worden. Wir waren ein Außenseiter, aber bei diesem familiär geführten Verein mit dem starken Präsidenten Klaus Steilmann hat einfach alles gepasst. Zu den Spitzenspielen mussten wir ins Ruhrstadion ausweichen, so auch gegen die Bayern. Im Hinspiel hatten wir eine 0:7-Klatsche kassiert, aber die war schnell abgehakt.

Zur Pause lagen wir 0:1 hinten. In der Kabine habe ich den Jungs eingetrichtert, dass sie ihre Chance suchen und irgendwie das 1:1 machen sollen. Es war klar, dass die Bayern dann nervös werden würden. Nach einer Stunde machte Frank Hartmann tatsächlich den Ausgleich. Acht Minuten später traf Uwe Neuhaus per Kopfball zum 2:1. In der Woche vor dem Spiel hatte er nicht trainiert. Er hatte schon ein paar Kilometer auf dem Tacho und sein Knie war nicht mehr das allerbeste. Warum sollte ich den Kapitän im Training belasten, wo ich doch wusste, dass ich mich im Spiel tausendprozentig auf ihn verlassen konnte?

Kurz vor Schluss traf Roland Wohlfarth zum 2:2. Das passiert schon mal gegen die Bayern, daher wäre ich mit dem Unentschieden glücklich gewesen. Doch wenig später machte Thorsten Fink tatsächlich noch das 3:2 für uns. Das Glücksgefühl bei mir war nur von kurzer Dauer. Ich habe direkt gedacht: „Wie überstehst du jetzt die letzten Minuten?" Ich stand unter Strom, aber von der Außenlinie habe ich nichts aufs Feld gerufen. In der Lohrheide hätte es vielleicht geholfen. Aber im Ruhrstadion war die Hölle los, das hätte eh niemand gehört.

Am Ende hatten wir tatsächlich die Sensation geschafft. Das war, als ob Ostern, Pfingsten und Weihnachten auf einen Tag fallen würden. Vor der Saison waren wir der Absteiger Nummer eins und plötzlich hatten wir den Klassenerhalt durch einen Sieg über die Bayern perfekt gemacht. Nach dem Spiel sind wir mit allen Mann zu unserem Stammitaliener in Wattenscheid gezogen. Anschließend ging es weiter in eine Disco. Die Mannschaft war auch außerhalb des Spiels gerne beieinander, das war unsere absolute Stärke. Steilmann, das Präsidium und ich waren auch dabei. Wir waren ein Team.

Zwei weitere Male haben wir den Abstieg verhindert, aber beim vierten Anlauf waren wir ausgeblutet. Wir mussten jedes Jahr unsere besten Leute verkaufen. Bevor der Abstieg besiegelt war, hat man sich von mir getrennt. Ab dem Ende der Neunziger war ich für weitere sechs Jahre in Wattenscheid, aber nur noch in der Zweiten Liga und in der Regionalliga. Man hat immer geglaubt, dass sich die alten Zeiten wiederholen ließen, aber das war nicht mehr machbar. Diese vier Jahre Bundesliga kann uns niemand nehmen. Ich glaube aber nicht, dass sich diese Zeit bei der SGW wiederholen lässt – es sei denn, es kommt ein neuer Steilmann."

Gelegentlich schreit Bongartz auch. Im Ruhrstadion brachte das aber nichts.

Hannes Bongartz
(3. Oktober 1951 in Bonn) bestritt zwischen 1974 und 1984 298 Bundesligaspiele (39 Tore) für Schalke 04 und den 1. FC Kaiserslautern. Zudem kommt er auf 6 Länderspiele (0 Tore). Anschließend arbeitete er als Trainer für den FCK, den FC Zürich, die SG Wattenscheid 09, den MSV Duisburg, Borussia Mönchengladbach und die Sportfreunde Siegen sowie als Sportdirektor für Skoda Xanthi. Heute lebt Bongartz in Bottrop.

Ausbruch aus dem Alltag: Breitzke im Kreis der Dortmunder Traditionsmannschaft.

Günter Breitzke
Im Wartestand

„Früher war alles besser", sagen Menschen, die vor dem Jetzt kapitulieren. „Früher war alles besser", denkt sich Günter Breitzke fast jeden Morgen. Einst war er ein geachteter Mittelfeldspieler bei Borussia Dortmund. Er war zweikampfstark, wendig und ideenreich: einer, den die Gegenspieler fürchten. Mittlerweile fürchtet er sich vor dem Leben, weil ihm die Ideen für das Leben nach der Karriere fehlten. Die Kreativität, die ihn auf dem Platz auszeichnete, brachte er im echten Leben nie auf.

Breitzke ist gewiss kein schlechter Mensch, er ist einfach phlegmatisch. Es scheint, als warte der 44-Jährige bis heute auf den einen erlösenden Anruf, der ihn aus seinem grauen Alltag befreit. Dabei klingelt sein Telefon für gewöhnlich recht selten. Wenn ihn jemand anruft, ist es meist einer seiner ehemaligen Weggefährten. „Ich habe nur Kontakt zu meinen Mitspielern", sagt Breitzke. Sie laden ihn zu jedem Auftritt der BVB-Traditionsmannschaft ein und übernehmen die Fahrtkosten. Und Breitzke kommt. Immer. Drei Hallenturniere und rund 20 Freundschaftsspiele kommen so übers Jahr zusammen.

Das sind gute Tage für Breitzke. Schon auf den Bahnfahrten nach Dortmund ist ihm dann, als wäre er wieder wer. Wenn er seine Fußballtasche neben sich hat, fühlt er sich stark. Den Fußball beherrscht er, da macht ihm niemand was vor. Und wenn er an die vielen Zuschauer denkt, die seine Aktionen beklatschen, und die vielen Schulterklopfer, dann läuft ihm ein wohliger Schauer über den Rücken. „Gerade wenn es schön voll ist, ist das ein gutes Gefühl", sagt Breitzke.

Dann kommen umso mehr Autogrammjäger. Was die mit seiner Unterschrift wollen, weiß Breitzke nicht so ganz genau, aber er spürt, dass es etwas mit Respekt und Anerkennung zu tun haben muss. In solchen Momenten hellt sich sein Gesicht auf, und sein Haupt senkt er nur, wenn der Schweiß von seiner Stirn perlt.

Wenn er wieder daheim in seiner Zwei-Zimmer-Wohnung in Köln-Stammheim ist, gibt es nichts zu schwitzen. Breizke ist arbeitslos, und das – von kurzen Unterbrechungen abgesehen – seit dem Ende der aktiven Karriere 1999. Lange Zeit lebte er bei seinen Eltern im alten Kinderzimmer, insofern hat er sich mit der aktuellen Bleibe schon verbessert. Doch an seinem grauen Alltag ändert das nichts. Breizke sitzt den ganzen Tag vor dem Fernseher. „Was soll ich auch sonst machen?", fragt er.

Noch als Amateurspieler beim SC Brück brach er eine Lehre als Maler und Lackierer ab, um sich ganz auf den Fußball konzentrieren zu können. Als es tatsächlich mit der Bundesliga-Karriere klappte, fuhr er teure Autos, trug teure Klamotten und verzockte sein Geld auf der Pferderennbahn. Die Kohle ist schon lange weg.

Er weiß, dass er sich sein momentanes Leben selbst zuzuschreiben hat, und doch hadert er mit dem Schicksal. „Ich bin einmal gewechselt, und das war mein Untergang", sagt der gebürtige Kölner. Er meint den Transfer vom BVB zu Fortuna Düsseldorf 1992: „Da sind wir abgestiegen, und dann war Ende. Wenn ich in Dortmund geblieben wäre, wäre es weitergegangen. Dann hätte ich es geschafft." Geschafft, irgendeinen Posten bei den Schwarz-Gelben zu ergattern. Am liebsten wäre er Trainer geworden, doch einen Trainerschein hat er nie gemacht.

Den Traum von der Arbeitsstelle bei der Borussia hat er aber auch nach all den Jahren noch nicht aufgegeben. „Wir arbeiten daran, dass es mit einem Job klappt", sagt Breizke. Was das für einer ist? „Das schauen wir gerade." Und wann eine Entscheidung fällt? „Einen konkreten Termin gibt es noch nicht." Breizke wartet weiter auf den Anruf, der ihn aus dem Klischeeleben eines Arbeitslosen befreit.

Das waren noch Zeiten: Breitzke 1989 mit dem DFB-Pokal.

Günter Breitzke
(* 29. Juni 1967 in Köln) bestritt zwischen 1988 und 1995 89 Bundesligaspiele (18 Tore) für Borussia Dortmund sowie 69 Zweitligapartien (10 Tore) für Fortuna Düsseldorf, den Wuppertaler SV und den FC Homburg. 1989 wurde er mit dem BVB DFB-Pokalsieger. Heute lebt Breitzke von rund 600 Euro Arbeitslosengeld im Monat.

Besser als jeder Verein: Bruns auf seinem ersten Platz, einer Wiese in Mülheim.

Hans-Günter Bruns
Der Ligensammler

Hans-Günter Bruns hat viel erlebt im Fußball, doch verändert hat er sich kaum. Noch immer hat er die gleichen Freunde wie vor 30, 40 Jahren. Noch immer wohnt er in Mülheim, wo er sich einst als Dreijähriger der Straßenmannschaft vom Winkhauser Weg anschloss. Erst mit elf Jahren meldete er sich beim RSV Mülheim, seinem ersten Verein, an. Nach weiteren Stationen bei Rot-Weiss Mülheim, Schalke 04 und Wattenscheid 09 fand er in Borussia Mönchengladbach schließlich seinen Verein.

In dieser Zeit begann bereits seine Trainerlaufbahn, die ihn zusehends am Profifußball mit all seinen Mechanismen zweifeln lässt. Der doppelte Aufstieg mit Rot-Weiß Oberhausen wurde ihm mit der Trennung gedankt, als der Abstieg drohte. Bruns ist zwar desillusioniert, aber nicht unglücklich. Denn seine Mission im Fußball ist noch längst nicht beendet.

Hans Günter Bruns
(* 15. November 1954 in Mülheim) absolvierte zwischen 1974 und 1990 366 Bundesligaspiele (63 Tore) und 58 Zweitligapartien (25 Tore) für Schalke 04, die SG Wattenscheid 09, Fortuna Düsseldorf und Borussia Mönchengladbach. Zudem bestritt er 4 Länderspiele (0 Tore). Seine größten Erfolge: UEFA-Cup-Sieger 1979, DFB-Pokalsieger 1980. Als Trainer führte Bruns Rot-Weiß Oberhausen aus der Oberliga Nordrhein in die 2. Bundesliga. Derzeit trainiert er den Regionalligisten Wuppertaler SV Borussia.

Hans-Günter Bruns, warum sind Sie erst so spät in einen Klub eingetreten?

Ich glaube, dass mich die Straßenspiele weiter gebracht haben als der Vereinsfußball. Da wird man sehr stark in seiner Entfaltung eingeschränkt. Auf der Straße hatte ich totale Freiheiten, das hat mir gut getan. Das hat sich auch in meinem späteren Fußballerleben gezeigt: Ich habe als Manndecker und Linksverteidiger, überall im Mittelfeld und im Sturm gespielt.

Mit 17 Jahren folgte der Wechsel zu Schalke 04.

Da die Bahnverbindung von Mülheim nach Gelsenkirchen nicht so prickelnd war, habe ich mit drei Mitspielern eine WG aufgemacht. Wir haben im Casino der Trabrennbahn gewohnt, direkt unterm Dach. Irgendwie sind wir dort untergegangen. Wir haben zwar Essen bekommen, aber ansonsten hat sich kaum jemand um uns gekümmert.

Hatte das Leben auf der Trabrennbahn auch Vorteile?

Ich war schon immer ein Frühaufsteher. Manchmal bin ich um fünf Uhr morgens raus und habe die Pferde von Ede Lichterfeld, dem Betreuer der Profis, ein bisschen eingefahren. Und um acht bin ich dann wieder rüber zum Frühstück. Aber als ich nach einem Jahr meinen Führerschein hatte, bin ich wieder zurück zu meinen Eltern gezogen.

Warum haben Sie auf Schalke nicht den endgültigen Durchbruch geschafft?

Das lag an dem einen oder anderen Trainerwechsel, der für mich nicht so günstig war. Max Merkel war vollkommen egal, wie jemand hieß. Der hat rigoros nur nach Leistung aufgestellt, auch wenn er als Typ sehr gewöhnungsbedürftig war. Sein Nachfolger Friedel Rausch war aber privat sehr eng mit Rolf Rüssmann und Helmut Kremers befreundet. Das war es dann für mich. Ich habe mich entschieden, den Umweg über die Zweite Liga in Wattenscheid zu gehen. Das war im Endeffekt genau die richtige Entscheidung.

So haben Sie nach anderthalb Jahren den Sprung nach Gladbach geschafft.

Der damalige Trainer Jupp Heynckes hat auch Wert darauf gelegt, dass sich der Libero mit nach vorne einschaltet. Es lief richtig gut. Ich war auf Anhieb Stammspieler und wir haben den UEFA-Cup gewonnen.

Warum lief es im zweiten Jahr nicht mehr rund für Sie?

Es hat auch ein bisschen an meiner Einstellung gelegen. Vielleicht habe ich geglaubt, dass es so locker weiterläuft. Ich hatte keinen Höhenflug, aber ich habe zu viele andere Sachen gemacht, die dem Sport vielleicht nicht so ganz zuträglich sind. Allerdings war ich gerade 23 Jahre alt. Da kann man schon mal einen kleinen Aussetzer haben. Schließlich kam ich aus eher kleineren Verhältnissen. Und plötzlich prasselte einiges auf mich ein. Diese Geschichte muss man vom Kopf her erst mal verarbeiten.

Wie ging es weiter?

Nach der schlechten Hinrunde wurde ich nach Düsseldorf verliehen. Jupp Heynckes meinte zu mir: „Sieh mal zu, dass dein Kopf wieder klar wird. Dann kommst du zurück." So ist es geschehen. Im Endeffekt war das eine gute Erfahrung für mich. Dabei kann ich mich an dieses eine Jahr überhaupt nicht mehr erinnern. Ich kann Ihnen mit Sicherheit 100 Spiele aufzählen, aber nicht ein einziges aus dieser Saison.

Trotzdem haben Sie damals mit dem DFB-Pokal Ihren letzten Titel gewonnen.

Das war zu diesem Zeitpunkt nicht vorauszusehen. Gladbach hatte eine gute Mannschaft, aber zwei Mal sind wir ganz knapp in der Meisterschaft gescheitert. Und 1984 haben wir das DFB-Pokalfinale gegen Bayern verloren, als Lothar Matthäus den Elfmeter in die Kurve kloppte. Den Ball suchen sie heute noch.

Warum sind Sie erst mit 29 Jahren in die Nationalmannschaft berufen worden?

Die haben sich nicht getraut! Zu meiner Zeit waren einfach schon ein paar gute Liberos unterwegs: Matthias Herget, Klaus Augenthaler und auch Uli Stieleke, der teilweise die Position bekleidet hat.

Warum hat es trotz der Nominierung nicht zu einem Einsatz bei der Europameisterschaft 1984 gereicht?

Ich bin kein Typ, der auf den Busch klopft, aber zu der Zeit war ich mit Sicherheit der formstärkste Libero. Dass ich nicht gespielt habe, lag vermutlich auch an der Sache mit Lothar Matthäus im Vorfeld der EM. Am Tag vor dem Abflug nach Frankreich bin ich mit ihm in Wiesbaden ausgegangen. Später stand ein Lokaljournalist an unserem Tisch: „Was macht ihr denn hier?" Der hielt sich an uns und ich bin ein bisschen pampig geworden.

Wie ging es weiter?

In der Woche danach hörte ich gar nichts mehr von der Geschichte und hatte sie schon vergessen. Irgendwann ist den Medien wohl der Stoff ausgegangen. Die ganze Sache wurde aufgebauscht und die Tatsachen verdreht. Aber danach hatte Jupp Derwall mich auf dem Kieker.

Bereuen Sie etwas?

Im Nachhinein war meine Länderspielkarriere eine ganz kuriose Geschichte. Da kam einiges an unglücklichen Umständen zusammmen. Aber ich möchte diese Zeit nicht missen. Ich habe vier Länderspiele gemacht und war bei einer Europameisterschaft dabei. All das, was ich mir als Kind erträumt hatte, habe ich erreicht.

Haben Sie danach noch einmal ein Länderspiel im Stadion gesehen?

Nein. Ich werde zwar jedes Mal vom DFB in den Klub der Nationalspieler eingeladen, aber ich habe das noch nicht genutzt. Es ist einfach nicht mein Umfeld. Rudi Völler, Klaus Allofs und die Förster-Brüder waren richtig tolle Jungs, aber wir haben uns gedanklich ziemlich weit voneinander entfernt.

Haben Sie nach der Erfahrung bei der EM begonnen, den Medien zu misstrauen?

Das habe ich schon vorher zigmal kennen gelernt. Nach einem Europacup-Spiel mit Gladbach in Polen wurde ich vom Express zitiert, obwohl ich nie mit jemandem gesprochen hatte. Aber das war der Auslöser, dass ich gesagt habe: „Das geht überhaupt nicht mehr." Diese Erfahrungen haben mich im Laufe der Jahrzehnte ein bisschen verbittert.

Was bedeutet es Ihnen, in der Jahrhundertelf der Borussia zu stehen?

Es ist eine ganz große Ehre für mich, dass ich dazugehöre. Darauf bin ich sehr stolz. Aufgrund meiner Trainertätigkeit kann ich zwar nicht regelmäßig bei den Spielen sein, aber es ist immer wieder schön, die alten Kollegen zu sehen.

Warum sind Sie eigentlich nie aus dem Revier weggezogen?

Ich wollte in Mülheim wohnen und die Fahrerei hat mich nicht gestört. Also bin ich die vollen zwölf Jahre lang nach Mönchengladbach gependelt. Da wir Hunde haben, fahre ich auch jedes Jahr mit dem Auto nach Spanien. Das macht mir nichts aus.

War es eine bewusste Entscheidung, im Westen zu bleiben?

Ich hatte zwei Mal die Möglichkeit, nach Italien zu gehen. Das habe ich aber abgelehnt, weil ich mich bei Mönchengladbach und zu Hause im Ruhrgebiet wohl gefühlt habe. Ich hätte 150.000 oder 200.000 D-Mark mehr verdienen können, aber ich hatte keinen Bock darauf.

Warum haben Sie den Verein nach dem Ende Ihrer aktiven Laufbahn verlassen?

Ich hatte das Angebot, die A-Jugend zu übernehmen, aber ich wollte den Fußballlehrer machen. Und als ich damit fertig war, mochte ich mich nicht aufdrängen. Für mich stand aber immer fest, dass ich Trainer werden wollte.

Wann fing das an?

Ich habe schon als Aktiver regelmäßig Mannschaften trainiert. Als ich 23 Jahre alt war, ging es bei Sardegna Oberhausen los. Ich wollte in jeder Liga trainieren, und das habe ich bis auf die Kreisliga C so ziemlich geschafft.

Welche Idee steckte hinter diesem Plan?

Ich wollte mir einen besseren Überblick verschaffen, wo die gravierenden Unterschiede liegen. Danach findet man nicht mehr alles selbstverständlich und legt nicht mehr das zugrunde, was man selbst an Potenzial hatte. Das hat mir ganz gut getan. Ich glaube, dass man so auch besser lernt, mit höheren Bereichen umzugehen.

Was hat Sie angetrieben?

Mein großer Traum als Trainer war es immer, dass ich meine Philosophie von Fußball umsetzen kann. Das wäre mir fast schon mit Adler Osterfeld gelungen, wenn es dort nicht zum Rückzug gekommen wäre, und auch mit Sardegna Oberhausen. Einen Verein ohne große Möglichkeiten von der Bezirks- in die Verbandsliga zu führen und dort die Klasse zu halten, ist schon was.

Und dann kam RWO.

Da hat es sich richtig durchgesetzt. Der ganz große Vorteil war, dass der Verein total am Boden war. Es ging nichts mehr, es waren keine Spieler mehr da. So konnte man von unten etwas aufbauen. Und das hat bis in die Zweite Liga geführt. Damit hatte ich für mich bewiesen, dass es sehr wohl möglich ist, auch ohne Geld Erfolg zu haben.

Führte der Erfolg letztlich dazu, dass RWO zu einem gewöhnlichen Profiklub mit den üblichen Mechanismen wurde?

Es hat sich leider immer weiter fortgesetzt, dass Eitelkeiten und Begehrlichkeiten aufgekommen sind. Plötzlich wollten Leute mitreden, die wirklich gar keinen Plan haben. Das ist meistens der Anfang vom Ende. Es ist schade, weil man die Nummer sicher noch einige Jahre hätte durchziehen können. Vielleicht wäre es dann sogar möglich gewesen, zu schauen, ob es noch höher geht. Denn auch für die anderen Vereine wird es nicht leichter, an Gelder zu kommen.

Hat Sie die Trennung endgültig desillusioniert, was den Profifußball angeht?

Ja, das kann man sagen. Ich habe geglaubt, dass Oberhausen der andere Verein ist. Das hat sich leider im Nachhinein nicht bewahrheitet. Man war nur der andere Verein, so lange der Erfolg da war. Als ein bisschen Gegenwind aufkam, haben sie sich wie jeder andere Klub verhalten.

Verzweifeln Sie manchmal am Fußball?

Es ist schwer. Ich habe eine bestimmte Philosophie vom Fußball, die viele erst gar nicht verstehen können. Wenn ich etwas mache, dann mit aller Konsequenz. Dann will ich versuchen, alle möglichen Dinge zu verändern und zu verbessern. Es dauert ein bisschen, bis alles im Lot ist.

Wie lange wollen Sie das noch machen?

Ich bin jetzt 57. Aus meiner Sicht wird Wuppertal normalerweise mein letzter Verein im ambitionierten Fußball sein. Da plane ich die nächsten vier, fünf Jahre. Wenn ich dann noch Lust habe, werde ich entweder in anderen Bereichen weitermachen oder dort trainieren, wo Fußball Spaß macht, in der Bezirksliga oder in der Landesliga.

Nach dem Karriereende wurde Burgsmüller zum Vieltelefonierer.

Manfred Burgsmüller
Falsch verbunden

Das erste Telefonat mit Manfred Burgsmüller läuft viel versprechend. Ob er sich vorstellen könnte, auf seinem ersten Fußballplatz abgelichtet zu werden und ein wenig aus seinem Leben zu plaudern? „Kein Problem. Ich hab nur gerade meinen Terminkalender nicht dabei. Rufen Sie doch morgen noch mal an", sagt Burgsmüller. Am nächsten Tag geht er nicht an sein Handy, und als er eine Woche später doch erreichbar ist, hat er seinen Terminkalender nicht dabei.

So geht das die nächsten Monate immer weiter. In knapp 50 Telefonaten versichert er seine Bereitschaft, sich zum Interview zu treffen. Aber jedes Mal hat er gerade keinen Stift zur Hand, sitzt im Auto oder urlaubt in Holland. Wenn man es gut mit ihm meint, könnte man sagen: Burgsmüller hat sich die Schlitzohrigkeit bewahrt, die ihn auf dem Platz auszeichnete, und entzieht sich gekonnt unliebsamen Fragen. Wenn man es schlecht meint, sagt man: Wenn er sich früher so zögerlich vor dem gegnerischen Kasten verhalten hätte, wäre er auf keine fünf Bundesligaspiele gekommen.

Dabei hat ihn als Aktiver gerade seine Zielstrebigkeit so ausgezeichnet. Wenn er als Kind beim Straßenfußball den Falschen tunnelte, setzte es schon mal Prügel. Die Lust daran, seine Gegenüber zu düpieren, konnte ihm das aber nicht nehmen. Ganz im Gegenteil: Das Offensivtalent lernte seinerseits, die Ellbogen auszufahren. In Essen, Uerdingen und Dortmund trifft Burgsmüller beharrlich, doch in der Nationalmannschaft ist nach drei torlosen Auftritten schon wieder Schluss. Das liegt zum einen an der Position, die irgendwo zwischen Spielmacher und Mittelstürmer liegt und so nicht im Konzept von

Bundestrainer Helmut Schön vorgesehen ist. Vielmehr liegt es aber an Burgsmüllers Naturell. Als Schön ihn nach dem Länderspieldebüt mahnt: „Bleib auf dem Teppich", erwidert der: „Ich dachte, wir spielen auf Rasen."

Die große Klappe scheint dem Torjäger die große Karriere zu verbauen. Nach nur einer Saison beim 1. FC Nürnberg steigt er 1984 mit dem „Club" ab und wird als Hauptschuldiger gebrandmarkt, weil er Unruhe in die Mannschaft gebracht habe. Burgsmüller ist 34 Jahre alt und bis dahin titellos geblieben. Lediglich der Zweitligist Rot-Weiß Oberhausen kann sich noch für ihn erwärmen. Er ist jetzt wieder auf dem Teppich angekommen.

Doch schnell hebt er in ungeahnte Höhen ab: In seiner ersten Saison bei RWO wird der Routinier Torschützenkönig, zum ersten Mal in seiner Karriere. Kurz nach Beginn der zweiten Serie holt ihn sein ehemaliger Dortmunder Trainer Otto Rehhagel nach Bremen. „Ein Spieler, der mir keine Probleme macht, macht auch dem Gegner keine", sagt er. Der Mut wird belohnt. Burgsmüller bleibt fünf Jahre an der Weser und wird Deutscher Meister. Endlich hat er seinen ersten Titel gewonnen und ist bei seinem Karriereende mit 40 Jahren der älteste Offensivspieler der Bundesligageschichte.

Es folgt ein Intermezzo im Sportmarketing, ehe er als Kicker bei Düsseldorf Rhein Fire zwischen 1996 und 2002 zum ältesten Profi-Footballer aller Zeiten wird. Mit 52 Jahren endet seine Laufbahn als Aktiver, diesmal endgültig.

Es folgt die berufliche Neuorientierung in einem Alter, in dem andere allmählich die Rente planen. Auch da lässt sich eine Parallele zum Fußballer erkennen: Es gibt keine rechte Position für Burgsmüller. Für eine TV-Doku steigt er mit dem Kreisligisten SSV Hacheney ab und wieder auf, ehe er sich in der Bekleidungsbranche und im Sportmarketing versucht. Mittlerweile ist es ruhig um ihn geworden, auch in Sachen Terminabsprache. Nach etwa 50 Telefonaten lobt Burgsmüller meine Hartnäckigkeit. Danach höre ich nie wieder etwas von ihm.

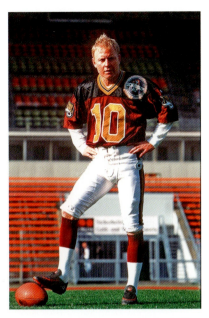

Burgsmüller auf seinem ersten Footballplatz bei Düsseldorf Rhein Fire.

Manfred Burgsmüller
(* 22. Dezember 1949 in Essen) bestritt zwischen 1969 und 1990 447 Bundesligaspiele (213 Tore) und 57 Zweitligaeinsätze (37 Tore) für Rot-Weiss Essen, Borussia Dortmund, Bayer Uerdingen, den 1. FC Nürnberg, Rot-Weiß Oberhausen und Werder Bremen. Zudem brachte er es auf 3 Länderspiele (0 Tore). Sein größter Erfolg: Deutscher Meister 1988. Nach einer zweiten Karriere als Footballer ist Burgsmüller mittlerweile als Unternehmer im Ruhrgebiet tätig.

Büskens gibt die Richtung vor: Irgendwann soll sein Weg zurück nach Schalke führen.

Mike Büskens
Der Romantiker

Er stammt aus Düsseldorf. Er arbeitet in Fürth. Und doch sehnt er sich nach Gelsen-kirchen zurück. Das ist die ungewöhnliche Geschichte des Mike Büskens, die deshalb so besonders ist, weil sie im modernen Fußball eine Seltenheit darstellt. Denn sie bietet die großen Gefühle, die dem heutigen Geschäft eigentlich abgesprochen werden: viel Liebe, ein bisschen Verrat und eine große Hoffnung.

Dabei fing es so furchtbar unspektakulär an. Nach dem Bundesliga-Abstieg mit For-tuna Düsseldorf wechselt Michael Büskens 1992 zu Schalke. Der 24-jährige Linksver-teidiger ergattert sich auf Anhieb einen Stammplatz. Er gibt ihn nicht mehr her und hat in den folgenden Jahren maßgeblichen Anteil am sportlichen Aufstieg des Vereins, der bei seiner Ankunft noch nicht einmal mehr Geld für das Waschpulver hat. UEFA-Cup-sieger, Meister der Herzen, zweifacher DFB-Pokalsieger – aus Michael ist da längst Mike Büskens geworden. Und irgendwie kann man kaum glauben, dass er nicht aus Gelsen-kirchen, sondern aus dem feinen Düsseldorf stammt. Nach zehn Spielzeiten ist Büskens längst eine Identifikationsfigur, die den Wandel des Traditionsvereins hin zum Wirt-schaftsunternehmen erlebt hat.

Kein Wunder, dass er den klassischen Weg verdienter Haudegen durchläuft: spielender Co-Trainer der Reserve, später Chefcoach der Zweiten. Fünf Jahre lang macht er das, im unsteten Trainergeschäft hat er einen krisensicheren Posten inne. Die Arbeit mit jungen Leuten scheint wie für ihn gemacht zu sein, er hat einen Traumjob.

Doch dann wird Mirko Slomka entlassen. Büskens übernimmt die Profis im April 2008 interimsmäßig bis zum Saisonende, gemeinsam mit seinem alten „Eurofighter"-Kollegen Youri Mulder. Aus den letzten sechs Spielen holen sie 16 Punkte und sind statistisch gesehen die erfolgreichsten S04-Trainer aller Zeiten. Während die Verantwortlichen insgeheim bereuen, sich frühzeitig auf Fred Rutten als neuen Chefcoach festgelegt zu haben, wird Büskens bereitwillig dessen Assistent. Er hatte sich schließlich nie um die Rolle als Chef gerissen.

In seiner Lebensplanung ist der Sprung in die Bundesliga ohnehin nicht als ultimatives Ziel vorgesehen. Er ist froh, überhaupt am Leben zu sein. In Folge einer Darminfektion erleidet Büskens 2005 eine Sepsis und muss eine Woche lang ins künstliche Koma versetzt werden. Seine Überlebenschance liegt bei fünf Prozent. Die Erfahrung lässt ihn demütig werden. Er ist glücklich, zumal er neben Schalke mit Ehefrau Simone und den Töchtern Laura und Kiara eine echte Familie hat.

Büskens hat sich so eine gewisse Distanz zum Profi-Zirkus aufgebaut. Als Rutten neun Monate nach seinem Amtsantritt entlassen wird, übernimmt Büskens, nun klar als Chef erkennbar, nur widerstrebend erneut den Job als Interimstrainer. Er ist wieder erfolgreich.

Doch ein dauerhaftes Engagement als Boss traut man ihm nicht zu. Stattdessen kommt Felix Magath, der zwei Tage vor dem Beginn der Vorbereitung Mulder freistellt und Büskens die Betreuung der Reserve anbietet. Doch der lehnt ab, gekränkt von der Hinhaltetaktik der Verantwortlichen. Plötzlich ist die Schalker Ikone, der S04-Boss Clemens Tönnies kurz zuvor noch eine Anstellung auf Lebenszeit in Aussicht stellte, weg vom Fenster.

Ein halbes Jahr später heuert Büskens bei der SpVgg Greuther Fürth an. In Franken lässt man ihn in Ruhe arbeiten, langsam tastet er sich an die Aufstiegsplätze heran. Dass er aber einmal nach Schalke zurückkehren wird, steht für den Fußball-Romantiker fest. Wobei, genau genommen tut er das ja ständig: Seine Familie lebt weiterhin in Gelsenkirchen.

Vom Angestellten zum Familienmitglied: nach dem DFB-Pokalfinale 2001.

Mike Büskens

(* 19. März 1968 in Düsseldorf) bestritt zwischen 1988 und 2004 370 Bundesligaspiele (20 Tore), 1 Zweitligapartie (0 Tore) und 17 Regionalligaeinsätze (5 Tore) für Fortuna Düsseldorf, Schalke 04 und den MSV Duisburg. Seine größten Erfolge: UEFA-Cup-Sieger 1997, DFB-Pokalsieger 2001 und 2002. Anschließend war er zunächst spielender Co-Trainer, dann Trainer der Schalker Reserve, zwei Mal Interimscoach und einmal Assistent der Profis. Seit Dezember 2009 ist er für die SpVgg Greuther Fürth verantwortlich.

„Pitter" Danzberg ist dem MSV bis heute verbunden.

Dieter „Pitter" Danzberg
Tore für die Ewigkeit

Dieter Danzberg ist ein waschechter Duisburger. Im zarten Alter von neun Jahren begann er für den Klub zu spielen, der damals noch Meidericher SV hieß. Auf schwarzer Asche ging er seinen Weg, der ihn über aufgeriebene Knie und Oberschenkel schließlich in die erste Mannschaft führte.

Seinen Karrierehöhepunkt hatte „Pitter" freilich schon mit Anfang 20 erreicht. Durch die Treffer des rustikalen Stoppers wurde der Meidericher SV 1963 zum Gründungsmitglied der Bundesliga. Diese Tore machten ihn zur MSV-Legende und begründeten eine bis heute bestehende Verbundenheit: Immer noch arbeitet Danzberg, längst jenseits des Renteneintrittsalters, für seinen Heimatverein. Dabei wechselte er zwei Jahre nach seinen Toren für die Ewigkeit zu Bayern München, wo er beim Start von Franz Beckenbauers Weltkarriere unfreiwillig Pate stand.

Dieter „Pitter" Danzberg
(* 12. November 1940 in Duisburg) spielte von Kindesbeinen an für den MSV. Nachdem er 1959 mit der A-Jugend die westdeutsche Meisterschaft gewann, stieß er zur ersten Mannschaft. Mit drei wichtigen Toren hatte Danzberg 1963 großen Anteil an der Qualifikation für die Bundesliga. Dort kam er bis 1965 auf 15 Einsätze (ein Tor) für Duisburg und im Folgejahr auf zwei Spiele für Bayern München. Anschließend wechselte er zu Rot-Weiß Oberhausen und später zum Freiburger FC. Heute ist er noch für die Fanarbeit des MSV Duisburg mit zuständig.

Dieter Danzberg, würde es den MSV Duisburg in dieser Form geben, wenn Sie nicht gewesen wären?

Ohne meine Tore würden wir nicht vom MSV Duisburg sprechen. Das waren entscheidende Treffer, die macht mir keiner nach. Dass der kleine Meidericher SV plötzlich so nach oben gekommen ist, war eine einmalige Sache.

Ihr ehemaliger Bundesliga-Trainer Rudi Gutendorf sagte, dass er sich vor Besuchern für Duisburg geschämt habe: alles voller Hochöfen, dazu eine Mannschaft, die ein potenzieller Abstiegskandidat war.

Der Rudi übertreibt um einiges. Er kann sehr froh sein, dass er so eine tolle Truppe hatte. Wir haben ihn praktisch groß gemacht.

Was meinen Sie?

Wir wurden auf Anhieb Vizemeister und hatten mit Ludwig Nolden, Günter Preuß, Manfred Manglitz, Heinz Höher und Helmut Rahn Spieler der Extraklasse. Die Mannschaft war hervorragend, und mit dem Riegel-System waren wir den anderen voraus. Davon lebt der Rudi heute noch. Wenn man ihm jetzt ein Angebot machte, würde er sagen: „Ja, ich zieh die Mütze noch mal auf."

Sie selbst waren ein ganz entscheidender Mann in der Geschichte des MSV. Spüren Sie das noch heute?

Wenn ich ins Stadion fahre, hält mich keiner auf. „Hallo, Pitter", heißt es dann, und hier und da. Ich bin auch nicht der Typ, der auf „Herr Danzberg" besteht. Und ich sitze immer noch dienstags und donnerstags auf der Geschäftsstelle und mache von zehn bis zwölf die Fanarbeit.

Denken Sie mit Ihren 71 Jahren denn nicht mal ans Rentnerdasein?

Ich fühle mich sehr wohl und habe einen guten Draht zum MSV. Ich mache es mehr oder weniger dem Klub zuliebe. So lange ich mich fit fühle, bleibe ich dabei.

Erleben Sie bald wieder die Bundesliga mit den „Zebras"?

Da wollen wir wieder hinkommen, aber es wird ein weiter Weg. Die Mannschaft macht mir sehr viel Spaß. Ich habe die große Hoffnung, dass sich da etwas entwickelt.

Trotz Ihrer Verbundenheit mit dem Klub wechselten Sie 1965 zum FC Bayern München, der damals noch kein Weltverein war.

Wir haben uns an der Säbener Straße unter ganz ärmlichen Verhältnissen umgezogen. Da gab es noch keinen Fön in der Kabine. Aber für mich war es eine große Ehre, als junger Mann beim FC Bayern zu spielen. Die haben mich als gestandenen Stopper geholt, weil Franz Beckenbauer ihnen zu schmalbrüstig war.

Trotzdem bestritten Sie in Ihrer einzigen Saison bei den Münchnern ganze zwei Bundesligaspiele.

Ich hatte das Pech, dass ich am ersten Spieltag in letzter Minute vom Platz geflogen bin. Ich bin reingegrätscht, aber Timo Konietzka von 1860 München hat sich wie verrückt gedreht. Ich wurde acht Wochen lang gesperrt, und das war der Startschuss für ‚Kaiser Franz'. Ich habe ihm zu seiner großen Karriere verholfen, das weiß er auch. Denn nur durch den Platzverweis hat er meinen Platz übernommen.

Hat Ihnen der Platzverweis die ganz große Karriere gekostet?

Ja, das möchte ich schon so sagen. Ich habe zehn, zwölf Vorbereitungsspiele gemacht. Die habe ich allesamt hervorragend gelöst. Die hätten mich ja auch nicht geholt, wenn ich eine Flasche gewesen wäre.

In die Chefrolle gedrängt: Dietz 2002 als Trainer der Duisburger Profis.

Bernard Dietz
Der Leidenschaftliche

Bernard Dietz musste 22 Jahre alt werden, ehe er für den Profifußball entdeckt wurde. Vier Jahre Landesliga in Bockum-Hövel haben ihn auch äußerlich geprägt: An die Einheiten auf Asche erinnert ihn noch heute eine Narbe am rechten Oberschenkel. Und doch hat er die Zeit genossen, weil es damals nur um Fußball ging. Der Spieler Dietz kann auf eine rundum glückliche Karriere zurückblicken, die mit dem Europameister-Titel 1980 gekrönt wurde.

Der Trainer Dietz hingegen hat den Fußball als Geschäft erlebt, in dem Businesspläne mehr zählen als Aufstellungen. Die moderne Glitzerwelt mit all ihren Randerscheinungen ist dem gelernten Schmied zuwider, weshalb er sich nur noch als Aufsichtsratsmitglied des MSV Duisburg im hochklassigen Bereich bewegt. Ein Gespräch über die Anfänge und das Ende seiner Karriere im Profifußball.

Bernard Dietz
(* 22. März 1948 in Bockum-Hövel) absolvierte zwischen 1970 und 1987 495 Bundesligaspiele (76 Tore) und 34 Zweitligaeinsätze (1 Tor) für Duisburg und Schalke. Zudem bestritt er 53 Länderspiele für die Nationalmannschaft, mit der er 1980 Europameister wurde. Als Trainer war Dietz für die Schalker A-Jugend, den ASC Schöppingen, den SC Verl, den VfL Bochum, den MSV Duisburg und RW Ahlen tätig. Im Jahr 2007 gründete er die „Fußballschule Bernard Dietz". Zudem ist er seit 2011 als Aufsichtsratsmitglied der MSV Duisburg GmbH & Co. KGaA tätig.

Bernard Dietz, warum verging bis zu Ihrer Entdeckung so viel Zeit?
Die Leute haben immer gesagt: „Der Kleine wird mal was." Und im vierten Senioren-Jahr habe ich so viele Tore geschossen, dass andere Vereine auf mich aufmerksam wurden.

Dabei war Hamm nicht unbedingt der Nabel der Fußball-Welt.
Trotzdem habe ich in meiner Jugendzeit viel Spitzenfußball gesehen. Die älteren Jungs haben mich gegen ein paar Mark Spritgeld mitgenommen nach Dortmund, Schalke und Bochum. Nicht nach Duisburg, das ist schon fast Ausland gewesen. Wenn das Stadion Rote Erde voll war, habe ich auf dem Baum gesessen und mir vorgestellt, wie es wohl wäre, selbst dort aufzulaufen.

Aber Sie waren nicht BVB-Fan, oder?
Nein, ich hatte kurioserweise Sympathien für den 1. FC Köln. Mein Vater stammt aus Köln-Mülheim, ein Onkel von mir war dort Schiedsrichter auf Kreisebene. Als ich neun Jahre alt war, lud er mich ein, einen Teil der Sommerferien bei ihm zu verbringen.

Und Sie sagten zu?
Natürlich. Damals gab es nicht Teneriffa oder Mallorca, es gab ja noch nicht einmal eine anständige Autobahnverbindung. Die Fahrt nach Köln war schon eine Weltreise für mich, weil mein Onkel mich hinten auf seinem Moped mitgenommen hat. Ich war zwei Wochen dort, und natürlich haben wir uns auch Spiele angeschaut.

Was war es für ein Gefühl, als Sie Jahre später Ihr erstes Probetraining beim 1. FC Köln bestreiten durften?
Ich kannte die Spieler ja nur aus dem Radio – einen Fernseher hatten wir noch nicht. Als ich dann in der Kabine von Wolfgang Overath, Heinz Simmet und Hannes Löhr begrüßt wurde, war das sensationell. Aber nach drei Tagen war es vorbei. Der FC wollte mich zunächst ein Jahr lang an den Lüner SV ausleihen, das war mir aber nicht ganz geheuer. Zwei Tage später lud mich Duisburg zum Probetraining ein.

Das war zunächst mit Stress verbunden, oder?
Zeitgleich wurde ich zu einem Testspiel zwischen der deutschen Amateur-Nationalmannschaft und Österreich eingeladen. Ich saß zwar nur auf der Bank, aber allein die Tatsache, vom DFB eingekleidet worden zu sein, war eine tolle Geschichte für mich. Anschließend ging es für drei Tage nach Duisburg. Ich musste wieder jemanden finden, der mich dorthin fährt, und ich musste Doppelschichten fahren, damit ich Urlaub bekam.

Es sollte sich auszahlen.
Eine Woche, bevor Duisburg mir sagte, dass man mich haben wolle, bekam ich den Olympia-Pass vom DFB. Ich sollte bei den Olympischen Spielen 1972 auflaufen, aber das ging nur als Amateur. Ich habe hin und her überlegt. Letztlich stand für mich fest: Olympia ist toll, aber das dauert nur vier Wochen. Profi kann man ein ganzes Leben lang sein.

So landeten Sie als Linksaußen beim MSV.
Das war grausam für mich. Ich musste immer die Strafraumnähe haben, um dicht am Tor zu sein. Für einen Außenstürmer war ich zu langsam. Das war nicht meine Position. Ich habe mich ja auch eher durch Einsatzbereitschaft und Willensstärke ausgezeichnet.

Wie kam es dazu, dass Sie nach zwei Jahren nach hinten beordert wurden?
Wir hatten während einer Englandreise einige Verletzte. Also sagte Trainer Rudolf Faßnacht, der mich auch geholt hatte: „Du hast keine Angst und gehst richtig in die Zweikämpfe. Spiel mal linker Verteidiger." Von da an war ich Abwehrspieler und habe so auch meine Karriere gemacht – immer mit dem Drang, nach vorne zu gehen.

Waren Sie insofern ein moderner Verteidiger?

Vielleicht aus der Not heraus. Wir haben oft gegen den Abstieg gespielt und brauchten Punkte. Daher mussten wir in der Schlussphase häufig noch ein Tor schießen. Also hieß es: „Ennatz, geh vorne rein." Ab und zu hat es auch geklappt. Schließlich habe ich mit 70 Toren nur eines weniger als Ronnie Worm, der beste Bundesliga-Schütze in der Geschichte des MSV, geschossen.

Später wurden Sie zum Trainer.

Es hat mir Spaß gemacht, jungen Leuten die richtige Einstellung und Bereitschaft zu vermitteln. Das hat mit Schalkes A-Jugend und dem ASC Schöppingen auch wunderbar geklappt. Beim SC Verl war es nicht so, weil dort mehr gefeiert als Fußball gespielt wurde. Das war nicht meine Welt.

Und dann kam der Anruf vom VfL Bochum.

Sie suchten einen A-Jugendtrainer und hatten weder Geld noch einen Co-Trainer. In der ersten Saison habe ich vor jedem Training Frank Fahrenhorst in Hamm abgeholt, dann noch zwei Spieler in Dortmund und einen in Waltrop. Pro Strecke war ich zwei Stunden unterwegs. Aber es hat mir so viel Spaß gemacht, dass es am Ende siebeneinhalb Jahre mit der A-Jugend und der Reserve geworden sind.

Wurde Ihnen der Erfolg zum Verhängnis?

Später spielten meine Amateure nur noch eine Liga unter den Profis. Also musste ich zwei Mal die erste Mannschaft übernehmen. Mit dem Erfolg kamen Leute, die überall mitreden wollten: „Warum stellst du den nicht auf? Mach da mal was." Die Spieler fragten sich dann, wer eigentlich das Sagen hat.

Was hatte das für Folgen?

Nach ein paar Monaten habe ich aufgehört, weil ich kaputt gegangen bin. Ich habe nass geschwitzt im Bett gelegen und mich gefragt: „Warum ist das so?" Ich wollte lieber ein paar Euro weniger verdienen und dafür ein vernünftiges Leben führen.

Was ist vorgefallen?

Die Verantwortlichen haben hinter meinem Rücken Dariusz Wosz zurückgeholt und aus einer Verpflichtung gegenüber Klaus Toppmöller dessen Sohn Dino geholt. Das Schlimmste war aber die Liste, die sie mir gezeigt haben: „Herr Dietz, der Abstieg kostet 40 Millionen. Wir müssen sofort wieder aufsteigen." Das ging jede Woche so. Irgendwann zermürbt es einen.

In der Folge haben Sie in Duisburg Ähnliches erlebt.

Ich fing als Trainer der Reserve an, und schon wieder sollte ich nach wenigen Monaten die erste Mannschaft übernehmen. Ich wollte es nicht, aber es war ja der MSV Duisburg. Da konnte ich nicht nein sagen.

Das galt 2006 auch im Falle von Rot-Weiss Ahlen, Ihrer bislang letzten Station.

Eigentlich lief es ganz gut, aber der Sportliche Leiter Hanspeter Göggelmann glaubte, er wäre der große Meister. Er hatte wohl die Sorge, wegen meinem Namen wieder in den Hintergrund zu rücken. Also hat er ständig gegen mich geschossen.

Ist der moderne Fußball mit all seinen Auswüchsen einfach nicht Ihr Ding?

Für mich geht es im Fußball nicht ums Geld, sondern um die Leidenschaft. Mein Traumberuf wäre es gewesen, als Co-Trainer zu arbeiten. Aber dafür war mein Name wahrscheinlich zu groß. Niemand hat sich getraut, mich neben sich auf der Bank zu haben. Eigentlich schade, dass ich durch meine Erfolge in eine andere Rolle gedrängt worden bin.

Ausgangspunkt einer großen Karriere: Dietz auf seinem ersten Platz beim SV Bockum-Hövel.

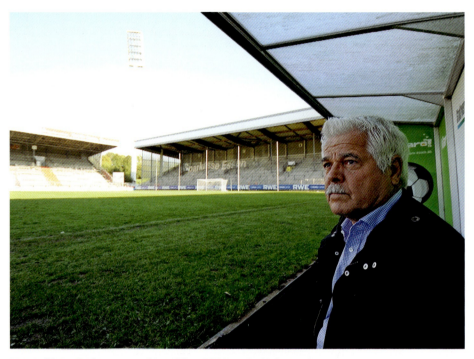

Lange nicht mehr da gewesen: Hans Dörre 2011 an der Hafenstraße.

Hans Dörre
Der Rekordhalter

Seit über 30 Jahren lebt Hans Dörre in der Nähe von Bad Honnef. Und dennoch ist es durchaus angemessen, ihn als Ur-Essener zu bezeichnen. Unweit der Hafenstraße aufgewachsen, war RWE für den Defensivmann der erste und lange Zeit auch einzige Verein. Außer ihm gibt es keinen weiteren Akteur, der alle sieben Bundesliga-Spielzeiten von Rot-Weiss miterlebt hat. Dabei hatte das Eigengewächs immer um seinen Status zu kämpfen, im wahrsten Sinne des Wortes. Dass er zum RWE-Helden wurde, hat Dörre vor allem der Leidenschaft zu verdanken, die er in die Waagschale warf.

Die Leidenschaft für RWE ist heute allerdings ein wenig verblasst. Schließlich ist der gelernte Buchdrucker nur noch dann in der alten Heimat, wenn er an den Wochenenden seine Mutter besucht. Ein Gespräch über einen einsamen Rekord, unterschätzte Eigengewächse und eine lange Fernbeziehung.

Hans Dörre
(* 14. November 1946 in Essen) bestritt zwischen 1965 und 1978 121 Bundesligaspiele (8 Tore), 11 Zweitligapartien (2 Tore) sowie unzählige Regionalligaeinsätze für Rot-Weiss Essen. Als einziger Spieler kam er in jeder Bundesligasaison von RWE zum Einsatz. Heute lebt er mit seiner Frau in der Nähe von Bad Honnef und arbeitet als Produktionsleiter in einer Druckerei.

Hans Dörre, sind Sie stolz auf Ihren Rekord?

Das habe ich lange Zeit gar nicht gewusst – es war ja auch immer ein Rauf und Runter mit RWE. Ich bin stolz, dass ich Bundesliga-Kicker war. Ich bekomme sogar heute noch Autogrammpost.

Dabei wurden Sie in Ihrem Heimatverein zunächst unterschätzt.

Nach der Zeit in der Jugend wollte man mir keinen Vertrag geben. Ich sollte als Amateur in der ersten Mannschaft spielen. Am Ende habe ich doch einen Vertrag bekommen: 100 Mark im Monat. Nebenbei habe ich meinen Beruf ausgeübt. Im ersten Jahr sind wir direkt aufgestiegen, da gab es noch einmal 1.000 Mark Handgeld. Aber für mich war es ohnehin ein Traum, in der ersten Mannschaft zu spielen.

Haben Sie als Eigengewächs in Ihrem Klub trotzdem nichts gegolten?

Es war ein Problem, dass ich aus der eigenen Jugend kam. Am Anfang jeder Saison kamen neue Spieler für meine Position und ich musste mich erstmal hinten anstellen. Ich war ja nun auch nicht der talentierte Spieler, sondern kam über den Kampf. Das haben vor allem die Fans honoriert.

Das galt nicht für Oberhausens Franz Krauthausen, oder?

Die Duelle gegen ihn waren sicherlich die Höhepunkte. Er war zu der Zeit ein Aspirant für die Nationalmannschaft, etwas nickelig, aber fußballerisch stark. Wir haben uns in extremer Form beharkt. Da habe ich traumhafte Spiele gemacht, das war toll.

Hatten Sie einen Lieblingsort an der Hafenstraße?

Am liebsten habe ich auf der Seite der Nordtribüne gespielt, ganz nah an den Zuschauern. Ich habe hinter Willi Lippens gespielt, das funktionierte ganz gut. Wir sind zur gleichen Zeit in die erste Mannschaft gekommen und waren freundschaftlich verbunden.

Warum trennten sich die Wege mit RWE nach 13 Jahren völlig abrupt?

Das war ein bisschen traurig. Der damalige Trainer Klaus Quinkert hatte mich darauf angesprochen, dass ich weitermachen sollte. Das hat sich aber zerschlagen, weil in Diethelm Ferner ein neuer Trainer kam. Der hatte andere Vorstellungen. So habe ich über eine Anzeige im Kicker einen neuen Verein gesucht.

Wie ging es weiter?

Ich habe mich dem Oberligisten FV Bad Honnef angeschlossen. Es gab ein bisschen Geld und einen Job in der Druckerei des zweiten Vorsitzenden. Leider ist mir die Achillessehne gerissen, also hatte es sich fußballerisch schnell zerschlagen. Aber beruflich hat alles gepasst. Ich arbeite bis heute als Produktionsleiter in der Druckerei und habe mir ein Haus in der Nähe gekauft.

Wie lange wollen Sie noch arbeiten?

Ich habe mich mit meinem Chef geeinigt, dass ich noch ein Jährchen oder zwei dranhänge. Es ist wie im Fußball: Ich arbeite gerne. Ich bin nicht der Typ, der sich mit 65 einen Hund anschafft und nur noch spazieren geht. Ich bleibe lieber aktiv.

Wie ist Ihre Beziehung zu RWE heute?

Es war mal intensiver, mittlerweile ist es eine Fernbeziehung. Ich schaue montagmorgens in der Zeitung nach den Ergebnissen, das beschäftigt mich immer noch. Wenn ich mit meinen Enkeln am Stadion vorbeikomme, halte ich auch schon mal an und erzähle ihnen von früher: „Guckt, da hat euer Opa gespielt." Der letzte Besuch bei einem Spiel ist aber bestimmt schon 15 Jahre her. Rot-Weiss Essen hat jetzt seine eigene, neue Welt. Da möchte ich nicht stören.

Held für einen Tag: Drescher wird von Walter Oswald (links) und Co-Trainer Erich Klamma gefeiert.

Dirk Drescher

Einmal Ruhm und zurück

Er war ja schon vorher nervös genug, aber um 15.55 Uhr wird Dirk Drescher beinahe ohnmächtig. Dieser Samstag im August 1985 könnte, nein, er wird sein Leben ändern. Erst vor vier Tagen durfte der junge Schlussmann zum ersten Mal mit den Profis des VfL Bochum trainieren, weil Ralf Zumdick sich verletzt hatte. Und nun soll er auch noch eingewechselt werden, weil Reservekeeper Markus Croonen bei seinem Profidebüt die Rote Karte kassiert. Drescher spürt, dass seine Nebenleute auf der Ersatzbank geschockt sind. 65 Minuten beim 1. FC Nürnberg in Unterzahl, mit einem Nobody im Kasten – das kann ja ein heiterer erster Bundesligaspieltag werden.

Vor seinem ersten Einsatz im Seniorenbereich wartet aber noch eine Hürde auf Drescher. Der 17-Jährige hat seine Torwarthandschuhe mühsam angezogen, die mit der Schaumstoffeinlage. Dummerweise merkt er erst jetzt, dass einer seiner Schuhe noch offen ist. Der junge Mann schaut noch verzweifelt in die Runde, als Lothar Woelk ihm zur Hilfe eilt. Der Routinier bindet dem A-Jugendlichen die Schuhe zu.

26.000 Augenpaare sind jetzt nur auf ihn gerichtet, der sonst vor 50 Rentnern kickt. Sein ganzes Leben lang hat er auf diesen Augenblick hingearbeitet, doch dass es schon in seinem dritten Jahr beim VfL so weit sein würde, hatte er nicht erwartet. Sein Trainer Rolf Schafstall spürt die Angst des Nobodys, er raunt ihm zu: „Du verlässt auf keinen Fall die Torlinie. Alles, was hoch reinkommt, übernehmen Oswald, Woelk und Knüwe."

Zur Sicherheit kommandiert Schafstall auch noch Zumdick von der Tribüne hinters Tor, damit der Drescher Anweisungen gibt. „Ich war so aufs Spiel konzentriert, dass nichts von seinen Ansagen bei mir angekommen ist", gesteht Drescher später. Und weiter: „Am Anfang war ich sehr nervös, dafür schäme ich mich nicht. Das hat sich gelegt, als ich den ersten Ball gehalten hatte. Danach habe ich das Spiel in einer Art Trance-Zustand erlebt."

Drescher hält seinen Kasten sauber und wird, weil Martin Kree nach 83 Minuten einen Freistoß ins FCN-Gehäuse drischt, zum Matchwinner. Kaum hat er nach dem Schlusspfiff die Spielertraube um sich herum abgewimmelt, lädt ihn das ZDF gemeinsam mit Markus Croonen ins Aktuelle Sportstudio ein.

Der Youngster plaudert am Abend in Mainz mit den Leuten, die er sonst nur aus seinem Wohnzimmer kennt. Er wirkt dabei nicht wie einer, der als jüngster Bochumer Bundesligatorwart gerade Geschichte geschrieben hat.

Doch schon wenige Stunden später hat ihn der Alltag wieder. Drescher nimmt mit der A-Jugend des VfL an einem Vorbereitungsturnier in Geseke teil, vor den gewohnten 50 Rentnern. Doch deren Augen sind plötzlich auf ihn gerichtet, sie müssen am Vorabend Fernsehen geschaut haben. „Die haben mich alle angestarrt und wohl gedacht: ,Der hat gestern noch Bundesliga gespielt, also muss der in der A-Jugend gottgleich halten.' Das war schwierig für mich, weil eine normale Leistung auf einmal nicht mehr reichte", betont Drescher.

Mit der Zeit wird es leichter, weil sein Auftritt in Nürnberg der einzige bleibt. Wenige Tage später holt der VfL Wolfgang Kleff aus dem Ruhestand, und nach Ablauf von Croonens Sperre ist für Drescher noch nicht einmal mehr auf der Ersatzbank Platz. Nach vier Wochen ist er wieder ein ganz normaler A-Jugendlicher.

Doch Drescher soll noch einmal für Schlagzeilen sorgen: Im Jahr 2010 hilft er mit 42 im Tor der Sportfreunde Oestrich aus, als ältester Spieler in der Vereinsgeschichte. So schließt sich der Kreis. Und Drescher betont: „Ich bin nicht traurig, dass ich meine Karriere danach im Amateurbereich verbracht habe. Das Spiel nimmt mir keiner. Ich bin stolz darauf."

Drescher heute: als Torwarttrainer bei den Sportfreunden Oestrich-Iserlohn.

Dirk Drescher
(* 28. Februar 1968 in Schwerte) spielte bis zu seinem ersten B-Jugendjahr beim VfL Schwerte. Anschließend wechselte er zum VfL Bochum, ehe es ihn zu Westfalia Herne, den Sportfreunden Oestrich-Iserloh, dem DSC Wanne-Eickel und der Hammer SpVg zog. Seit 2004 ist der hauptberufliche Polizist nebenbei als Torwarttrainer in Oestrich tätig.

Rakete, kein Knallfrosch: Heinz-Werner Eggeling auf seinem ersten Platz beim SV Langendreer 04.

Heinz -Werner Eggeling
Zwei Herzen in der Brust

Der Liebe wegen wohnt Heinz-Werner Eggeling seit langem in Osnabrück. Trotzdem muss der legendäre Linksaußen des VfL immer wieder Bochumer Luft schnuppern, mindestens zwei Mal im Monat. Er ist schließlich ein Kind der Stadt, auch seine Eltern wohnen immer noch dort. Und ganz nebenbei unterschrieb Eggeling mit 17 seinen ersten Profivertrag beim VfL und begründete in der Folge den Mythos der Unabsteigbaren mit.

„Ich hänge an Bochum und bin bei vielen Heimspielen im Stadion. Meine besten Freunde leben alle im Ruhrgebiet", sagt Eggeling. Doch es gibt ein ganz dunkles Geheimnis in seiner Vita, das er nun lüftet. Aufgewachsen an der Stadtgrenze zu Dortmund, schlug sein Herz ursprünglich für die Borussia. Das hat sich nach seinen Erfahrungen als Aktiver zwar nicht grundlegend geändert, aber offenbar ist in seinem Herz ausreichend Platz für zwei Vereine.

Heinz-Werner Eggeling
(* 17. April 1955 in Bochum) absolvierte zwischen 1973 und 1984 217 Bundesligaspiele (37 Tore) und 23 Zweitligapartien (4 Tore) für den VfL Bochum, Eintracht Braunschweig, Bayer Uerdingen, Borussia Dortmund und den VfL Osnabrück. Wegen seiner Antrittsschnelligkeit erhielt er den Spitznamen „Rakete". Heute lebt er mit seiner Frau in Osnabrück.

Heinz-Werner Eggeling, war der VfL Bochum eine Herzensangelegenheit für Sie?
Ich war damals der einzige gebürtige Bochumer. Die anderen kamen auch aus dem Revier. Aber ich war stolz darauf, als Kind der Stadt für meinen Verein spielen zu dürfen.

Hand aufs Herz: Waren Sie von Haus aus VfL-Anhänger?
Ich bin zwar in Bochum-Langendreer aufgewachsen, aber meine Liebe galt eigentlich immer dem BVB. Als Kind und Jugendlicher bin ich oft nach Dortmund gefahren. Es war ein Jugendtraum, selbst für die Schwarz-Gelben zu spielen. 1982 hat es auch geklappt.

Richtig glücklich wurden Sie aber nicht.
Ich habe leider feststellen müssen, dass wir einen kranken Mann als Trainer hatten. Branko Zebec' Alkoholismus war schon sehr weit fortgeschritten.

Wie hat sich das geäußert?
Der war schon morgens angesäuselt. Nüchtern war er bestimmt ein guter Trainer. Aber so einen kranken Mann kann man nicht auf eine Bundesligamannschaft loslassen. An ihm habe ich erst gemerkt, wie sehr Trainer teilweise unter Druck stehen. Er hatte sich in den Alkohol geflüchtet, um den Stress abzubauen. Das war der falsche Weg.

Hat das Ihre Begeisterung für die Borussia getrübt?
Nein, eigentlich nicht. Ich verfolge die Entwicklung nach wie vor, es ist immer noch eine Herzensangelegenheit. Schließlich habe ich ja auch noch mit dem heutigen Sportdirektor Michael Zorc zusammengespielt. Aber mein Verein ist und bleibt der VfL Bochum.

Dort haben Sie den Mythos der „Unabsteigbaren" mitbegründet.
Das ist heute noch eine wichtige Sache für uns. Mit Leuten wie Ata Lameck, Jupp Tenhagen, Jupp Kaczor, Lothar Woelk und Walter Oswald hatten wir eine Gemeinschaft, wie man sie heute gar nicht mehr finden kann.

Wie haben Sie es geschafft, immer wieder in der Bundesliga zu bleiben?
Wir haben immer versucht, möglichst früh auf eine bestimmte Punktezahl zu kommen. Wenn wir es nicht erreicht hatten, wussten wir: „So, jetzt geht es richtig zur Sache." Wir hatten auch die passenden Leute für diese Einstellung.

Wie darf man das verstehen?
Wenn ich einem Haudegen wie Dieter Versen im Spiel gesagt hätte: „Ich hab mir den Knöchel aufgeschlagen. Ich glaub, das muss genäht werden." Der hätte gesagt: „Dann brauchst du nicht wiederkommen. Hier wird bis zur 90. Minute gefightet." So etwas prägt. Als Versen, Galeski und Wiesemes aufhörten, haben wir es an die Jungen vermittelt.

Wurden Sie so zur ‚Rakete'?
Das hat sich die Bild-Zeitung ausgedacht. Ich war schnell, von daher hat es sich wohl angeboten. In Bochum sprechen mich die Leute immer noch mit „Rakete" an. Dabei war ich für die Bild nach einem schlechten Spiel schon längst wieder der Knallfrosch.

Warum haben Sie den VfL Ende 1979 verlassen?
Der Verein war mal wieder ziemlich klamm und ich hatte ein Traumangebot aus Braunschweig. Die boten Bochum eine Million D-Mark als Ablöse – eine Wahnsinnssumme.

War das Geld der Knackpunkt?
Beim VfL haben wir nicht schlecht verdient. Aber das Braunschweiger Angebot war so, dass ich nachfragen musste, ob das wirklich das Monats- oder doch das Jahresgehalt sein sollte. Ich hatte aber immer die Hoffnung, nach Bochum zurückzukommen. Wenn ich nicht verkauft worden wäre, hätte ich vielleicht heute noch einen Posten im Verein – als Platzwart, oder was weiß ich.

Mit Fußball hat er nicht mehr viel am Hut: Eigenrauch in seiner Herner Wohnung.

Yves Eigenrauch
Gegen den Strom

Yves Eigenrauch ging schon als aktiver Fußballer in Museen, er interessierte sich fürs Theater und las Dürrenmatt. Das machte ihn zum anderen, zum intellektuellen Profi. Dabei wollte Eigenrauch nie anders, sondern einfach nur sein eigener Mensch sein. Kaum überraschend, dass er sich mit der Entwicklung des Fußballs nicht identifizieren konnte und dessen Stellenwert schon als Aktiver als total überhöht empfand.

Die Band Tomte widmete ihm den Song „Yves, wie hältst du das aus?" Eine berechtigte Frage, wenn man bedenkt, dass einer, dem jeglicher Star-Kult zuwider ist, plötzlich die komplette Entwicklung der Kommerzialisierung miterleben musste und zu allem Überfluss auch noch zum Publikumsliebling und Fast-Nationalspieler wurde. Ein Gespräch über Vorurteile, Image-Probleme, ein freiwilliges Karriereende und die Ungleichmäßigkeit des realen Lebens.

Yves Eigenrauch
(* 24. April 1971 in Minden) absolvierte zwischen 1990 und 2001 229 Bundesligaspiele (3 Tore) sowie 7 Zweitligabegegnungen (1 Tor) für Schalke 04. Seine größten Erfolge: UEFA-Cup-Sieger 1997, DFB-Pokalsieger 2001. Heute lebt er mit seiner Partnerin und dem gemeinsamen Nachwuchs in Herne.

Yves Eigenrauch, wie wird jemand, der sich nicht sonderlich für Fußball interessiert, selbst zum Fußballer?

Eigentlich wollte ich wie die meisten Nachbarskinder auch Handball spielen, schließlich stamme ich aus einer Handball-Hochburg. Meine Eltern haben mich aber überredet, mit Fußball anzufangen. Nach der Überlieferung meinten sie, dass ich so zumindest die theoretische Chance gehabt hätte, mit dem Sport mein Geld zu verdienen. Dass es dann wirklich geklappt hat, war aber eher dem Zufall geschuldet.

In welcher Hinsicht?

Klaus Fischer war mein Idol, aber ich hatte nie das Ziel, selbst Profi zu werden. Skurrilerweise hat Ernst Middendorp mir schon als A-Jugendlichem die Möglichkeit gegeben, für Arminia Bielefeld in der Oberliga Westfalen zu spielen.

Mit 19 folgte der Wechsel nach Schalke.

Damals habe ich das Ruhrgebiet nur mit der relativ rüden Spielweise verbunden, die unsere Gegner aus dem Revier an den Tag legten. Bei mir herrschte das Klischee der Kohlenfresser vor. Zudem war ich zum ersten Mal ganz auf mich allein gestellt. Dementsprechend gab es im persönlichen Bereich auch ein paar Akklimatisierungsprobleme.

Wie lange dauerte es, bis Ihre Vorurteile entkräftet waren?

Bestimmt so zwei Jahre. Das lag aber vor allem an mir. Ich war damals schon eher zurückhaltend und wollte mit den Kollegen abends nicht unbedingt rausgehen. Entspannter wurde es nach dem Grundwehrdienst, weil da noch mal andere Impulse durch die Leute in der Sportförderkompanie gekommen sind.

Zum Wohlbefinden dürfte auch beigetragen haben, dass Sie nach anderthalb Jahren auf Schalke einen Stammplatz innehatten.

Das war auch einem Zufall geschuldet. Vor einem Spiel in Nürnberg haben drei Kollegen in der Mittagspause Backgammon gespielt. Trainer Aleks Ristic hat sie erwischt. Er war sehr erzürnt und hat sie auf die Bank gesetzt. Auch wenn ich mich gar nicht dazu befähigt sah, musste ich von jetzt auf gleich spielen.

Waren Sie selbst Ihr größter Kritiker?

Die Meinungen, was meine Qualität betrifft, gehen auseinander. Ich selbst habe sie nie für so hoch gehalten. Dass das ausreichend ist, um so lange als Profi spielen zu können, hatte ich eigentlich nicht gedacht.

Wie groß war Ihre Überraschung, als Berti Vogts Sie später zur Nationalmannschaft eingeladen hat?

Das war ein Possenspiel. Ich war 1994 und 1996 bei Sichtungslehrgängen dabei, ehe ich 1998 für die Testspiele gegen Brasilien und Nigeria nominiert wurde. Ich war ein halbes Jahr verletzt und hatte nur ein volles Spiel mitgemacht, das UEFA-Cup-Viertelfinale gegen Inter Mailand mit Ronaldo. Aus meiner Sicht gab es überhaupt keine Notwendigkeit, mich dorthin einzuladen.

Warum haben Sie trotzdem mitgemacht?

Ich habe mich genötigt gesehen, hinzugehen – man kann ja schlecht absagen. Ich hätte dann, glaube ich, sogar gesperrt werden können. Aber ich war einer der wenigen Spieler, die es nicht als höchstes Ziel angesehen haben, in der Nationalmannschaft zu spielen.

Nach der WM lud Sie Vogts' Nachfolger Erich Ribbeck zu den EM-Qualifikationsspielen in der Türkei und in Moldawien ein.

Ich nenne das immer Studienreise. Es war ganz hübsch, mal die internen Abläufe zu sehen. Aber sportlich war es absurd, mich mitzunehmen. Das hat nichts mit Bescheidenheit zu tun: Ich hatte nicht die Qualität für die Nationalmannschaft.

War es Ihnen insofern auch egal, dass es mit einem Einsatz nicht geklappt hat?
Das war sogar sehr, sehr erfreulich. Ich wäre gestorben, wenn ich für zehn Minuten hätte spielen müssen. Das wäre ja auch grausam, in der Bio zwei Länderspiele stehen zu haben. Entweder richtig oder gar nicht. Und dann lieber gar nicht.

Hat es Sie eigentlich gestört, dass Sie von den Medien schnell zum anderen Fußballer stilisiert worden sind?
Irgendwann bin ich mit einem Dürrenmatt-Buch in den Mannschaftsbus eingestiegen. Die Bild hatte das direkt aufgegriffen und so ist es fortgeführt worden. Ich hatte ja tatsächlich andere Interessen, als es damals für einen Profi üblich war. Aber deswegen habe ich mich nicht anders gefühlt.

Haben Sie selbst etwas zu Ihrem Image beigetragen?
Heute muss ich zugeben, dass ich mich relativ gewöhnungsbedürftig gekleidet habe. Neulich habe ich ein Foto von mir gesehen: grünes Hemd, eine krass gelbe Krawatte und dazu ein blaues Sakko. Da muss man sich nicht wundern, wenn das Argwohn auslöst. Das habe ich auch nicht, ich fand es nur ein bisschen schade.

Wie haben Ihre Mitspieler auf Sie reagiert?
Die meisten waren sehr konservativ geprägt. Am Anfang gab es ein paar Bemerkungen. Das hat mich genervt, weil so etwas ja auch ein Spießrutenlauf sein kann. Aber nach anderthalb Jahren hatte es sich gelegt. Die Leute haben gemerkt: „Okay, der ist nun mal so."

Mit Ihrer Art und der kampfbetonten Spielweise wurden Sie rasch zum Publikumsliebling. War Ihnen der Starrummel suspekt?
In erster Linie hat es mich verwundert, dass gerade meine Spielweise honoriert worden ist. Ich habe mich nur als einer von vielen gesehen. Der Ursprung der „Yyyves"-Rufe ist aber eher ironischer Natur. Irgendwann wurde es ernst, und dann wurde es schwierig für mich.

Warum?
Ich habe mich unter Druck gesetzt. Ich wollte den Leuten, die mir ihre Sympathien bekundet haben, etwas zurückgeben. Dabei neigte ich eh schon leicht dazu, mir zu viele Gedanken zu machen.

Wie haben Sie eigentlich Schalkes Entwicklung vom darbenden Zweitligisten zum Wirtschaftsunternehmen erlebt?
Das muss man differenzieren. Zwischen 1990 und 1997 waren die Zeiten sehr wechselhaft und spannend. Ich habe mir damals nicht viele Gedanken gemacht, ob noch eine Zahlungsfähigkeit vorliegt oder was für ein Konstrukt mit der Marketing-GmbH gewählt worden ist. Ich habe einfach nur Fußball gespielt.

Was ist danach passiert?
Der große Wechsel kam aus meiner Sicht mit dem UEFA-Cup-Sieg. Danach stand die Maßgabe im Raum, in der Bundesliga längerfristig in der Spitze spielen zu wollen. Und durch den Neubau der Arena hat das Ganze neue Dimensionen angenommen. Als ich auf Schalke ankam, haben acht oder zehn Leute auf der Geschäftsstelle gearbeitet. Zehn Jahre später waren es vielleicht 80. So eine Entwicklung innerhalb eines recht kurzen Zeitraums muss ein Verein erstmal verkraften. Das kann sicher als kleiner Kulturschock gewertet werden.

Haben Sie den einigermaßen ursprünglichen Fußball vermisst?

Es wäre eine Geschichtsklitterung, wenn man vom schönen, alten Fußball spricht. Aber es kam alles zusammen: Privatfernsehen, neue Medien, Bosman-Urteil, Stadionneubauten – mir war damals schon bewusst, dass das nicht mein Ding ist. Dadurch kam mir die neu entstandene Situation ab 1999 ganz gelegen.

Sie sprechen Ihren Knorpelschaden an.

Die Verletzung hätte es erschwert, auf einem vernünftigen Niveau zu spielen. Wenn ich die Begeisterung anderer an den Tag gelegt hätte, hätte ich sicher noch drei, vier Jahre weitermachen können. Aber ich konnte mich weniger denn je mit dieser Art des Arbeitens, mit dem System des Sports identifizieren. Ich habe mich nicht mehr wohl gefühlt. So war es relativ einfach, zu sagen: „Okay, dann höre ich mit 30 auf."

Es überrascht nicht, dass Sie nach dem Karriereende kaum noch etwas mit Fußball zu tun hatten.

Es kam nie für mich in Frage, mich dort beruflich zu betätigen. Mir ist die Möglichkeit gegeben worden, den Veranstaltungsbereich der Arena zu leiten. Das war echt cool. Aber nach einer Zeit musste ich feststellen, dass mir der Fokus zu sehr auf dem Sport lag. Daher habe ich aufgehört und eine Fortbildung im Bereich Öffentlichkeitsarbeit gemacht.

Wie ging es weiter?

Nach meiner Tätigkeit fürs Consol Theater habe ich mit meiner Frau einen Rollentausch gemacht und war drei Jahre lang Hausmann, um mich um unsere Tochter zu kümmern. Wir hatten uns gerade eine Wohnung in Herne ausgesucht, als wir uns getrennt haben. Das waren absurde Zeiten. Ich musste feststellen, dass im realen Leben nach dem Fußball nicht mehr alles so linear abläuft.

Mittlerweile sieht es wieder rosiger für Sie aus.

Ich habe eine neue Frau kennen gelernt, wir haben zusammen ein Kind bekommen. Und nun befinde ich mich in selbst genommener Elternzeit, wobei ich jetzt schon eine etwas längere Orientierungsphase habe. Ich möchte vermeiden, dass es wie bei anderen ehemaligen Fußballern irgendwann wirtschaftlich eng wird. Das kann aber schwierig werden, wenn man es nicht versteht, einfach mit dem System mitzugehen.

Gibt es für Sie einen idealen Job?

Ich kann mir vieles vorstellen. Es hat ja auch einen gewissen Charme, sich vorzustellen, einfach seinen Job zu machen und dann um fünf nach Hause zu gehen. Ich kann nicht beurteilen, ob eine Verkaufstätigkeit längerfristig befriedigend ist. Aber wenn ich nur theoretisch darüber nachdenke, werde ich es praktisch nicht erfahren.

Spielen Sie eigentlich noch Fußball?

Nein. Am Anfang habe ich manchmal für den guten Zweck gekickt. Aber jedes Mal habe ich mir nach einer Viertelstunde gedacht: „Scheiße, warum hast du überhaupt zugesagt?" Es waren immer welche dabei, die den Sport als Leistungssport gesehen haben. Mit diesen unverhältnismäßig großen Emotionen kann ich nichts anfangen. Das eigentliche Verlieren oder Gewinnen hatte für mich auch früher nicht so einen hohen Stellenwert.

Können Sie das präzisieren?

Ich konnte mich über Niederlagen nie so exorbitant ärgern – es sei denn, die Leistung passte nicht. So habe ich auch über den UEFA-Cup-Sieg gedacht. Es ist eine nette Sache, so eine hübsche Trophäe gewonnen zu haben. Aber diese Bedeutung, die dem beigemessen wird, war und ist nicht meine Sache.

Nicht von Dauer: Erlhoff (Vierter von rechts) auf der Schalker Ersatzbank.

Hermann Erlhoff
Der erste Joker

Wir schreiben den 19. August 1967: Die Bundesliga geht mit einer neuen Regelung in ihre fünfte Saison. Ab sofort darf ein Spieler ausgewechselt werden, wenn er verletzt ist. Davon profitiert prompt Schalkes Neuzugang Hermann Erlhoff, der mit seinem ersten Bundesliga-Einsatz direkt Geschichte schreibt. Warum, verrät Erlhoff selbst.

„Dass ein Spieler ausgewechselt werden durfte, kannten wir ja vorher gar nicht. Da gab es nur elf Mann auf dem Platz. Wenn einer verletzt war und nicht mehr konnte, musste er sich entweder weiter durchs Spiel schleppen oder seine Mannschaft war in Unterzahl. Nun gab es plötzlich Einwechselspieler, und unsere Bank war gut gefüllt. Für mich war es schon ein Erfolg, überhaupt zum Kader zu gehören. Damit hatte ich nicht gerechnet, schließlich hatte ich einiges aufzuholen. Vor der Saison kam ich aus der Regionalliga vom TSV Marl-Hüls und war froh, mitmachen zu dürfen.

Die Schalker haben mich spontan verpflichtet, nachdem ich bei einem 2:1-Testspielsieg beide Tore gegen den S04 geschossen hatte. Fritz Szepan sagte danach zu mir: ‚Du brauchst nicht mehr nach Hause. Wir nehmen dich sofort mit.‘ Und so saß ich also am Spielfeldrand der Glückaufkampfbahn und fühlte mich wie ein privilegierter Zuschauer der Partie gegen Borussia Mönchengladbach. Doch dann verletzte sich Heinz Pliska nach 33 Minuten: Er konnte einfach nicht mehr laufen.

Unser Trainer Karl-Heinz Marotzke hat uns der Reihe nach angeschaut und dann zu mir gesagt: ‚So, und du gehst jetzt rein.‘ Das war ein Schock, schließlich durfte ich während der Vorbereitung kaum spielen. Ich war wirklich aufgeregt. Schließlich sollte ich zu meinem Bundesliga-Einstand direkt gegen Günter Netzer ran. Ein Aufwärmen wie heute gab es damals nicht, also bin ich ein paar Mal hin und her gelaufen. Und dann kam Pliska auch schon vom Platz gehumpelt und ich musste rein.

In dem Moment der Einwechslung war mir gar nicht klar, dass ich als erster Einwechselspieler überhaupt Bundesliga-Geschichte schreiben würde. Ich hatte ganz andere Sorgen: 28.000 Zuschauer blickten auf mich, so viele Fans war ich aus Marl-Hüls ja nun wirklich nicht gewohnt.

Im Spiel war ich aber nicht mehr groß nervös. Als ich reinkam, lagen wir 0:1 hinten. Am Ende stand es 3:4, und wenn unser Willi Kraus mir nicht kurz vor Schluss den Ball vom Kopf genommen hätte, dann hätte ich sogar noch den Ausgleich zum 4:4 erzielt. Es war ein guter Einstand, und ich habe die nächsten Partien in der Startelf gestanden. Den nächsten Joker-Einsatz hatte ich erst beim Rückspiel in Mönchengladbach: Bei unserem 6:1-Sieg habe ich ein Tor vorgelegt und eines selbst geschossen.

Für die Gerechtigkeit des Spiels war es sinnvoll, dass die Anzahl der Auswechslungen kurz darauf noch erhöht worden ist. Verletzungen passieren immer, und warum sollte dann die Mannschaft in Unterzahl zu Ende spielen müssen? Aber bei dem einen Wechsel ist es vorgekommen, dass gepfuscht wurde und dass Spieler vom Platz humpelten, die vorher gar keinen Körperkontakt hatten.

Nach drei Jahren wollte ich aber weg aus Schalke, weil ich mehr spielen wollte. Ich konnte es nicht vertragen, auf der Bank zu sitzen. So wurde ich bei meinem Wechsel zu Rot-Weiss Essen mit einer Ablöse von über 100.000 D-Mark zum teuersten Bundesliga-Akteur, der nicht Nationalspieler war. Aber das ist eine andere Geschichte."

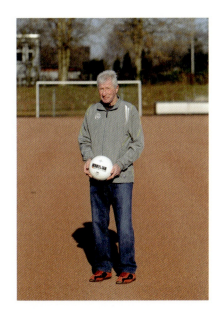

Erlhoff auf seinem ersten Platz beim SuS Bertlich in Herten.

Hermann Erlhoff
(* 22. Dezember 1944 in Gelsenkirchen) bestritt zwischen 1967 und 1976 162 Bundesligaspiele (15 Tore) für Schalke 04 und Rot-Weiss Essen. Als Trainer war er unter anderem für RWE, den SV Holzwickede, die Spvgg. Erkenschwick, den VfB Hüls und die Damen vom FFC Flaesheim-Hillen tätig. Heute lebt er als Pensionär mit seiner Frau in Marl und spielt weiter für die Schalker Traditionsmannschaft.

Karl-Heinz Feldkamp denkt gerne an seinen Freund Klaus Steilmann zurück.

Karl-Heinz Feldkamp
Eine Freundschaft fürs Leben

Karl-Heinz Feldkamp wurde Deutscher Meister und DFB-Pokalsieger mit dem 1. FC Kaiserslautern, mit Galatasaray Istanbul gewann er das Double in der Türkei. Doch seine fußballerische Wiege liegt im Ruhrgebiet. Klaus Steilmann, der inzwischen verstorbene Präsident der SG Wattenscheid 09, machte den erfolgreichen Amateurtrainer Feldkamp 1972 zum Chefcoach der Zweitligamannschaft.

Es war der Grundstein für eine große Karriere, die Feldkamp in die Ferne führte. „Seit zwei, drei Jahren intensiviere ich wieder die Beziehungen zum Revier. Das hängt damit zusammen, dass ich aus dem risikoreichen Fußballgeschäft ausgestiegen bin", betont der gebürtige Oberhausener. Er genießt die neu gewonnene Freizeit. Und er nutzt sie, um im Interview auf seine prägenden Jahre an der Lohrheide und seine Beziehung zu Steilmann zurückzublicken.

Karl-Heinz Feldkamp
(* 2. Juni 1934 in Oberhausen) absolvierte zwischen 1952 und 1967 316 Spiele (42 Tore) für Rot-Weiß Oberhausen. Aber erst nachdem er in Wattenscheid als Trainer begann, startete er richtig durch. Seine größten Erfolge: Deutscher Meister 1991 mit dem 1. FC Kaiserslautern, DFB-Pokalsieger 1985 mit Bayer Uerdingen, 1988 mit Eintracht Frankfurt, 1990 mit dem FCK, türkischer Meister und Pokalsieger 1993 mit Galatasaray Istanbul. Heute wohnt der Privatier mit seiner Frau Helma abwechselnd in Mülheim und in Marbella.

Karl-Heinz Feldkamp, wie würden Sie Klaus Steilmann charakterisieren?

Steilmann war ein agiler Präsident, er hat einem immer geholfen, nach oben zu marschieren. Wenn man gezweifelt hat, hat er gesagt: „Mach das!" Zum Beispiel hat er mich ermutigt, den Fußballlehrer zu machen.

Doch als Sie sich dafür entschieden hatten, war er zunächst nicht begeistert.

Innerhalb kürzester Zeit hat er mich unter Druck gesetzt und, als er merkte, dass ich es durchziehen will, schon weiter gedacht. Er meinte: „Dann aber mit allen Konsequenzen. Dann will ich auch, dass du die Sache richtig vernünftig angehst und einen Sprachunterricht machst. Und wenn du Verträge abschließt, dann nur über meinen Tisch."

Wie lief das konkret ab?

Einmal habe ich ihm das Angebot eines Bundesligisten gezeigt. Er sagte, dass ich da nicht hingehen sollte, weil die mich ohnehin nicht bezahlen könnten. Also bin ich nicht dorthin gegangen, denn sonst hätte ich mich nicht mehr bei ihm melden müssen. Dieser Mann hat mich so gesteuert, dass ich ein kontrolliertes Risiko eingehen konnte. Das hat mich unheimlich geprägt. Er war der entscheidende Mann für meine Karriere.

Würden Sie ihn als Freund bezeichnen?

Ja, und zwar auch für meine Frau Helma. Mit diesem Mann im Rücken waren wir auch gesellschaftlich immer sehr sicher. Ich wusste, dass es mir mit meiner Familie nie schlecht gehen würde. Ich hatte immer eine Rückfahrkarte, denn Steilmann hätte mich nicht fallen lassen – und wenn ich Textilkaufmann geworden wäre.

Wie war Steilmann als Freund?

Er war sehr prägend für uns, auch wenn wir uns manchmal nur ein Mal im Jahr gesehen haben. Aber wann immer einer von uns außerhalb der Familie Rat und Unterstützung brauchte, fand er sie bei Klaus Steilmann.

Und wie war es andersrum?

Er hat selten angerufen und gesagt, dass es ihm dreckig geht. Selbst in der Phase, als es mit seiner Firma schwierig wurde, musste man auf ihn zugehen und sich hinsetzen: „So, jetzt musst du auch mal über deine Probleme reden."

Hat es Sie geärgert, dass er Ihnen den Sachverstand abgesprochen hat?

Wenn wir uns zu seinen Geburtstagspartys trafen, meinte er immer: „Ihr seht ja, dass der Kalli Erfolg hat. Aber Ahnung von Fußball hat er nicht." Ich habe dann einfach gekontert, dass er nichts von Textilien versteht.

Hat die Verpflichtung des argentinischen WM-Stars Carlos Babington 1974 Ihre Beziehung zu Steilmann auf die Probe gestellt?

Ja, absolut. Die ganze Affäre, diesen Star in eine funktionierende Mannschaft zu integrieren, hat im Endeffekt dazu geführt, dass Steilmann und ich uns 1975 gesagt haben: „Es passt nicht mehr, wir müssen aufhören."

Wie sind Sie in der Beurteilung von Babington verblieben?

Er meinte, dass ich den Jungen kaputtgemacht hatte. Dabei passte er damals einfach nicht in die Zweitklassigkeit. In der Bundesliga hätte ich ihn mit Kusshand genommen.

Hatten Sie noch einmal Kontakt zu Babington?

Jahrelang fuhr Steilmann mit seiner Altherren-Truppe nach Argentinien, um Babington zu besuchen und dort zu spielen. Ich habe es leider nie geschafft, mitzufahren. Das ist mir eigentlich heute noch ein Bedürfnis. Vielleicht überschreite ich gemeinsam mit meiner Frau noch diese Hemmschwelle.

„Tanne" nadelt nicht: Klaus Fichtel auf seinem ersten Platz bei Arminia Ickern.

Klaus Fichtel
Der Älteste aller Zeiten

Heutzutage wird man mit 17 Profi. Für einen wie Klaus Fichtel wären somit mehr als 25 Jahre im bezahlten Fußball drin gewesen. „Tanne" hatte seinen letzten Auftritt für Schalke im zarten Alter von 43 Jahren und sechs Monaten. Damit ist er mit Abstand der älteste Spieler der Bundesliga-Geschichte, weit vor dem zweitplatzierten Uli Stein, der bei seinem letzten Einsatz ganze 13 Monate jünger war. Es ist ein Rekord für die Ewigkeit, der so eigentlich nie gewollt war.

Ursprünglich hatte Fichtel schon viel früher eine Laufbahn als Trainer angestrebt und wurde nur aus der Not heraus zum Rekordhalter. Doch auch ein offizielles Abschiedsspiel im Parkstadion mit Franz Beckenbauer, Fritz Walter und Co. konnte ihn nicht davon abhalten, seine Karriere fortzusetzen. Im Interview spricht der ewige Mittelläufer über das Geheimnis des Alters und darüber, welchen Rekord er noch brechen will.

Klaus Fichtel
(* 19. November 1944 in Castrop-Rauxel) absolvierte zwischen 1965 und 1988 552 Bundesligaspiele (14 Tore) und 42 Zweitligapartien (kein Tor) für Schalke 04 und Werder Bremen. Zudem bestritt er 23 Länderspiele (1 Tor) für Deutschland. Seine größten Erfolge: DFB-Pokalsieger 1972 mit Schalke, WM-Dritter 1970 mit der DFB-Auswahl. Auch heute läuft Fichtel noch regelmäßig im S04-Trikot auf, allerdings im Dienste der Traditionsmannschaft.

Klaus Fichtel, wie oft haben Sie Ihre Karriere beendet?

Ach, so oft war das gar nicht. Ich war zwischenzeitlich vier Jahre in Bremen und bin dann mit 39 Jahren als Co-Trainer nach Schalke zurückgekehrt. Ich habe in den Einheiten immer mitgemacht, wenn einer fehlte. Von daher war ich fit. Mit Wilfried Hannes, Michael Jakobs und Michael Opitz waren gleich drei Abwehrleute verletzt. Da habe ich dann mal für ein paar Spiele ausgeholfen.

Hatten Sie darauf spekuliert, als spielender Co-Trainer für den S04 aufzulaufen?

Um Gottes willen! Ich wollte mich auf meine Trainerlaufbahn konzentrieren und hatte ja schon die A-Lizenz in der Tasche. Ich musste einfach aushelfen, auch wenn ich mein offizielles Abschiedsspiel zu diesem Zeitpunkt schon lange hinter mir hatte.

Haben Sie als Oldie denn nie ein Zipperlein verspürt?

Nein. Ich hatte immer viel Glück und bin von Verletzungen verschont worden. Ich hatte gegenüber dem Beginn meiner Karriere vielleicht drei oder vier Kilo mehr auf den Rippen, aber das war auch die einzige Veränderung an meinem Körper.

Sie hatten also noch nicht einmal ein Geschwindigkeits-Defizit gegenüber Kontrahenten, die Ihre Söhne hätten sein können?

Nein, das war nie der Fall. Die ersten Meter waren immer gut, und die Ausdauer hatte ich auch noch. Ich musste sogar recht wenig Fouls begehen.

Vier Jahre nach Ihrer Rückkehr zum S04 war endgültig Schluss. Ist Ihnen der Abschied von der aktiven Karriere schwer gefallen?

Nein, sicherlich nicht. Ich habe das immer nur als Notlösung empfunden. Ich konnte zwar immer noch mithalten, aber ich wollte den jüngeren Abwehrspielern nicht die Chance auf Einsätze nehmen. Und eines ist ja auch klar: Meine richtig gute Zeit als Spieler war zu diesem Zeitpunkt vorbei.

Wie halten Sie sich heute fit?

Ich bin dem Fußball erhalten geblieben und spiele heute noch in der Schalker Traditionsmannschaft - wir trainieren sogar ein Mal pro Woche zusammen. Und außerdem besitze ich drei Traberpferde, um die ich mich selbst kümmere.

Mittlerweile gehören Sie sogar in der Traditionsmannschaft zu den Älteren.

Von meinen ehemaligen Mitspielern sind leider nicht mehr allzu viele dabei. Jetzt rückt schon die jüngere Generation mit Martin Max nach. Aber so lange meine Beine das noch mitmachen, werde ich spielen. Und bislang ist alles super in Ordnung.

Also werden Sie auch noch der älteste Traditionsspieler?

Ich weiß nicht, ob man da ebenfalls Rekordbücher führt. Aber Heiner Kördel hat noch kurz vor seinem 70. Geburtstag bei uns mitgespielt. Von daher muss ich noch einiges an Zeit investieren.

Wäre es heutzutage möglich, mit 43 in der Bundesliga zu spielen?

Ich glaube es nicht. Vielleicht würde es für einen Torhüter funktionieren, aber für einen Feldspieler wohl nicht mehr. Der Fußball ist schneller und athletischer geworden. Heutzutage müssen die Akteure in Defensive und Offensive fast gleich gut sein. Da kann man sich nicht mal schonen.

Was bedeutet es Ihnen, einen Rekord für die Ewigkeit aufgestellt zu haben?

Ich bin in den Geschichtsbüchern vertreten, aber das ist auch das Einzige. Es bedeutet mir nicht viel, weil es lediglich eine Zahl ist. Und ich könnte gut damit leben, wenn mich irgendwann mal ein Torhüter übertrumpfen sollte.

Das „Bayern-Gen" verhalf Fink zu einigen Erfolgen.

Thorsten Fink
Der Titelsammler

„Mittwochs wird das große Geld verdient." Zu Beginn seiner Karriere muss Thorsten Fink die Fußballerweisheit als Hohn empfunden haben. Wenn er mit Wattenscheid unter der Woche antrat, dann ging es in der 2. Liga gegen Preußen Münster, Hessen Kassel und den SV Meppen. Erst später hat sich ihm der Sinn des Satzes erschlossen. Fink musste das Ruhrgebiet verlassen, um an die Fleischtöpfe der Champions League zu kommen.

Dabei ist es nicht so, dass er es darauf angelegt hätte, fortzuziehen. Nein, ganz im Gegenteil: Dem BVB war der gebürtige Dortmunder schlicht und ergreifend nicht gut genug, als er dem Nachwuchsalter entsprungen war. Also wechselte er an die benachbarte Lohrheide, stieg auf Anhieb ins Oberhaus auf und erlebte dort die vierjährige Wattenscheider Blütezeit mit, zunächst als Stammspieler, dann als Leistungsträger. Mit dem Bundesligaabstieg 1994 musste Fink gehen. Er war 26, er war gut und er hatte die Chance, ganz oben zu bleiben. Doch dafür musste er nach Karlsruhe ziehen.

Der Wechsel zum KSC erwies sich als richtige Entscheidung, spätestens nach drei Jahren, als das Angebot vom großen FC Bayern kam. Fink witterte die Chance, endlich Titel einzuheimsen, nachdem ein zweiter Platz im DFB-Pokal bis dato sein größter Erfolg war. Sein Instinkt sollte ihn nicht trügen: Mit dem FCB wurde er vier Mal Deutscher Meister, drei Mal DFB-Pokalsieger, Champions-League- und Weltpokalsieger. Er war zwar auch am bittersten Moment der Vereinsgeschichte beteiligt, als er im Champions-League-Finale 1999 nach seiner Einwechslung den Ball nicht aus dem Strafraum bekam und so Manchester Uniteds 2:1-Sieg in den Schlusssekunden einleitete. Aber er hat etwas mitbekommen, das er selbst „das Bayern-Gen" nennt: den unbedingten Willen, zu gewinnen.

Diesen Willen lebte er auch noch im hohen Fußballeralter von 38 Jahren als Kapitän der Bayer-Reserve vor, ehe er seine Karriere wegen eines Knorpelschadens beenden musste. Fink blieb seinem Herzensverein selbst nach neun Jahren als Spieler treu und verdiente sich als Assistent von Hermann Gerland seine ersten Sporen im Trainergeschäft.

Es folgte die erste Rolle als Chef bei der Reserve von Red Bull Salzburg, mit der er auf Anhieb den Aufstieg in die Zweitklassigkeit schaffte. Die folgende Beförderung zum Co-Trainer von Giovanni Trapattoni bei den Profis empfand er nicht als solche und entschwand recht schnell Richtung Ingolstadt.

Dem FCI verhalf er direkt zum Aufstieg in die Zweite Liga, wurde aber nach einer längeren Misserfolgsserie beurlaubt. Vielleicht war es Schicksal, denn nur drei Monate später heuerte er beim FC Basel an. Da war sie, die Aussicht, auch als Trainer seine Gier nach Titeln zu stillen. Mit offensivem Fußball gewann er in zwei Jahren zweimal die Schweizer Meisterschaft und einmal den Pokal.

Das brachte ihm auch Anerkennung in Deutschland ein. Zwar sagt Fink von sich selbst: „In den meisten Dingen bin ich gut. Nur in der Trainingsgestaltung habe ich Schwächen." Dennoch nahm er im Oktober 2011 die Herausforderung an, das Bundesliga-Schlusslicht Hamburger SV zunächst einmal wieder in sichere Tabellengefilde und langfristig zu Titeln zu führen.

Dabei sieht Fink sich noch längst nicht am Ende seiner Entwicklung. „Ich will irgendwann den besten Verein trainieren, und das sind die Bayern", sagt der 44-Jährige, um direkt anzumerken: „Bayern-Trainer kann ich auch noch werden, wenn ich graue Haare bekomme." Was er übersieht: Seine Bartstoppeln sind schon nicht mehr ausschließlich blond. Insofern scheint eine baldige Rückkehr in den Westen ausgeschlossen.

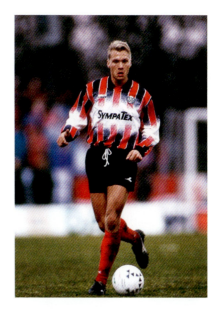

Verdammt lang her: Fink 1993 im Trikot der SG Wattenscheid 09.

Thorsten Fink
(* 29. Oktober 1967 in Dortmund) bestritt zwischen 1988 und 2006 367 Bundesligaspiele (40 Tore), 37 Zweitligapartien (1 Tor) und 86 Regionalligaeinsätze (6 Tore) für die SG Wattenscheid 09, den Karlsruher SC und Bayern München. Als Cheftrainer arbeitete er seit 2006 für Red Bull Salzburg II, den FC Ingolstadt, den FC Basel und den Hamburger SV. Als Spieler wurde er vier Mal Deutscher Meister, drei Mal DFB-Pokalsieger, je einmal Champions-League- und Weltpokalsieger, als Trainer bislang zwei Mal Schweizer Meister und einmal Pokalsieger.

Klaus Fischer war schon immer jede Mark wert, die man in ihn investierte.

Klaus Fischer
Der Schalker mit Akzent

Das Leben des Klaus Fischer war vorgezeichnet: talentierter Glasbläser, überragender Akteur im Eisstockschießen – das brachte dem Niederbayern in seiner Heimat, 15 Kilometer von der tschechischen Grenze entfernt, einigen Respekt ein. Doch Fischer hatte noch eine andere Begabung, die ihn schließlich in die Ferne führte: Der Mann schoss Tore wie am Fließband.

Heute erinnert noch der leichte Akzent daran, dass die Schalker Legende nicht aus Gelsenkirchen stammt. Und dennoch ist Fischer mit seiner Familie längst im Revier, 2,5 Kilometer Luftlinie von der Schalker Arena entfernt, heimisch geworden. Das Haus in Zwiesel im Bayerischen Wald wird jedenfalls nur dann genutzt, wenn der Mr. Fallrückzieher die Familie seiner Frau besucht oder mit seiner Fußballschule in der Gegend ist. Ein Gespräch über viele Talente, das Auf und Ab mit S04 und den ewigen zweiten Platz hinter Gerd Müller.

Klaus Fischer
(* 27. Dezember 1949 in Kreuzstraßl) absolvierte zwischen 1968 und 1988 535 Bundesligaspiele (268 Tore) für 1860 München, Schalke 04, den 1. FC Köln und den VfL Bochum sowie 45 A-Länderspiele (32 Tore) für Deutschland. Seine größten Erfolge: DFB-Pokalsieger 1972 und 1983, Bundesliga-Torschützenkönig 1976, Schütze des Jahrhunderttores. Heute lebt er mit seiner Frau in Gelsenkirchen und betreibt erfolgreich seine Fußballschule.

Klaus Fischer, wie wurden Sie zum Deutschen Meister?
Die Verhältnisse im Bayerischen Wald sorgten dafür, dass man im Winter nicht Fußball spielen konnte. Also blieb nur das Eisstockschießen. Das war da unten damals sehr angesagt. Und wir waren wirklich erfolgreich: In der Jugend wurde ich je zwei Mal Deutscher Meister und Europameister, bayerischer Meister sowieso. Dabei habe ich nur von meinem 15. bis zum 17. Lebensjahr gespielt. Und dann kam der Wechsel zu 1860 München.
Den Sie streng genommen Hennes Weisweiler zu verdanken haben.
Ich war eine Woche im Probetraining bei Borussia Mönchengladbach und habe gesehen, dass die Bundesligastars auch nur mit Wasser kochen. Weisweiler meinte aber, dass ich körperlich zu schwach sei und noch ein Jahr in Zwiesel bleiben solle.
Warum haben Sie sich nicht daran gehalten?
14 Tage später habe ich bei den Sechzgern vorgespielt und bekam sofort ein Vertragsangebot: 400 Mark plus Halbtagsarbeit. Nachdem ich abgelehnt hatte, wurden es 800 Mark. Ich wurde gleich Stammspieler und musste nicht mehr arbeiten.
Und Weisweiler?
Eine Saison später wollte er mich verpflichten, aber ich hatte ja einen Vertrag bei 1860. Ich habe mir erzählen lassen, dass er giftig wurde, wenn mein Name gefallen ist. Schließlich war er für die „Fohlen-Elf", die sehr junge Spieler herausbringt, bekannt. Aber bei mir hat er sich eben ein bisschen verguckt.
Wie sind Sie später auf Schalke gelandet?
In meinem zweiten Jahr bei 1860 München habe ich 19 Tore geschossen, aber wir sind trotzdem abgestiegen. Ich wollte in der Bundesliga bleiben, und dann kam ein sehr gutes Angebot von Schalke. Ich habe es angenommen, aber dann hat 1860 mich wieder bequatscht. Am Ende hatte ich zwei Verträge unterschrieben; ich war eben sehr jung. Vom DFB gab es eine Geldstrafe, aber ich durfte trotzdem für Schalke spielen.
War das Ruhrgebiet ein Kulturschock für Sie?
Ja, klar. Wenn man über die A45 von Hagen Richtung Dortmund hineinfuhr, hat man schon gerochen, wo man war. Und für meine Frau war die Umstellung noch viel schwieriger, weil ich auch noch zur Bundeswehr musste und ganz wenig zu Hause war. Wir haben uns aber schnell mit Rolf Rüssmann und seiner Frau Eva angefreundet und ein Jahr später kamen die Kremers-Zwillinge mit ihren Freundinnen. Das hat geholfen.
Gleich in Ihrer ersten Saison auf Schalke war die Mannschaft am Bundesliga-Skandal beteiligt, als man das Spiel gegen Bielefeld verkauft hat.
Ich stelle mir die Frage: Wie blöd konnten wir sein? Es ging nicht darum, Geld zu machen. Es ging darum, dem Bielefelder Waldemar Slomiany, der mit verschiedenen Spielern befreundet war, einen Gefallen zu tun. Wir haben gar nicht überlegt, dass wir einen UEFA-Cup-Platz hätten erreichen können. Damit hätten wir viel mehr verdient als diese 2.300 Mark. Dass wir alle zusammen so doof waren, ärgert mich am meisten. Damit haben wir nicht nur uns, sondern auch dem Verein viel kaputt gemacht.
Wäre man mit der Mannschaft ohne die folgenden Sperren Meister geworden?
Möglich. Bis auf Heinz van Haaren waren wir eine junge Truppe, die über einen längeren Zeitraum viel erreicht hätte. Wir haben es versaut. Blöder geht es nicht, aber ich kann es nicht mehr ändern.
So standen nach elf Jahren Schalke ein DFB-Pokalsieg und ein unrühmlicher Abschied zu Buche. Wie kam es dazu?

In meiner letzten Saison hatte ich das Gefühl, dass man absteigen wollte. Im Sommer wurde Rüdiger Abramczik verkauft, später auch Wolfram Wuttke und Rolf Rüssmann. Ich habe früh gesagt, dass ich weggehe, wenn wir die Klasse nicht halten. Mein Ziel war schließlich die Weltmeisterschaft 1982, nachdem ich die Europameisterschaft 1980 schon wegen eines Beinbruchs verpasst hatte. Das hat man mir sehr übel genommen.

Wie hat sich der Frust der Fans entladen?

Im letzten Saisonspiel wurde ich als „Judas" beschimpft. Es war nicht so gravierend wie bei Manuel Neuer, aber für mich war es schon deprimierend. Dann wurden auch noch Eier gegen meine Haustür geschmissen und es gab Anrufe mit Morddrohungen. Wir haben die Sache der Polizei übergeben, aber letztlich ist nichts Schlimmes passiert. Und fast wäre ich nach den drei Jahren beim 1. FC Köln noch einmal auf Schalke gelandet.

Woran scheiterte die Rückkehr?

Ich wäre gerne wieder zu S04 gekommen, aber Rudi Assauer hat Dieter Schatzschneider vorgezogen. Er hätte es besser nicht gemacht: Ich habe für den VfL Bochum 16 Tore geschossen und war weit über eine Million Mark billiger als Schatzschneider.

Wurmt es Sie, nur der zweitbeste Torjäger nach Gerd Müller gewesen zu sein?

Er war in seiner Art einfach einmalig. Wenn man vergleichen würde, was wir jeweils konnten, würde er wahrscheinlich verlieren. Das zählt aber nicht, sondern nur die Tore. Und wenn man hinter ihm Zweiter ist, dann ist das auch nicht so schlecht. Ich habe mich damit abgefunden.

Wie kam es zur Rückkehr nach Schalke?

Unter Jupp Tenhagen war ich Co-Trainer in Bochum, aber nach einer Saison war es schon wieder vorbei. Dann kam der Anruf von Helmut Kremers. So wurde ich der einzige S04-Trainer, der mit der Reserve in der höchsten Amateurklasse gespielt hat.

Warum hat es trotzdem nicht zu einer großen Karriere an der Seitenlinie gereicht?

Ich habe die Profis ja zwei Mal übernommen, nach den Entlassungen von Peter Neururer und Aleks Ristic. Und ich hatte auch schon einen Jahresvertrag für die erste Mannschaft unterschrieben. Drei Tage später hatte Günter Eichberg aber Udo Lattek verpflichtet. Co-Trainer wollte ich aber nicht mehr sein, weil ich unter Ristic schlechte Erfahrungen gemacht hatte. Das war vielleicht mein größter Fehler.

Wie ging es weiter?

Ich habe die Amateure trainiert. Doch als Assauer als Manager zurückkam, war angeblich kein Geld mehr da. Plötzlich sollte ich mit lauter 18-Jährigen in der Oberliga bestehen. Wir sind abgestiegen und einen Tag vor Beginn der Vorbereitung auf die neue Saison wurde ich entlassen.

Warum sind Sie trotzdem in Gelsenkirchen geblieben?

Ich habe immer gedacht, dass ich nach dem Karriereende wieder in meine alte Heimat zurückkehre. Aber unsere Kinder sind hier geboren und aufgewachsen und wir haben hier Freunde gewonnen. Da wird der Weg zurück schwer. Irgendwann gab es mal ein Angebot vom FC Augsburg, aber ich wollte nicht mehr aus der Region weg. Zwei Jahre später haben wir die Fußballschule gegründet, die bis heute läuft.

Wie ist Ihre Beziehung zu Schalke heute?

Ich hänge immer noch an dem Verein. Dass ich bei der Wahl zur Jahrhundertelf mehr Stimmen als Ernst Kuzorra, Fritz Szepan, Olaf Thon und Stan Libuda bekommen habe, war nicht zu erwarten. Dass ich es als Bayer geschafft habe, macht mich stolz.

Fischer macht immer noch eine gute Figur am Ball.

„Der liebe Gott hat mir eine Fähigkeit gegeben": Gerlands Blick für Talente ist legendär.

Hermann Gerland
Der Talentschmied

Hermann Gerland gilt als der beste Talentausbilder Deutschlands – und als der härteste. Vielleicht liegt es an seiner Vita, dass der gebürtige Bochumer von sich und anderen immer einen Tick mehr Einsatzbereitschaft verlangt. Sein Vater verbot ihm als Kind das Fußballspielen, damit sich der Junge nicht die dünnen Beine breche. Gerland kickte heimlich mit Freunden auf dem Platz von Weitmar 09, direkt unterhalb der Maschinenbaufabrik, in der sein Vater arbeitete.

Wann immer jemand die Fabrik verließ, musste Gerland sich verstecken. Erst im Alter von neun Jahren, nach dem Tod des Vaters, durfte er in einen Verein eintreten. Womöglich weiß er daher umso besser, was für ein Geschenk es ist, seiner Leidenschaft hauptberuflich nachgehen zu dürfen. Ein Gespräch über gegensätzliche Welten, gewonnene Wetten und seine alte Liebe Bochum.

Hermann Gerland
(* 4. Juni 1954 in Bochum) absolvierte zwischen 1972 und 1984 204 Bundesligaspiele (4 Tore) für den VfL Bochum. Anschließend war er für den VfL Bochum, den 1. FC Nürnberg, Tennis Borussia Berlin, Arminia Bielefeld und den SSV Ulm als Trainer tätig. Seit 2002 ist er in verschiedenen Positionen beim FC Bayern München, für den er bereits zwischen 1990 und 1995 arbeitete. Momentan ist er Co-Trainer der Bayern-Profis.

Hermann Gerland, wer ist erfolgreicher: der Fußballer oder der Trainer Gerland?

Meine alten Gegenspieler wie Willi Lippens oder selbst Jupp Heynckes bescheinigen mir heute noch, dass es nicht so schön war, gegen mich zu spielen. Aber wenn ich als Trainer gutes Material habe, kann ich auch meine Leistung bringen.

Wird Ihnen das Image des ehrlichen Arbeiters gerecht?

Was heißt ehrlicher Arbeiter? Heißt das: doof?

Nein: sehr fleißig, sehr verbissen, sehr ehrgeizig.

Aber das ist doch normal. Ich lebe den Spielern vor, wie man sich zu verhalten hat. Wenn einer ein bisschen Schnupfen hat und deshalb nicht trainiert, habe ich kein Verständnis.

Sind Sie ein harter Hund?

Im Jahr 2010 habe ich mir am 6. Juni die Achillessehne gerissen. Am 9. bin ich operiert worden und am 17. stand ich wieder auf dem Platz. Dem Arzt habe ich gesagt: „Du kannst machen, was du willst. Ich gehe zum Training." So war es. Ich habe nicht einmal gefehlt.

Woher kommt diese Härte, auch zu sich selbst?

Berufsfußballer zu sein ist doch das Schönste, was es gibt. Wenn ich an all die modernen Stadien denke: Dortmund, Schalke, München. Dort einzulaufen, ist ein unbeschreibliches Gefühl. Für den Klub, dessen Emblem man dann auf der Brust hat, muss man alles geben – alles. An meiner Einstellung hat sich nichts geändert. So stolz war ich auch früher, das Trikot des VfL Bochum zu tragen. Und dafür muss man alles tun.

Wie kommt diese Einstellung bei der Jugend von heute an?

Wenn man Thomas Müller, Holger Badstuber oder Bastian Schweinsteiger fragt, werden die sagen: „Das war eine harte Schule." Aber die, die Talent haben und sich ein bisschen führen lassen, schaffen es am Ende.

Sind Sie stolz darauf, so viele Nationalspieler herausgebracht zu haben?

Ich bin stolz auf meine drei Töchter, auf mein Enkelkind und auf meine Frau. Das andere erwarte ich von mir selbst, schließlich arbeite ich bei Bayern München. Wenn ich zehn Talente bekomme, verlange ich von mir, dass ich elf zu Bundesligaspielern mache. Dafür muss man jeden Tag kämpfen. Es ist aber nicht so, dass ich den Jungs nur Bescheid gebe. Manchmal muss man auch sagen: „Komm, das war nicht so schlimm. Es geht weiter."

Wie erklären Sie sich, dass Sie in den letzten Jahren die einzige Konstante im Trainerstab der Bayern sind?

Wie soll ich Ihnen die Frage beantworten?

Der harte Arbeiter Gerland und der glamouröse FC Bayern sind ein Gegensatz.

Der liebe Gott hat mir eine Fähigkeit gegeben: Ich habe einen Blick und kann Talente erkennen, beurteilen, fördern, fordern und auch oben durchbringen. Vor vier Jahren habe ich gesagt, dass Hummels und Badstuber das Verteidigerpaar Nummer eins werden. Da haben alle gelacht. Jetzt lese ich, dass Mats Hummels die Zukunft gehört.

Wer sind die nächsten Stars, die Sie hochbringen?

Es gibt da welche, aber ich will sie nicht nennen. Dann bekommen sie einen ungeheuren Druck. Aber intern habe ich schon um ein paar Euros gewettet, dass sie es packen. Ich wette ganz gerne, und in diesem Bereich habe ich noch keine Wette verloren.

Es wird behauptet, dass die Jugendförderung in Deutschland durch die Einführung der Nachwuchsleistungszentren deutlich besser geworden ist. Wie bewerten Sie das?

Da werden Sterne verteilt und jeder, der einen mehr bekommt, freut sich. Was soll ich mit diesen Sternen? Mir ist wichtig, was dabei herauskommt. Und wenn man sieht, dass im letzten Jahr fast die Hälfte der Bayern-Spieler aus dem eigenen Nachwuchs kam, dann freut das die gesamte Abteilung. Das ist wunderschön. Aber wir haben nicht die meisten Sterne gekriegt, weil ein Psychologe fehlte und die Tore auf dem Kunstrasenplatz nicht befestigt waren. Sollen wir bei jedem Kleinfeldspiel die Tore mit dem Hammer loskloppen? Ich will, dass die Bayern-Spieler besser sind als alle anderen. Ob wir drei Sterne haben, ist mir nicht wichtig, solange jedes Jahr zwei Spieler rauskommen. Dann haben wir gut gearbeitet.

Haben die anderen Klubs in Sachen Nachwuchsarbeit aufgeholt?

Ich habe mir in letzter Zeit einige Jugendspiele angeschaut. Da habe ich gute Spieler gesehen. Und ich habe gesehen, dass Bochum einen guten B-Jugendtrainer hat. Ich kenne den nicht und habe ihn noch nie arbeiten sehen. Aber ich sehe die Mannschaft und denke mir: „Der Junge macht gute Arbeit."

Wie lange werden Sie selbst noch arbeiten?

Ich bin jetzt 57. Acht Jahre sollen es schon noch sein. Aber Arbeit ist das nicht für mich. Wenn um zehn Uhr Training ist, bin ich um acht Uhr da. Die anderen fragen sich: „Was will der hier?" Aber ich bin da, schaue nach der Post, nach der Wäsche und kann auf dem Fahrrad eine leichte Einheit machen. Auch wenn wir nur einmal am Tag Training haben, kann es sein, dass ich abends immer noch da bin. Dann schau ich mir die Talente an, die ich für gut genug halte, irgendwann in der Bundesliga zu spielen. Da freuen die sich.

Wird Ihre Karriere beim FC Bayern enden?

Das weiß man nicht. Der FC Bayern ist ein Traumverein, ich fühle mich dort sehr gut aufgehoben. Es macht Spaß, für den FCB zu arbeiten. Aber ich denke nicht daran, was in zwei Jahren ist.

Wann immer ein Trainer des VfL Bochum vor der Entlassung steht, werden Sie als Nachfolger gehandelt.

Noch nicht ein einziges Mal hat sich ein Offizieller erkundigt, ob ich zum VfL zurückkehren möchte. Ich schmunzele darüber.

Würde Sie eine Rückkehr reizen?

Das kann ich nicht sagen. Der VfL ist mein Heimatverein, ich bin seit 1969 Mitglied. Es sind aber nur noch genau zwei Personen da, mit denen ich persönlich zu tun hatte: Meine Freundin Christa Ternow von der Geschäftsstelle und Uwe Leifeld. Frank Heinemann ist nicht mehr für gut genug befunden worden. Als er mich anrief und sagte, dass er Co-Trainer beim HSV wird, hat unsere ganze Familie gejubelt.

Wie intensiv verfolgen Sie das Geschehen beim VfL?

Wenn wir uns mit den Ehemaligen treffen, sind die anderen näher dran und wissen mehr. Aber wenn ich sonntags vom Training komme, schaue ich mir nicht die Zweitliga-Konferenz an, sondern natürlich Bochum. Und ich freue mich, wenn sie gewinnen.

Immerhin bilden Sie für den VfL immer noch Spieler wie Uwe Gospodarek, Max Eberl, Philipp Bönig, Zwetschge Misimovic und Björn Kopplin aus.

Louis van Gaal wollte Kopplin nicht. Für die Bayern war er nicht gut genug, aber Bochum kann er helfen. Und in seiner ersten Saison beim VfL hat er alle Spiele gemacht. Die Empfehlung hat sich offensichtlich gelohnt.

Steht nach Ihrer Trainerkarriere die Rückkehr nach Bochum an?

Ich hoffe, dass ich in den Westen zurückkehren kann, aber meine Frau legt da wahrscheinlich ihr Veto ein. Sie fühlt sich in München sehr wohl.

Zu Hause: der „Tiger" auf seinem ersten Platz bei Weitmar 09.

Für immer Schwarz-Gelb: Großkreutz vor einem Foto der Südtribüne.

Kevin Großkreutz
Der Authentische

Oft reicht schon ein Blick in die Augen, um zu wissen, was einen Menschen ausmacht, was ihn antreibt und bewegt. Im Falle von Kevin Großkreutz genügt ein Blick auf die rechte Wade. Dorthin hat sich der BVB-Star im Sommer 2011 die Reinoldi-Kirche, die Zeche Germania, den Florianturm, das Theater und den Signal-Iduna-Park tätowieren lassen. Unter der Skyline prangen das Stadtwappen und, damit auch Leute von außerhalb wissen, was sie da sehen, der Schriftzug Dortmund.

Es ist eine in die Haut gebrannte Liebeserklärung an seinen Verein und seine Stadt. Geboren und aufgewachsen in Eving, ist er dem eher rauen Dortmunder Norden bis heute treu geblieben. Dass es ihn schon früh ins Westfalenstadion zieht, liegt in der Geschichte der Familie begründet: Seine Oma rannte zur Borussia, sein Vater und seine Tante auch. Während anderswo die Legionäre pathetisch das Emblem ihres jeweiligen Arbeitgebers küssen, nimmt man Großkreutz tatsächlich ab, dass er für seinen Herzensklub spielt.

Dabei wurde die Zuneigung nicht immer erwidert. In der C-Jugend wird das Offensivtalent beim BVB aussortiert, weil es ihm an der körperlichen Robustheit mangelt. Damit ist auch seine Tätigkeit als Balljunge der Profis beendet. Großkreutz wechselt zu Rot-Weiss Ahlen, geht aber weiter zur Borussia – als Fan auf der Südtribüne.

Denn schon zu diesem frühen Zeitpunkt verbindet ihn eine lange Geschichte mit seinem Verein. Als Vierjähriger nimmt sein Vater ihn erstmals mit ins Stadion. Am Ende der Saison hat der kleine Kevin neun Heimspiele gesehen; als Siebenjähriger bekommt er seine eigene Dauerkarte für Europas beeindruckendste Stehplatztribüne.

Die Verbundenheit mit der Borussia wird immer größer, so groß, dass er irgendwann bei jedem Spiel dabei ist. Als Fan reist Großkreutz mit nach Mailand, Glasgow und Rotterdam. Und wenn er mit seinen Kumpels in Eving kickt, dann haben sie alle diesen einen großen Traum, selbst einmal ein Tor im Westfalenstadion zu erzielen.

Für Großkreutz erfüllt sich der Wunsch über den Umweg Ahlen. Dort verbietet ihm ein Trainer zwar den Besuch der BVB-Partien, weil das lange Stehen müde Beine machen würde. Doch Großkreutz geht weiter ins Stadion, schließlich kann er sich auch noch etwas von den Stars abschauen. Und tatsächlich: Nach überzeugenden Auftritten bei dem damaligen Zweitligisten wechselt der Offensivmann 2009 zu seinem Herzensklub. Am 5. Dezember erzielt er seinen ersten Bundesligatreffer, beim 4:0 gegen den 1. FC Nürnberg. Er legt eine Karriere im Zeitraffer hin, wird Stammspieler, Leistungsträger, Nationalspieler und Deutscher Meister.

Großkreutz hat sich zu einer Marke entwickelt, weil er sich etwas bewahrt hat, das dem Geschäft Fußball oft abgeht: die absolute Authentizität. Obwohl er mittlerweile private Werbeverträge besitzt und durch den Fußball zum Großverdiener wurde, hat er sich kaum verändert. Wenn er von seinem Vorbild Dede spricht, klingt er noch immer wie ein Fan. Und selbst beim Hauskauf hat er sich seine Bodenständigkeit bewahrt. Die neue Bleibe der Familie Großkreutz liegt nicht in einem schicken Villenviertel im Süden der Stadt. Sie liegt auf der anderen Seite, in Eving, da, wo die Familie herkommt. Sogar seine Dauerkarte für die Südtribüne hat er behalten, nur zur Sicherheit.

Denn im Gegensatz zu anderen macht er aus seiner Leidenschaft für die englische Premier League keinen Hehl. Er weiß nicht, ob er den BVB jemals verlassen wird. Aber er schließt es auch nicht pauschal aus. Nur eines ist sicher: Der Fan Großkreutz wird seiner Borussia selbst dann treu bleiben, wenn der Spieler anderswo kicken sollte.

Ein Traum wird wahr: der Ur-Dortmunder mit der Schale.

Kevin Großkreutz
(* 19. Juli 1988 in Dortmund) bestritt zwischen 2006 und 2009 33 Zweitligaspiele (6 Tore) und 62 Regionalligapartien (17 Tore) für Rot-Weiss Ahlen. Seit 2009 kommt er auf 82 Bundesligaeinsätze (17 Tore) für Borussia Dortmund und 3 A-Länderspiele (0 Tore) für Deutschland. Sein größter Erfolg ist bislang der Gewinn der Deutschen Meisterschaft 2011.

Nachdenklich: Ilkay Gündogan auf seinem ersten Platz beim SV Hessler 06.

Ilkay Gündogan
Ein kluger Kopf

Innerhalb von zweieinhalb Jahren hat Ilkay Gündogan über den Umweg Nürnberg den rasanten Aufstieg vom Bochumer Nachwuchskicker zum Dortmunder Star und deutschen Nationalspieler durchlebt. Wer auf seinem Gebiet mit so viel Talent bedacht worden ist, weist in anderen Bereichen nicht selten deutliche Defizite auf. So liegt der Fall auch bei Gündogan, wenn auch in bemerkenswerter Form: sein Geltungsbedürfnis ist angenehm unterentwickelt.

Ihm fehlt allein schon die Zeit für Popstar-Posen. Denn seine letzten Monate beim 1. FC Nürnberg verbrachte er damit, sein Abitur an der dortigen Bertholt-Brecht-Schule zu bauen. Er setzte damit ein ungewöhnliches Zeichen in einer Zeit, in der schon talentierte A-Jugendliche zum Schulabbruch gedrängt werden. Doch Gündogan will sich auch abseits des Platzes Respekt erarbeiten.

Ilkay Gündogan
(* 24. Oktober 1990 in Gelsenkirchen) landete über die Stationen SV Hessler 06 (1993-98, 1999-2004), Schalke 04 (1998/99), SSV Buer (2004/05), VfL Bochum (2005-09) und 1. FC Nürnberg (2009-11) im Sommer 2011 bei Borussia Dortmund. Bislang bringt er es auf 60 Bundesligaeinsätze (7 Tore), eine Zweitligapartie (0 Tore) und ein A-Länderspiel (0 Tore) für Deutschland.

Ilkay Gündogan, sind Sie ein ungewöhnlicher Profi?

Es passt nicht zu mir, den großen Macker raushängen zu lassen. Ich weiß, wo ich herkomme. Ich stamme aus einfachen Verhältnissen, das brauche ich nicht zu leugnen. Aber ich bin stolz darauf und will nicht etwas vorspielen, das ich gar nicht bin. Bislang ist es mir sehr gut gelungen, ich selbst zu bleiben.

Als Achtjähriger mussten Sie Schalke nach nur einer Saison verlassen.

Gerade weil ich so jung war, hat mich das noch härter getroffen. Es war ein Riesentraum, für Schalke spielen zu dürfen. Dass der so schnell wieder vorbei sein sollte, war nicht leicht zu verkraften.

Was war der Grund für den Abgang?

Ich hatte wachstumsbedingt an beiden Seiten Probleme mit der Achillessehne. In der Rückrunde hatte ich deswegen absolutes Sportverbot. Da war es klar, dass ich keine Chance mehr bekommen würde.

Haben Sie daraufhin ganz bewusst sechs Spielzeiten beim SV Hessler 06 und der SSV Buer verbracht, ehe Sie erneut den Schritt zu einem Profiklub wagten?

Ja. Mit 13 hatte ich noch einmal ein Angebot von Schalke, aber ich habe mich nicht getraut. Ich hatte Angst, wieder enttäuscht zu werden. Zum Glück habe ich zwei Jahre später beim VfL Bochum noch einmal die Chance bekommen.

Warum hat es beim VfL nicht mit dem ganz großen Durchbruch geklappt?

Ich durfte in meinem ersten A-Jugendjahr mit den Profis ins Wintertrainingslager reisen. Da hatte ich Blut geleckt und wollte mehr. Dieses Mehr kam aber nicht. Ich hatte nie das Gefühl, dass ich meine Möglichkeit bekommen würde, zumindest nicht so früh.

Welche Rolle spielte Michael Oenning?

Als ich in die Bochumer U19 kam, wurde er als neuer Coach vorgestellt. Er ist ein Mensch, an dem ich mich orientiert habe und der ein Stück weit auch ein Vorbild war. Ehrlich gesagt hat er eine Vaterrolle eingenommen. Er spielt eine sehr wichtige Rolle in meiner Karriere. Und als er mich nach Nürnberg holen wollte, musste ich nicht lange überlegen.

Auch deshalb, weil der FCN Ihnen das Leben als Schüler weiter ermöglicht hat?

Ja, das war der Hauptgrund für den Wechsel. Ich habe von meinen Eltern mitbekommen, dass eine gute Bildung wichtig ist. Sie mussten früh anfangen zu arbeiten und hatten nicht die Möglichkeiten, die ich jetzt habe. Deswegen war für mich immer klar, dass ich das Abi machen möchte. Ich wollte etwas haben, das andere Leute anerkennen.

Gibt es Parallelen zwischen Intelligenz und Spielintelligenz?

Ich denke schon, dass man sich außerhalb des Fußballs bilden sollte und dass das auch einen Einfluss auf die Leistung auf dem Platz haben könnte.

Inwiefern ist der Fußball eine Kopfsache?

Das ist der Grund, warum viele auf der Strecke bleiben: Talent ist das eine, das andere ist die Stärke im Kopf. Es geht um den unbedingten Willen, zu arbeiten und alles für sein Ziel zu geben. Das ist der Grund, warum ich es gepackt habe.

Mittlerweile sind Sie zum deutschen A-Nationalspieler aufgestiegen. Nervt Sie die Frage, als was Sie sich fühlen?

Nein, ich habe ja immer eine gute Antwort darauf. Ich fühle mich als Deutsch-Türke. Ich bin einerseits stolz auf das Heimatland meiner Eltern, andererseits habe ich die deutsche Mentalität angenommen. Mein Ziel ist es, mich in der deutschen A-Nationalmannschaft durchzusetzen.

Kein ewiger Bochumer: Heinemann 2009 als Interims-Chef der VfL-Profis.

Frank Heinemann
Das ehemalige Urgestein

Es ist ja nicht so, dass sich Frank Heinemann seit seinem Ende beim VfL gar nicht mehr an der Castroper Straße blicken lassen würde. Im Gegenteil: Im Oktober 2011 lief er sogar beim „Spiel der Legenden" im Bochumer Stadion auf. Und tatsächlich ist er mittlerweile eine Vereinslegende, nachdem er den Titel des Urgesteins abgeben musste. Doch wie kam es überhaupt dazu, dass sich die Wege nach 35 Jahren trennten? Ein Blick zurück.

Nach Stationen beim SV Vöde und der DJK Hiltrop-Bergen wechselt „Funny" Heinemann als Elfjähriger zum größten Verein seiner Geburtsstadt. Er ist Fan der Blau-Weißen und geht regelmäßig ins Stadion. Über die Jugendteams und die Amateure dient er sich zu den Profis hoch. Er erlebt den ersten und zweiten Bundesliga-Abstieg in der Geschichte des VfL mit, doch zum zweiten direkten Wiederaufstieg kann er kaum noch etwas beitragen: Ein Kreuzbandriss beendet zu Beginn der Saison 1995/96 seine Karriere.

Heinemann wird Fanbeauftragter, weil sonst gerade keine Stelle im Verein frei ist. Nach wenigen Monaten steigt er zum Co-Trainer von Klaus Toppmöller auf und scheint damit seine Profession gefunden zu haben. In der Folge assistiert er Ernst Middendorp, Bernard Dietz, Ralf Zumdick, Rolf Schafstall, Peter Neururer und Marcel Koller, erlebt Auf- und Abstiege und zwei Einzüge in den UEFA-Cup. Der „ewige Assistent" hat sich seine Rolle allerdings nicht ganz freiwillig ausgesucht.

Als Koller entlassen wird, legt er es darauf an. Der Fußballlehrer übernimmt die Mannschaft zunächst interimsmäßig. Und ihm ist klar: Wenn ihm jetzt nicht dauerhaft die Chef-Rolle angeboten wird, dann nie mehr. Für Heinemann ist der Posten kein Job, sondern eine Herzensangelegenheit. Um ihn zu behalten, setzt er auf das größte Pfund, mit dem er wuchern kann: die Leidenschaft. Die impft er seinen Spielern ein – und auch dem Publikum. Wie zum Beweis zieht er in seinem ersten Spiel auf die Trainerbank um, die näher an der Ostkurve liegt, dort, wo der harte Kern der VfL-Fans steht.

Doch nach etwas mehr als einem Monat, in dem das Team zwar entschlossen, aber auch überfordert wirkt, wird Heiko Herrlich als neuer Chefcoach vorgestellt. Und der bringt seinen eigenen Assistenten mit. Der VfL will Heinemann weiter an den Verein binden, doch es vergehen vier Monate, bis für ihn der Posten des Nachwuchskoordinators geschaffen wird.

Es ist eine neue Rolle für ihn, aber auch eine, die auf Langfristigkeit angelegt ist. Der Verein stellt ihm eine Vertragsverlängerung in Aussicht, darum trifft ihn die Nachricht im März 2011 wie ein Schlag: In einem Zehn-Minuten-Gespräch wird ihm mitgeteilt, dass seine Position einer Umstrukturierung im Nachwuchsbereich zum Opfer fällt. Heinemanns Vertrag wird nicht nur nicht verlängert, er wird sogar mit sofortiger Wirkung freigestellt.

Nach 35 Jahren ist ganz ohne Vorwarnung eine Beziehung beendet, die als unerschütterlich galt. „Funny" ist nicht mehr fröhlich, denn er ist nicht mehr VfL. Dass er sofort seinen Schreibtisch räumen musste, das nagt an ihm. Doch er weiß, dass der Verein größer ist als die handelnden Personen. Seine Liebe zum VfL erscheint unerschütterlich.

Und er muss einiges richtig gemacht haben: Michael Oenning, den er seit 1998 kennt und der zwischenzeitlich U19-Trainer in Bochum war, holt ihn wenig später als Co-Trainer zum Hamburger SV. Dafür bricht Heinemann sogar mit einer Tradition und unterschreibt nicht nur für ein, sondern gleich für zwei Jahre. Er ist flügge geworden, wider Willen zwar, aber immerhin. Aber eines ist dann doch schade: Ein berufliches Wiedersehen mit der Castroper Straße zeichnet sich so bald nicht ab.

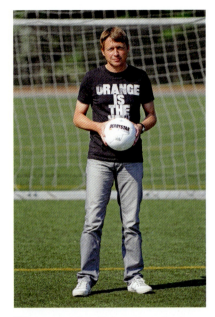

Flügge geworden: Heinemann auf seinem ersten Platz beim SV Vöde, unweit der Castroper Straße.

Frank Heinemann
(* 8. Januar 1965 in Bochum) bestritt zwischen 1986 und 1996 195 Bundesligaspiele (14 Tore) und 21 Zweitligapartien (1 Tor) für den VfL Bochum. Anschließend war er Fanbeauftragter, Co-Trainer, Interimstrainer und Nachwuchskoordinator beim VfL. Seit 2011 arbeitet er als Co-Trainer beim Hamburger SV.

Herget auf seinem ersten Platz, an dessen Stelle inzwischen eine Schrebergartenkolonie steht.

Matthias Herget
Der Altinternationale

Matthias Herget hat 1990 seine aktive Karriere beendet. Und doch kommt er immer noch in jeder Saison auf über 20 Einsätze für Schalke und eine Handvoll Länderspiele für Deutschland. Das ist kein Widerspruch, denn der DFB-Pokalsieger von 1985 spielt seit dem Ende seiner Profilaufbahn für die jeweiligen Traditionsmannschaften, zudem auch für die Uwe-Seeler-Auswahl. So kommt er pro Jahr auf bis zu 35 Einsätze. Und das, obwohl sich die Saison auf die Sommermonate konzentriert. „Manchmal hat man am Wochenende auch schon mal zwei Spiele", sagt Herget.

Aus Rücksicht auf Gegner und Mitspieler einigt man sich meist auf eine 80-minütige Spieldauer. Dabei hat der Leiter des S04-Traditionsteams auch im fortgeschrittenen Alter noch die Luft für die vollen 90 Minuten, die er lediglich mit dem DFB-Team regelmäßig abruft. Zwei bis drei Mal pro Woche geht er laufen, einmal trifft er sich mit den Schalkern zur Trainingseinheit. Der daraus resultierenden Fitness hat es der 56-Jährige zu verdanken, dass er immer noch zu internationalen Einsätzen kommt: „Bei der DFB-Traditionsmannschaft fährt keiner mit, der nicht in einer guten körperlichen Verfassung ist."

Seit der Gründung der Auswahl, die 1995 von Dieter Burdenski ins Leben gerufen worden ist, läuft er für die deutschen Oldies auf und ist eine ihrer Konstanten. Im Laufe der Jahre hat er die Zahl seiner A-Länderspiele, 39 nämlich, längst eingeholt. Wie viele es genau sind, das weiß er nicht – es gibt keine offiziellen Statistiken darüber. Der DFB steuert lediglich die aktuellen Trikots und Trainingsanzüge bei. Den Rest regelt Burdenski, im Hauptberuf Eventmanager.

Und Ereignisse sind die Reisen in Sachen Fußball tatsächlich, denn meist geht es in die Ferne. Auf deutschem Boden tritt die Auswahl nur selten an, und wenn, dann trifft man auf Größen wie die Altstars des VfB Oldenburg. „Die Anerkennung ist im Ausland größer", sagt Herget. Tatsächlich sorgt die DFB-Elf für volle Stadien und großes Medieninteresse. Wo sie auch auftritt, die TV-Kameras sind schon da und übertragen live – jedenfalls in die Wohnzimmer des jeweiligen Gastgeberlandes.

Man könnte beinahe meinen, dass ihre Popularität analog zur Entfernung steigt. Man war schon in Dubai, in Thailand, Korea und Kasachstan am Ball. Im Jahr 2010 gab es gleich zwei Auftritte in China. Beim zweiten Mal startete der Flieger am Freitagabend von Frankfurt, am Montagmorgen landete Herget schon wieder in Düsseldorf. „Das war stressig. Aber wir machen es mit, weil wir mit der Truppe unheimlich viel Spaß haben", betont er.

Tatsächlich sind die Ausflüge der ehemaligen A-Nationalspieler meist von längerer Dauer. Der durchschnittliche Trip schlägt mit fünf Tagen zu Buche, Sightseeing inklusive. Herget sieht jetzt wirklich etwas von der Welt, anders als zu seiner Profizeit, als sich die Eindrücke auf fremde Flughäfen und Stadien beschränkten. Er genießt diesen Zustand, und er hofft, dass er noch länger anhält.

Doch auch in der DFB-Traditionsmannschaft zählt er gemeinsam mit Manni Kaltz schon zu den Älteren, „leider", wie er betont. „Jungspunde" wie Marko Rehmer, Jens Nowotny und Jörg Heinrich gehören einer neuen Spielergeneration an. „Mir würde schon etwas fehlen, wenn es mit dem Fußball nicht mehr gehen würde", sagt Herget.

Noch muss er sich um seinen Platz im Team nicht sorgen. Egal, ob der Trainer nun Eckhard Krautzun oder Holger Osieck heißt: Herget ist im Mittelfeld gesetzt. Nur ein Umstand gefällt ihm so gar nicht. „Auch bei uns ist der Libero mittlerweile abgeschafft", sagt er, ohne sein Bedauern darüber zu verbergen.

Voller Einsatz: Herget im DFB-Trikot.

Matthias Herget
(* 14. November 1955 in Annaberg-Buchholz) bestritt zwischen 1976 und 1990 237 Bundesligaspiele (26 Tore) und 196 Zweitligapartien (43 Tore) für den VfL Bochum, Rot-Weiss Essen, Bayer Uerdingen und Schalke 04. Zudem kommt er auf 39 A-Länderspiele (4 Tore). Sein größter Erfolg: DFB-Pokalsieger 1985. Heute lebt Herget in Essen, leitet die Schalker Traditionsmannschaft, arbeitet in mehreren Fußballschulen und gibt Trainerseminare.

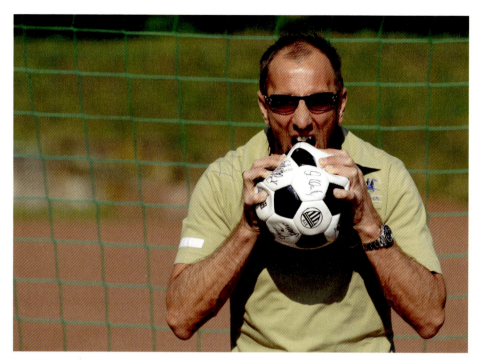

Seit jeher ein Malocher: Hopp auf seinem ersten Platz beim VfvB Ruhrort/Laar.

Joachim Hopp
Der Malocher

Als Joachim Hopp 1989 zum MSV Duisburg wechselte, hatte er schon sieben Jahre als Schichtarbeiter bei Thyssen hinter sich. Sein größter fußballerischer Erfolg war bis dato der Bezirksliga-Aufstieg des VfvB Ruhrort/Laar gewesen, für den schon die Abschaffung der schwarzen Asche ein Luxus war. Doch mit unbändigem Willen, markigen Sprüchen und absoluter Bodenständigkeit schaffte es der Wassermann vom Hochofen rasch zum Kultspieler der „Zebras".

Was für ein Kämpferherz Hopp ist, zeigte sich schon beim VfvB, nachdem ihm ein Gegenspieler einen Ellbogencheck verpasst hatte: „Daraufhin habe ich mir eine Schippe aus dem Materialschuppen geschnappt und bin hinter der gesamten Mannschaft hergerannt. Die sind aber alle abgehauen." Das Image des Haudegens pflegte Hopp auch beim MSV. Ein Gespräch über Nebenjobs und die Hauptsache Fußball.

Joachim Hopp
(* 10. Juli 1966 in Duisburg) absolvierte zwischen 1990 und 2001 83 Bundesligaspiele (4 Tore), 77 Zweitligapartien (1 Tor) und 14 Regionalligaeinsätze (1 Tor) für den MSV Duisburg, Rot-Weiß Oberhausen und den KFC Uerdingen. Anschließend war er als Co-Trainer beim MSV Duisburg sowie als gleichberechtigter Trainer mit Wolfgang Jerat beim Wuppertaler SV Borussia und beim Bonner SC tätig. Noch heute lebt Hopp mit seiner Frau und der fünfjährigen Tochter in Duisburg.

Joachim Hopp, hatten Sie es auf eine Profi-Karriere angelegt?
Ich hatte gar nicht daran gedacht, höherklassig zu spielen. Ich wollte auch nie meine Arbeit am Hochofen bei Thyssen aufgeben.

Warum sind Sie trotzdem mit 22 Jahren zur Reserve des MSV gewechselt?
Ich habe es gewagt, noch einmal zwei, drei Klassen höher zu spielen. Dass es so gut laufen würde, dass ich nach einem halben Jahr bei den Profis lande, hätte ich auch nicht gedacht. Schließlich waren vorher Viersen und Lohberg die namhaftesten Vereine, die bei mir angeklopft hatten.

Wie haben Sie es hingekriegt, so schnell in die erste Mannschaft zu rücken?
Als Ewald Lienen Trainer der Reserve wurde, ging auf einmal alles ganz fix. Er hatte mich bei den Profis empfohlen, also durfte ich mit ins Trainingslager fahren. Eigentlich war ich Stürmer, aber als der Cheftrainer Willibert Kremer mich im Kraftraum 110 Kilo stemmen sah, meinte er: „Der wird zum Manndecker umfunktioniert."

Waren Sie auf Anhieb begeistert, plötzlich Tore zu verhindern?
Ja, natürlich. Schließlich durfte ich regelmäßig bei den Profis mittrainieren. Ich hatte den Vorteil, dass ich wusste, wie sich die Stürmer verhalten. Da benötigte ich keine lange Eingewöhnungszeit. Und ich bin ja trotzdem hoch und runter marschiert. Als Lienen zum Chef befördert wurde, bekam ich sogar richtig viele Einsätze.

Wie ging es bei Thyssen weiter?
Als ich Profi wurde, habe ich mich von der Wechselschicht befreien lassen und nur noch die Frühschicht gemacht. Um halb fünf bin ich aufgestanden, um halb sechs habe ich die Kollegen abgelöst, um halb zwei war Feierabend und um viertel nach zwei Training.

Warum haben Sie den Job bei Thyssen nach einer Zeit aufgegeben?
Ewald Lienen meinte, dass man so noch mal zehn Prozent mehr aus mir herausholen könnte. Also wurde ich von Thyssen für drei Jahre beurlaubt. Diese Absicherung war das A und O für mich.

Wurden Sie als Malocher automatisch zum Publikumsliebling?
Vielleicht hatte es auch mit meinem kurzen Namen zu tun. Aber ich hoffe, dass es auch an meiner Leistung gelegen hat. Ich war für jede Minute, die ich spielen durfte, dankbar. Allerdings hatte ich es in den ersten zwei, drei Jahren gar nicht so einfach.

In welcher Hinsicht?
Es gab kritische Stimmen, die lieber externe Neuzugänge gesehen hätten. Erst als ich regelmäßig zu Einsätzen kam, wurde es leichter. Heute ist das anders: Wenn ich durch Duisburg gehe, kommen heute noch Leute auf mich zu und bedanken sich bei mir.

Dabei haben Sie den MSV 1998 in Richtung Oberhausen verlassen. Warum?
Ich hatte eine gute Zeit, aber zuletzt habe ich unter Friedhelm Funkel kaum noch Einsätze bekommen. Ich wollte unbedingt spielen. Auf der Bank zu sitzen und Pickel am Arsch zu kriegen – das brauchte ich nicht. Ich war zwar nur kurze Zeit bei RWO und danach in Uerdingen, aber ich war immer erfolgreich.

Welche Rolle hat die Nähe zum Ruhrgebiet bei Ihrer Vereinswahl gespielt?
Es war mir wichtig, im Revier zu bleiben. Ich hätte 1997 zu St. Pauli wechseln können. Aber ich wollte nicht für 4.000 D-Mark mehr im Monat irgendwo alleine hinziehen.

Könnten Sie sich vorstellen, für einen Trainerjob den Westen zu verlassen?
Ich glaube nicht. Ich kann mir schon ab der Niederrheinliga ein Engagement vorstellen. Von daher gibt es auch hier in der Umgebung genug Vereine.

Talentausbildung mit Sternchen: Hrubesch nach dem EM-Sieg mit der U21.

Horst Hrubesch
Der Uneitle

Haben Sie sich schon einmal mit Dorschangeln beschäftigt? Horst Hrubesch hat es getan und erschuf mit „Dorschangeln vom Boot und an den Küsten" einen Klassiker der Angelliteratur. 1980 war das, in dem Jahr also, in dem er kurz vor seinem 29. Geburtstag für die Nationalmannschaft debütierte und wenig später Deutschland mit zwei Treffern im Finale zum Europameister machte.

Mittlerweile beschäftigt er sich mit Pferden. Mit seiner Frau Angelika, mit der er seit seinem 21. Lebensjahr verheiratet ist, betreibt er einen Hof in der Lüneburger Heide. Nebenbei hat er mit den Edelbluthaflingern eine neue Rasse erfunden und steht der gleichnamigen Interessengemeinschaft seit 2007 als Vorsitzender vor. Wenig später feierte er seine größten Erfolge als Trainer, wurde 2008 U19-Europameister und schaffte 2009 dasselbe Kunststück mit der U21-Auswahl. Um seine Leistungen angemessen zu ehren, erfand der DFB kurzerhand den Trainerpreis und vergab ihn an Hrubesch.

Dabei legt der gar keinen großen Wert auf individuelle Auszeichnungen. Im modernen Fußball wirkt das einstige Kopfballungeheuer wie ein Relikt aus grauer Vorzeit. In der Glitzerwelt sticht der gebürtige Hammer deutlich heraus, weil er so stinknormal ist.

Es scheint, als ob er sich ganz bewusst in die Natur zurückzieht, um ein Gegengewicht zum Fußball herzustellen. Die daraus resultierende Uneitelkeit ist Hrubeschs angenehmste Eigenschaft, und nie wurde sie so deutlich wie nach dem Titelgewinn mit der U21: Zum anschließenden Bankett erschien er in Flanellhemd, Jeans und Turnschuhen.

Der bodenständige Westfale ist kein Anzugträger, das ergibt sich schon aus seiner Vita.

Weil er seinen Beruf als Fliesenleger wegen einer Zementallergie schnell aufgeben musste, ließ er sich trotz eines Angebots aus der Zweiten Liga zum Dachdecker ausbilden – es erschien ihm sicherer. Erst mit 24 Jahren schaffte Hrubesch, der zwischenzeitlich als Handballer höherklassig aktiv war, den Sprung in den Profifußball: vom SC Westtünnen zu Rot-Weiss Essen und dann weiter zum Hamburger SV. Den Rest der Erfolgsgeschichte hat Hrubesch einmal ebenso knapp wie stimmig zusammengefasst: „Manni Banane, ich Kopf, Tor."

Dabei hat Hrubesch sein Engagement beim HSV den eigenen Prinzipien zu verdanken. Mit Eintracht Frankfurt war er sich 1978 schon einig über seinen Wechsel aus Essen. Doch als er das im Autoradio hörte, sagte er dem Klub wegen des Vertrauensbruchs ab und ging nach Hamburg. Zwei Jahre später, nach der grandiosen EM, lockten ihn die italienischen Topklubs mit Millionen-Offerten. Doch Hrubesch verwies auf seinen gültigen Vertrag, blieb und gewann 1983 den Europapokal der Landesmeister gegen Juventus Turin.

Die Geradlinigkeit erwies sich zu Beginn seiner Trainerkarriere jedoch als Schwäche. Bei RWE schmiss er Torjäger Michael Tönnies raus, weil ein Taxifahrer behauptet hatte, den Angreifer zwei Tage vor einem Spiel betrunken nach Hause gebracht zu haben. Der Vorwurf hätte leicht entkräftet werden können, doch Hrubesch zog stur seine Linie durch.

Diese Sturheit brachte ihm eine recht erfolglose Laufbahn als Vereinscoach ein, und der Wechsel zum DFB 1999 war der vorläufige Tiefpunkt. Die von ihm trainierte A2-Nationalmannschaft wurde kurze Zeit später aufgelöst und 2000 war er Erich Ribbecks Co-Trainer beim historisch schwachen EM-Auftritt. Dass der passionierte Westernreiter mittlerweile ganz fest im Sattel sitzt, liegt paradoxerweise in seiner Art begründet: So sehr sich der Fußball gewandelt haben mag, Hrubesch ist immer ganz er selbst geblieben. Diese Authentizität kommt auch bei den Talenten von heute an.

Ungeheuerlich: Hrubesch beim Kopfball.

Horst Hrubesch
(* 17. April 1951 in Hamm) absolvierte zwischen 1975 und 1986 224 Bundesligaspiele (136 Tore) und 35 Zweitligapartien (42 Tore) für RWE, den HSV und den BVB sowie 21 Länderspiele (6 Tore). Zudem brachte er es zwischen 1983 und 1985 auf 52 Spiele (23 Tore) für Standard Lüttich. Seine größten Erfolge: Europameister 1980, Europapokalsieger der Landesmeister 1983 und dreimaliger Deutscher Meister als Spieler, U19-Europameister 2008 und U21-Europameister 2009 als Trainer. Heute trainiert er die U19-Nationalmannschaft.

Bel der Arbeit: Lothar Huber will Platzwart sein, kein Greenkeeper.

Lothar Huber
Der Mann für alle Fälle

Finanzsorgen, Abstiegsängste und ein Aufstieg – Lothar Huber hat schon als Spieler einiges mit Borussia Dortmund durchgemacht. Nach dem Ende der aktiven Karriere war er sechs Jahre lang Co-Trainer bei den Profis und Coach der Amateure, wo er Akteure wie Thorsten Fink, Adrian Spyrka und Uwe Grauer mit ausbildete. Heute wohnt und arbeitet er als Platzwart am Trainingsgelände der Fußballschule, dort, wo er als Assistent von Ottmar Hitzfeld einst die Profis des BVB herumgescheucht hat.

Dem benachbarten Stadion hält sich Huber, inzwischen Trainer der TSG Sprockhövel, aber der Nerven wegen fern. Das ist eine bemerkenswerte Entwicklung, wenn man bedenkt, dass er aus der Pfalz stammt und am Anfang so schnell wie möglich wieder weg aus Dortmund wollte. Ein Gespräch über fast vollzogene Wechsel, Abenteuer in Japan und ungeschnittene Hecken.

Lothar Huber
(* 5. Mai 1952 in Kaiserslautern) bestritt zwischen 1970 und 1986 324 Bundesligaspiele (30 Tore) und 75 Zweitligapartien (18 Tore) für den 1. FC Kaiserslautern und Borussia Dortmund. Von 1986 bis 1992 war er Assistent bei den BVB-Profis und Coach der Reserve. Es folgten eine Co-Trainerstation beim japanischen Zweitligisten Brummel Sendai sowie diverse Tätigkeiten im höheren Amateurbereich. Heute arbeitet Huber als Platzwart für den BVB und trainiert zugleich die TSG Sprockhövel.

Lothar Huber, wie kann ein gebürtiger Pfälzer so im Ruhrgebiet heimisch werden?
Es fing mit Klaus Ackermann an. 1974 ist er vom 1. FC Kaiserslautern zum BVB gewechselt, der gerade in die Zweite Liga abgestiegen war und eine neue Mannschaft aufbauen wollte. Er hat mich gefragt, ob ich nicht auch wechseln wollte. Ich hatte zu der Zeit beim FCK nicht gespielt und war unzufrieden, also kam mir das gerade recht. Schließlich war da auch noch das Westfalenstadion, das zur WM 1974 gerade fertig gestellt worden war.

Dabei sah es zunächst gar nicht positiv für Sie aus, oder?
Am Anfang war es ganz schwierig für mich, weil nicht sicher war, ob ich überhaupt in Dortmund bleiben konnte. Kaiserslautern hat 360.000 D-Mark Ablöse gefordert, das war Dortmund zu viel. Die Sache ging sogar vors DFB-Schiedsgericht, aber am Ende haben sich die Vereine auf 180.000 Mark geeinigt – zum Glück.

Hätten Sie sich damals vorstellen können, im Ruhrgebiet zu bleiben?
Nein, absolut nicht. Gerade im ersten Jahr hatte ich Heimweh, schließlich war ich zum ersten Mal weit weg von zu Hause. Wenn ich nicht früh Stammspieler geworden wäre, wäre es noch schwieriger geworden. Und fast wäre ich auch so wieder weg gewesen.

Was ist passiert?
Dietrich Weise, der mich beim FCK entdeckt hatte, wollte mich 1975 unbedingt nach Frankfurt holen. Ich hätte es auch gemacht, weil ich dann näher an meiner Heimat gewesen wäre. Aber Dortmund forderte eine Ablöse in Höhe von 800.000 Mark. Die Eintracht war nicht in der Lage, das zu bezahlen. Ich bin froh darüber, denn irgendwann hat mich nichts mehr nach Hause gezogen. Ich bin jetzt eigentlich Westfale.

Wie wurden Sie dann zum Mann mit den Bananenflanken?
Ich habe beim BVB als linker Verteidiger angefangen. Unter Otto Rehhagel bin ich auf die rechte Seite gewechselt, und ab da wurde das Flankentraining intensiviert. Wir haben uns nach den Einheiten immer noch den Ball geschnappt. Und irgendwann wusste ich im Spiel, wie Manni Burgsmüller und Erwin Kostedde laufen.

Im schlimmsten Spiel der Klubgeschichte stellte Rehhagel Sie aber als Libero auf.
Ach ja, das 0:12 gegen Mönchengladbach am letzten Spieltag der Saison 1977/78. Der Trainer konnte nichts dafür, auch wenn er nach dem Spiel entlassen worden ist. Ich weiß bis heute nicht, wie das passiert ist. Es hat sich angefühlt, als ob ich Bleiklötze an den Beinen hätte. Zum Glück ist Gladbach dadurch nicht noch Deutscher Meister geworden.

Wie sind Sie mit den folgenden Verdächtigungen umgegangen?
Wir mussten danach noch drei Wochen lang zu Freundschaftsspielen übers Land tingeln. Wo wir auch hinkamen, wurden wir beschimpft: „Wo habt ihr das Geld versteckt?" Dabei haben wir selber nicht verstanden, wie so ein Ergebnis zustande kommen konnte.

Wie lange hat Sie das Thema verfolgt?
Nach ein paar Monaten hatten wir die Sache schon wieder vergessen. Doch dann kam die Vorladung. Wir mussten alle zum DFB, auch Otto Rehhagel. Der Chefankläger Hans Kindermann hat sich mit uns das Video des Spiels angesehen. Anschließend meinte er, dass er keine Manipulationen feststellen konnte. So sind wir ohne Strafe davongekommen – Gott sei Dank. Wir hätten bis zu einem Jahr gesperrt werden können.

Nach weiteren acht Spielzeiten folgte Ihr Übergang ins Trainergeschäft.
Ich war Assistent und Spieler bei den Profis und Trainer der Amateure. Mir war schnell klar, dass ich auf dieser Schiene weitermache. Aber ich hatte nie das Verlangen, in der Bundesliga zu arbeiten.

Warum war nach sechs Jahren als Co-Trainer 1992 Schluss beim BVB?

Ottmar Hitzfeld hatte mit Michael Henke einen weiteren Assistenten an seiner Seite. Und irgendwann muss man sich auch mal abnabeln und eine eigene Mannschaft führen, ohne dass man Vorschriften von oben bekommt. Ich wollte Eigenverantwortung, und das hat mich weit gebracht.

Sie spielen auf die Saison als Co-Trainer bei Brummel Sendai an?

Das eine Jahr in Japan war für mich der Höhepunkt als Trainer. Dabei war ich eigentlich gar nicht für den Job vorgesehen. Pierre Littbarski hatte einen Assistenten gesucht und seinen guten Freund Thomas Kroth gefragt. Der lehnte ab, hat mich aber vorgeschlagen. Und so war ich auf einmal in Japan.

Wie war es, an der Seite des Megastars Litti zu arbeiten?

Er war unheimlich populär, auch deshalb, weil er mit einer Japanerin verheiratet war. Wir waren fast jeden Abend zusammen unterwegs, entweder im Kino oder beim Bowling. Seine Frau Hitomi war immer dabei. In der Öffentlichkeit kam es teilweise zu Massenaufläufen. Ich dachte, dass da ein Popstar neben mir steht. Die Japaner sind zum Glück nicht so penetrant. Die haben erst mal gefragt, ob sie die Hand schütteln durften.

Warum war das Abenteuer nach nur einem Jahr beendet?

Pierre Littbarski hat nicht weitergemacht. Eigentlich schade, sonst wäre ich da wahrscheinlich heute noch. Naja, oder zumindest zwei, drei Jahre länger.

Wie kam die Rückkehr zum BVB zustande?

Der BVB hatte 2001 einen Platzwart gesucht und meine Frau fragte mich, ob das nicht etwas für mich wäre. Das war es, und nach einem Gespräch mit dem damaligen Manager Michael Meier hatte ich den Job.

Was war es für ein Gefühl, plötzlich für den Rasen zuständig zu sein, auf dem Sie einst selbst gespielt haben?

Am Anfang war es ein bisschen problematisch. Das lag aber daran, dass wir nicht das Geld für die passenden Maschinen hatten. Da musste man viel mit der Hand machen.

Es gibt Ex-Profis, die diese Aufgabe als Rückschritt empfinden würden.

Mir macht es Spaß. Man ist immer an der frischen Luft und die Arbeit ist auch keineswegs eintönig. Sonst wäre ich nicht schon so lange dabei. Irgendwann hat sich ergeben, dass ich nicht mehr für den Stadion-, sondern für den Trainingsrasen zuständig war. Schließlich liegt unsere Wohnung direkt am Platz. Am Anfang trainierten die Profis noch dort, ehe sie nach Brackel umgezogen sind. Dann kam die A-Jugend, ein Jahr später die B-Jugend. Aber Jürgen Klopp wollte alles vor Ort haben, was auch richtig ist. Daher trainiert mittlerweile die Fußballschule auf dem Platz.

Wie sieht Ihr Arbeitsalltag aus?

Im Sommer fange ich morgens um sieben, halb acht an. Der Platz muss fertig gemacht, der Rasen gemäht, die Hecken geschnitten werden – es gibt immer viel zu tun. Manchmal muss ich auch am Wochenende ran, aber das macht mir nichts.

Gehen Sie auch ins benachbarte Stadion, um sich die Profis anzuschauen?

Ich muss ganz ehrlich sagen: Ich schaue die Spiele lieber im Fernsehen, obwohl ich Ehrenkarten habe. Im Stadion ist es so nervenaufreibend für mich, gerade, wenn eine Partie auf der Kippe steht. Ich gehe lieber runter und mähe den Rasen, wenn es ganz eng ist. Wenn es spannend ist, werde ich sonst verrückt. Und im Stadion schon nach einer halben Stunde zu gehen, ist doch auch bekloppt.

Sehr geschmeidig: Huber 1980 im BVB-Trikot.

Heimatverbunden: Kaczor auf seinem ersten Platz beim SC Westtünnen in Hamm.

Josef „Jupp" Kaczor

Aus Zufall unabsteigbar

Eher unfreiwillig wechselte Jupp Kaczor 1974 zum VfL Bochum. Dort wurde der damals 21-Jährige, der zunächst weiterhin bei seinen Eltern in Hamm wohnte, zum Mittelstürmer umgeschult und prägte den Mythos der „Unabsteigbaren" mit.

Noch heute ist Kaczor eine Legende in Bochum, doch viel hat er mit dem Fußball nicht mehr am Hut. Das Angebot, nach seinem Karriereende die Bochumer Amateure zu trainieren, lehnte er ab, um seine Banklehre abzuschließen. Noch heute arbeitet er als Bankkaufmann, doch der Name Kaczor ist ein Begriff geblieben. Sohn Daniel wohnt, wie 30 Jahre zuvor sein Vater, in Bochum-Langendreer und kickt nach einjähriger Babypause wieder im Amateurbereich. „Dann weiß ich, wo ich sonntags hinfahren kann", bemerkt der stolze Papa mit einem Grinsen. Denn als Zuschauer ist er immer noch am Fußball interessiert.

Josef „Jupp" Kaczor
(* 23. März 1953 in Hamm) bestritt zwischen 1974 und 1983 157 Bundesligaspiele (52 Tore) für den VfL Bochum und Eintracht Frankfurt. Zudem spielte er von Anfang 1981 an für eineinhalb Jahre für Feyenoord Rotterdam. Heute arbeitet Kaczor bei der Volksbank Unna und lebt in Welver.

Jupp Kaczor, wie haben Sie es aus der Landesliga zum VfL Bochum geschafft?
Genau genommen lag es an Klaus Hilpert, dem späteren Manager beim VfL. Damals war er Trainer und hat mich von der Hammer SpVg eine Klasse tiefer zu Eintracht Heessen gelockt. Er hatte mir nämlich versprochen, dass ich ein Probetraining in Bochum absolvieren dürfte, wenn ich eine Saison bei seinem Verein spielen würde.

So kam es dann auch.
Ich hatte schon einen Vorvertrag in Bochum unterschrieben und auch ein Probetraining beim MSV Duisburg absolviert, als ein Anruf vom HSV kam. Also bin ich auf blauen Dunst mit dem Zug nach Hamburg gefahren. Ich wurde tatsächlich am Hauptbahnhof abgeholt und zum Training gebracht. Der Trainer Kuno Klötzer wollte mich danach haben, ich hätte es auch gerne gemacht. Das war eine andere Welt, aber ich war bereit. Nach der Einheit sollte ich nur noch ins Büro von Manager Peter Krohn.

Was geschah dann?
Der hat schlicht gesagt: „Was soll ich mit so einem kleinen Amateur? Hamburg ist eine Weltstadt." Ich hätte nur 20.000 oder 30.000 D-Mark Ablöse gekostet, er hat lieber Willi Reimann für 700.000 D-Mark geholt. „Ist kein Thema", habe ich gesagt, „dann unterschreibe ich in Bochum." Beim ersten Spiel gegen den HSV habe ich zwei Tore gemacht.

So wurden Sie eher zufällig zum „Unabsteigbaren".
Der VfL war immer der Topfavorit auf den Abstieg, aber wir wussten, dass wir drin bleiben würden. Wir haben aus Lust und Leidenschaft Fußball gespielt. Wenn ich dann beim Einlaufen neben Beckenbauer, Müller, Grabowski oder Overath stand, dachte ich mir nur: „Ker, die gibt es ja wirklich." Es hat einfach Spaß gemacht. Nachher wollte ich gar nicht mehr weg aus Bochum, obwohl einige Angebote kamen.

Lag es auch an Ihrem kongenialen Partner Heinz-Werner Eggeling?
Mit Sicherheit, wir wurden nicht umsonst die Zwillinge genannt. Wir haben nicht nur auf dem Platz viel miteinander zu tun gehabt, sondern auch privat. Wir haben im selben Haus gewohnt und sind sogar gemeinsam in den Urlaub gefahren. Das war eine richtige Freundschaft. Aber auch zu den anderen hatte ich ein klasse Verhältnis: Hartmut Fromm, Lothar Woelk – das waren alles tolle Menschen.

Wie kam es, dass Sie Bochum doch noch verlassen haben?
Ich hatte mir einen Beinbruch zugezogen, und das war der Knick in meiner Karriere. Erst nach fünf Monaten wurde festgestellt, dass der Knochen nicht richtig zusammengewachsen war und dass ich operiert werden musste. Da war nichts mehr an Muskeln, das Bein sah aus wie mein rechter Arm. Insgesamt bin ich acht oder neun Mal an dem Knie operiert worden. Auf einmal war ich ganz unten, die Unbekümmertheit war weg.

So ging es dann zu Feyenoord Rotterdam.
Am Anfang lief es gut, aber dann ging es wieder mit den Verletzungen los. Irgendwann habe ich mich gefragt, was das alles noch bringt. Anderthalb Jahre später bin ich nach Frankfurt gewechselt und kam überhaupt nicht mehr zurecht. Ich sollte noch einmal nach Holland wechseln, aber ich wollte nur noch nach Hause. Also habe ich bei Eintracht Hamm in der höchsten Amateurklasse gespielt und nebenbei eine Banklehre gemacht.

Wie war es, mit 31 noch einmal in die Schule zu gehen?
Am ersten Tag sind alle aufgestanden, weil sie dachten, dass ich der Lehrer bin. Es war nicht ganz einfach für mich, aber ich bin froh, dass ich es gemacht habe. Denn Bankkaufmann bin ich heute noch.

Am Anfang: Kempe auf seinem ersten Platz beim TV Voerde.

Thomas Kempe
Der Letzte seiner Art

In seinen Anfangsjahren als Fußballer war Thomas Kempe Stürmer, später wurde er als Mittelfeldspieler mit dem VfB Stuttgart Deutscher Meister. Doch seine größte Zeit erlebte er als Libero, dessen Rolle er damals sehr modern interpretierte. Kempe wollte aktiv am Spielaufbau teilhaben und drosch die Bälle nicht blind nach vorne.

Die Abschaffung der Liberoposition konnte er aber nicht verhindern, wegen eines Kreuzbandrisses erlebte er sie schon nicht mehr als Aktiver mit. Wenn er heute mit seinen Söhnen Dennis und Tobias, die beim Karlsruher SC bzw. Erzgebirge Aue in der Zweiten Liga spielen, über früher spricht, wissen die mit einem Libero nicht mehr viel anzufangen. Wir unterhielten uns mit Kempe über eine abgeschaffte Position und seinen Ruf als Bruder Leichtfuß.

Thomas Kempe
(* 17. März 1960 in Möllen) absolvierte zwischen 1979 und 1993 391 Bundesligaspiele (42 Tore) für den MSV Duisburg, den VfB Stuttgart und den VfL Bochum. 1984 wurde Kempe mit Stuttgart Deutscher Meister. Nach der aktiven Karriere war er als Trainer unter anderem für den FC Taupo aus Panama tätig. Heute arbeitet er als Scout für die Beratungsagentur, die auch die Interessen seiner Söhne Tobias (Erzgebirge Aue) und Dennis (Karlsruher SC) vertritt.

Thomas Kempe, wie wurden Sie zum Libero?

Das fing schon in der A-Jugend beim TV Voerde an. Weil ich technisch gut war, habe ich die Position ab und zu bekleidet. Damals sind wir ins Endspiel um die westdeutsche Meisterschaft eingezogen. Leider haben wir gegen Schalke 1:6 verloren.

Wer hat Sie endgültig zum Libero gemacht?

Das war Rolf Schafstall, der mich aus Stuttgart zum VfL Bochum geholt hatte. Der VfB war eine technisch versierte Mannschaft, beim VfL ging es nur über den Kampf. Wenn man Leute wie Ata Lameck, Jupp Tenhagen und Lothar Woelk dabei hat, die hauptsächlich laufen können, ist es für einen Techniker schwer, in die Mannschaft zu kommen.

Dennoch haben Sie die ersten zehn Spiele im Mittelfeld bestritten.

Aber dann musste ich nach zehn Minuten verletzt raus. Schafstall war sauer auf mich und hat fünf Wochen nicht mit mir gesprochen. Einen Tag vor dem Pokalspiel gegen Bayern München kam er zu mir: „Thomas, du spielst morgen Libero." Ich sagte: „Oh, schön. Dann werden wir das mal machen." Wir haben zwar verloren, aber ich habe sehr gut gespielt. Ab da war ich Libero und wollte nicht mehr weg.

Wie schnell haben Sie sich an Ihre neue Rolle gewöhnt?

Ich hatte mich ja eigentlich als Mittelfeldspieler gesehen. Das war eine Umstellung, allein in den Zweikämpfen: Früher wurde ich umgehauen, nun konnte ich das tun. Das hat mir ungeheuer gut gelegen.

Etwa nur wegen der Zweikampfführung?

Nein, ich habe die Spielsituationen sehr schnell erkannt und hatte eine gute Übersicht. Ich wusste, wann ich nach vorne gehen sollte und wann ich meine Pässe spielen musste.

Ihr Mut zum Risiko wurde mit dem Beinamen „Bruder Leichtfuß" belohnt.

Franz Beckenbauer war auch ein Bruder Leichtfuß. Ich habe die Bälle nicht nur nach vorn geklotzt, sondern wollte die Situationen auch spielerisch lösen. Natürlich kamen nicht alle Bälle an. Es waren auch haarsträubende Fehlpässe dabei, die zu Gegentoren geführt haben. Aber ich meine schon, dass ich zu meiner Zeit einer der stärksten Liberos in der Bundesliga war.

Warum hat es nicht mit einer Berufung in die A-Nationalmannschaft geklappt?

1990 haben mich die Medien als Deutschlands besten Libero gesehen. Aber Beckenbauer hat Paul Steiner mitgenommen, weil ich keine internationale Erfahrung hatte. Sonst wäre ich wahrscheinlich Weltmeister geworden.

Warum war Ihre Zeit als Libero bereits ein Jahr vor Ihrem Karriereende vorbei?

Ich kam am Anfang nicht so gut mit dem neuen Trainer Jürgen Gelsdorf zurecht, vielleicht deshalb, weil ich ihn damals getunnelt habe. Er hat mir zu verstehen gegeben, dass er einen neuen Libero einsetzen wollte, um die Zahl der Gegentore zu verringern. Im Endeffekt habe ich mich im defensiven Mittelfeld durchgesetzt. Andreas Möller, Uwe Bein und wie sie alle hießen haben keine Schnitte gegen mich gehabt. Am Ende sind wir aber trotzdem abgestiegen.

Tut es Ihnen leid, dass der Libero im modernen Fußball ausgedient hat?

Es gibt ihn nicht mehr im eigentlichen Sinne. Aber sobald sich ein Innenverteidiger mit nach vorne einschaltet, bleibt der andere stehen. Insofern spielt er dann wieder als Libero. Bei uns war es doch auch so: Wenn ich nach vorne gegangen bin, hat sich der Vorstopper nach hinten verzogen. Insofern haben wir damals schon mit einer richtig modernen Viererkette agiert.

„Hälfte, Hälfte": Keser in Hagen, das zu seiner zweiten Heimat geworden ist.

Erdal Keser
Der Exot von einst

Mit zehn Jahren zog Erdal Keser mit seiner Familie nach Hagen, wo sein Vater zuvor der Arbeit wegen hingezogen war. Bei seiner Ankunft 1971 sprach er kein Wort Deutsch, sechs Monate später konnte er sich bereits gut ausdrücken. „Ich musste die Sprache lernen, weil es nicht an jeder Ecke Landsleute gab", betont Keser. Und auch der Fußball hatte seinen Anteil an der Integration: In der Jugend des SSV Hagen war Keser schnell ein Teil der Gemeinschaft, wohl auch, weil er so talentiert war.

Heute lebt er noch immer in Hagen. „Aus dieser Weltstadt kommt man nicht weg", sagt er mit einem Grinsen im Gesicht. In seiner Funktion als Europakoordinator des türkischen Fußballverbandes ist er aber dafür verantwortlich, türkischstämmigen Talenten das Land ihrer Ahnen schmackhaft zu machen. Das wird immer schwieriger, weil die heutige Generation nicht mehr dem Rassismus ausgesetzt ist, wie er es einst war.

Erdal Keser
(* 20. Juni 1961 in Sivas/Türkei) absolvierte zwischen 1980 und 1987 106 Bundesligaspiele (27 Tore) für Borussia Dortmund, unterbrochen von einer Station bei Galatasaray Istanbul (1984-1986). Es folgte ein Engagement beim Sariyer Genclik Külübü (1987-1989), ehe er zu Galatasaray zurückkehrte, wo er 1995 seine Karriere beendete. Heute ist er Europakoordinator des türkischen Fußballverbandes und lebt mit seiner Familie in Hagen.

Erdal Keser, haben Sie sich während Ihrer Profizeit als Exot gefühlt?

Es gab vor mir einige Türken in der Bundesliga, aber es waren nicht besonders viele. Damals durfte man ja ohnehin maximal nur zwei Ausländer in der Mannschaft haben. Daher war es schon etwas Besonderes, überhaupt in der Bundesliga zu landen. Weil Fremde so selten waren, waren automatisch die Augen auf uns gerichtet.

Was meinen Sie?

Bei Auswärtsspielen hat noch das ganze Stadion „Ausländer raus" gerufen. Das war ganz normal, niemand hat sich daran gestört. Umso mehr hat man sich natürlich auch als Ausländer gefühlt. Diese Rufe haben mich nur motiviert. Wenn ich auswärts getroffen habe, bin ich danach in die gegnerische Kurve gelaufen und habe Handküsschen verteilt.

Wie war es bei den eigenen Fans?

Ich war schon beliebt, weil ich auch Spiele entscheiden konnte. Aber ich wurde immer mit einem anderen Maßstab beurteilt. Ich musste besser sein als die Deutschen. Wenn ich durchschnittlich gespielt hatte, war ich schlecht.

Was war es für ein Gefühl, wenn sich die BVB-Fans gegnerischen Spielern gegenüber rassistisch geäußert haben?

Wenn ich am Ball war, war Ruhe. Aber bei den anderen wurden Ausdrücke benutzt, die man heutzutage gar nicht mehr verwenden kann. Das war nicht angenehm, zum Glück hat sich das geändert. Heutzutage kennt man das gar nicht mehr, weil der DFB eine super Offensive gestartet hat. So wurde den Zuschauern Zivilcourage beigebracht. Hass und Rassismus sind in den deutschen Stadien nicht mehr zu erkennen.

Hat sich für Sie später jemals die Frage gestellt, für welche Nationalmannschaft Sie auflaufen wollen würden?

Theoretisch hätte ich auch den deutschen Ausweis bekommen können. Aber zu meiner Zeit war das noch kein Thema. Ich bin in der Türkei geboren, das ist mein Vaterland. In Deutschland habe ich mich als Gast gefühlt.

Mittlerweile sind Sie als Europa-Koordinator des türkischen Verbandes tätig.

Es geht darum, Talente zu sichten, die wir den Nationalmannschaften zuführen. Dabei geht es nicht nur um Deutschland. Wir haben auch viele Landsleute in Österreich, in der Schweiz, in Holland, England, Belgien und Schweden, die von unseren Scouts gesichtet werden. Den Talenten, die gerne für ihr Vaterland spielen würden, ebnen wir den Weg.

Wie sieht Ihre Tätigkeit konkret aus?

Ich sichte Spiele in ganz Europa, studiere Spielanalysen und sichte die Formgrafiken der Spieler. Das fängt bei den 13-Jährigen an und geht bis zur A-Nationalmannschaft.

Wird es schwieriger, Spieler für die türkische Nationalmannschaft zu begeistern?

Natürlich. Wir reden von der dritten, fast schon vierten Generation von Einwanderern. Diese Jungs sind immer im Zwiespalt, wohin sie sollen. Die Familie spricht auch noch gerne mit, das ist nicht leicht. Aber wenn mir einer sagt: „Ich fühle mich hier wohl und will für Deutschland spielen", dann akzeptiere ich das und freue mich, wenn er ein guter Fußballer wird. Der Beste wird sich in beiden Nationalteams durchsetzen. Er soll sich einfach für das Land entscheiden, für das sein Herz schlägt.

Sie selbst haben Ihr halbes Leben in Hagen verbracht. Fühlen Sie sich immer noch als hundertprozentiger Türke?

Mittlerweile war ich zeitlich genau eine Hälfte in Deutschland, die andere in der Türkei. Hälfte, Hälfte – so fühle ich mich auch.

Klinger auf seinem ersten Platz, der mittlerweile dem Parkplatz eines Baumarktes gewichen ist.

Dietmar Klinger

Der Feierabend-Trainer

Dietmar Klinger ist DFB-Pokalsieger und A-Lizenzinhaber. Mit seinem guten Namen hätte er es auf eine Trainerkarriere im Profifußball anlegen können. Denn 1991 bot ihm sein bester Freund Friedhelm Funkel die Rolle als Assistent in Uerdingen an. Doch Klinger entschied sich ganz bewusst dagegen und trat nach der aktiven Laufbahn im Amt für Zentralen Service der Stadt Essen bei der Poststelle seinen Dienst an. Dort hat er es mit Einschreiben und Pfändungen zu tun und nicht mit mürrischen Ersatzspielern und nervenden Sponsoren, die ihn für sich vereinnahmen wollen.

Dem Fußball ist er trotzdem verbunden geblieben, als Trainer der Sportfreunde Niederwenigern, gemeinsam mit seinem Kumpel Jürgen Margref. Dort erlebt er etwas, das er im Profibereich in dieser Form nicht kennen gelernt hat: den Mythos der elf Freunde, die füreinander da sind.

Dietmar Klinger
(* 8. Januar 1958 in Essen) absolvierte zwischen 1975 und 1991 208 Bundesligaspiele (15 Tore) und 234 Zweitligapartien (25 Tore) für Schwarz-Weiß Essen, Rot-Weiss Essen und Bayer Uerdingen. Sein größter Erfolg ist der DFB-Pokalsieg 1985 mit den Krefeldern. Zudem gehörte er zum legendären Bayer-Team, das im Europapokal der Pokalsieger Dynamo Dresden mit 7:3 schlug. Heute arbeitet er bei der Stadt Essen und trainiert nebenbei die Sportfreunde Niederwenigern.

Dietmar Klinger, warum hat Sie eine Trainerkarriere nie gereizt?

Dazu war ich zu heimatverbunden. Irgendwo hinzugehen und vielleicht schon nach drei Monaten wieder weg zu sein, das war mir zuwider. Ich hatte gerade in Essen ein neues Häuschen gebaut und wollte nicht weg. Ich habe es ja an Friedhelm Funkel erlebt.

Was meinen Sie?

Der war in Rostock, Köln und Frankfurt, und er war immer allein. Schließlich ist die Familie in Korschenbroich geblieben. Das wäre für mich nichts gewesen. Ich wollte zu Hause bleiben und meinen Freundeskreis um mich haben. Außerdem ist mein Sohn Mario damals gerade in seinen ersten Fußballverein, den PSV Essen, eingetreten.

Waren Sie der typische Mecker-Vater?

Ich war auch mal beim Training, weil ich die Zeit hatte. Aber das war so richtig schlecht. Also habe ich gesagt: „Wenn ich schon mitkomme, dann kann ich auch gleich den Trainer machen." Innerhalb von drei Jahren hatten wir die beste Jugendmannschaft Essens und sind mit der C-Jugend als Aufsteiger Zweiter in der Niederrheinliga geworden.

Hätten Sie es als Trainer auch bei einem großen Verein gepackt?

Das ist eine hypothetische Frage. Ich habe einfach zu viel erlebt. Mit Matthias Herget habe ich zehn Jahre lang zusammengespielt, und ich habe gewusst, dass er kein guter Trainer ist. Er war bei Uerdingens Amateuren, und danach ist es nie wieder etwas geworden. Wenn er den Aufstieg geschafft hätte, wäre es aber vielleicht ganz anders gelaufen. Ein anderes Beispiel ist Franz Raschid, der direkt bei Arminia Bielefeld gestartet ist, danach aber nie mehr höherklassig Trainer war.

Hätte es Sie denn nie gereizt, es wenigstens zu versuchen?

Man muss ja auch ehrlich sein: Ich war zufrieden, dass ich um 15 Uhr Feierabend hatte. Ich hatte keinen Druck von irgendwelchen Sponsoren, die mir erzählen wollten, welcher Spieler wie gut ist. Ich wäre vermutlich öfter angeeckt.

Ist es insofern im Amateurbereich angenehmer für Sie?

Definitiv, denn ich stehe nicht im Rampenlicht. Und ich kann meine Linie durchziehen, wie ich es will. Heutzutage darf man sich als Profitrainer ja gar nichts mehr leisten. Insofern bin ich froh, dass ich meine Ruhe habe.

Sie haben auf allerhöchstem Niveau gespielt. Ist es insofern nicht niederschmetternd, Feierabendfußballer zu trainieren?

Ich war ja schon in der Kreisliga B tätig, wo alle Mannschaften irgendwo auf einem Level sind. Wenn ich dann aber ganz klar Meister werde, zeigt es doch, dass die Jungs in dem Jahr bei mir mehr gelernt haben. Wenn man taktisch und konditionell ein bisschen was drauf hat, ist man schon unter den ersten sechs.

Aber schmerzt es nicht, fußballerisch arg limitierte Spieler zu betreuen?

Natürlich ist das ein anderes Niveau. Mein alter Kumpel Jürgen Margref und ich haben bei den Sportfreunden Niederwenigern etwas aufgebaut, das richtig Spaß macht. Solche Jungs wie da habe ich in meinem ganzen Leben noch nicht kennen gelernt.

Wieso?

Wenn im Sommer Wasser eingesammelt werden musste, war nicht der Letzte der Arsch, sondern jeder hat mit angepackt. Es beeindruckt mich unheimlich, wie die Jungs miteinander umgehen. Da ist der eine für den anderen da, auch außerhalb des Platzes. Etwas anderes will ich gar nicht mehr haben. Ich habe erst neulich ein Angebot aus der Bezirksliga abgelehnt, bei dem es wesentlich mehr Geld gegeben hätte.

Daumen hoch: In der Saison 1970/71 war Kobluhn in der Form seines Lebens.

Lothar Kobluhn
Die Wut ist weg

Über einen wie Lothar Kobluhn werden gerne Mythen geschmiedet. Ein schwieriger Typ sei er, heißt es. Aber was solle man auch von einem erwarten, der 37 Jahre auf seine Torjägerkanone habe warten müssen, heißt es weiter. Doch tatsächlich wirkt der Bundesliga-Torschützenkönig der Saison 1970/71 längst nicht so verbittert wie befürchtet. Er hat offenbar seinen Frieden gemacht mit dem Fußball und dem Verein, der ihm die lange Wartezeit durch die aktive Teilnahme am Bundesliga-Skandal beschert hat.

24 Tore hatte er damals erzielt, doch wenig später platzte die Bombe: Rot-Weiß Oberhausen war mittendrin im Bestechungsskandal. Ob da auch mit Kobluhns Buden alles richtig gelaufen ist? „Es hieß, ich hätte nur getroffen, weil der gegnerische Schlussmann Bescheid wusste. Man kann mal mit einem sprechen oder mit zweien, aber doch nicht mit 24", bemerkt der 68-Jährige. Vor ein paar Jahren wäre er vermutlich noch aufbrausend geworden bei diesem Thema, mittlerweile kann er sich sogar ein Lächeln abringen.

Vielleicht ist es die Altersmilde, vielleicht aber auch die späte Genugtuung. Denn mittlerweile steht das Objekt seiner Begierde endlich in seinem Wohnzimmerschrank. Und wann immer sich Kobluhn am Wochenende in seinem Sessel niederlässt, um die Bundesliga zu sehen – die Kanone hat er in Sichtweite. Er genießt diesen Umstand, auch wenn er das nie einräumen würde. „Einiges ist wegen dem Skandal gar nicht richtig anerkannt worden", sagt er stattdessen.

Ein bisschen wurmt es ihn noch immer, dass er nie ein Thema für die Nationalmannschaft war. Doch er schimpft nicht auf den damaligen Bundestrainer Helmut Schön, sondern gibt sich in Kobluhn-Maßstäben regelrecht diplomatisch: „Das Mittelfeld mit Overath und Netzer war gut besetzt, da hätte ich keine Chance gehabt. Aber zumindest eine Einladung hätte ich schon mal bekommen können."

Beim Kicker hat er sich derweil selbst eingeladen. 2007 war das, als die Wut in ihm noch so groß war, weil er sich von allem und jedem ungerecht behandelt fühlte. Und dann kam der Tag, als der Ärger endlich rausmusste. Ailtons Ex-Berater Werner Helleckes holte die Torjägerkanone seines früheren Schützlings aus der Vitrine und setzte sie in die Internet-Auktionsplattform Ebay. „Da habe ich mir gedacht, verdammt noch mal, warum kriegt der die Kanone und ich nicht", betont Kobluhn. Und er handelte, wandte sich an Kicker-Chefredakteur Rainer Holzschuh – und bekam nach 36 Jahren seine späte Genugtuung.

Es war der Tag, an dem die Wut aus ihm gewichen ist. Es gab die verdiente Anerkennung, „acht bis zehn Tage danach war noch richtig etwas los, mit TV und allem", sagt der Pensionär. Und er lehnt sich zufrieden zurück in seinem Sessel.

Selbst bei RWO lässt er sich wieder blicken, seitdem sich der Verein aktiv um seine Ehemaligen bemüht und sie mit Karten versorgt. Seit sieben Jahren hat er sich dabei ganz auf die Zuschauerrolle verlegt, eine Knieprothese hat das Ende der aktiven Zeit verursacht. „Das Einzige, was ich kann, ist Fahrradfahren. Für mich ist es Sport genug, ab und zu ins Stadion zu gehen und ansonsten Sky zu schauen", bemerkt der 107-fache Bundesligaspieler. Und dann spricht er einen Satz, den man von einem wie Kobluhn erwartet: „Ich bin froh, dass ich es geschafft habe, ganz vom Fußball abzukommen."

Er sagt das einfach so, ohne jede Verbitterung. Denn er hat festgestellt, dass es dazu gar keinen Anlass gibt. Bis 1999 führte er zwei Lottoannahmestellen und einen Kiosk, dann wurde er aus gesundheitlichen Gründen mit 55 Rentner. „Ich habe alles erreicht, was ich wollte, und habe mein Auskommen. Damit muss ich zufrieden sein", betont Kobluhn. Man nimmt es ihm ab.

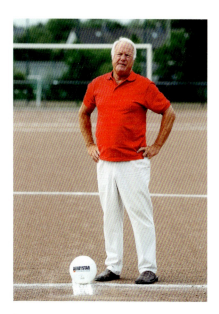

Kobluhn auf seinem ersten Platz an der Landwehr in Oberhausen.

Lothar Kobluhn
(* 12. April 1943 in Oberhausen) bestritt zwischen 1963 und 1976 107 Bundesligaspiele (36 Tore), 48 Zweitligapartien (6 Tore) und unzählige Regionalligapartien für Rot-Weiß Oberhausen und die SG Wattenscheid 09. In der Saison 1970/71 wurde er als Mittelfeldspieler mit 24 Treffern Torschützenkönig der Bundesliga. Heute lebt er als Rentner in Oberhausen.

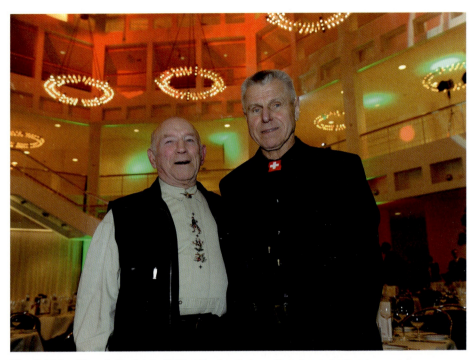

Ein glücklicher Mensch: Konietzka 2011 mit seinem ehemaligen Jugendtrainer.

Timo Konietzka
Der Allererste

Wenn man sich mit Timo Konietzka unterhält, fällt einem früher oder später sein leichter Schweizer Akzent auf. Es ist ja auch kein Wunder, schließlich hat er längst den Großteil seines Lebens in der Schweiz verbracht und sogar die Staatsbürgerschaft angenommen. Dabei hat Konietzka eigentlich eine klassische Ruhrpottkarriere hingelegt: Als eines von sechs Kindern in Lünen geboren, begann er auf der Zeche Victoria in 700 Metern Tiefe zu arbeiten und schaffte schließlich den Sprung zu Borussia Dortmund.

Doch die Geschichte endet nicht damit, dass er das erste Tor der Bundesligahistorie erzielte. Nachdem er in Diensten von 1860 München einen Schiedsrichter foulte und für ein halbes Jahr gesperrt wurde, kehrte er Deutschland den Rücken. Recht unverhofft fand er bei den Eidgenossen sein Glück. Ein Gespräch über den Sinn des Lebens und das, was danach kommt.

Timo Konietzka
(* 2. August 1938 in Lünen) absolvierte zwischen 1958 und 1967 110 Spiele in der Oberliga West (79 Tore) sowie 100 Bundesligapartien (72 Tore) für Dortmund und 1860 München. Zudem kam er auf 9 Länderspiele (3 Tore). Anschließend spielte er bis 1971 beim FC Winterthur. Seine größten Erfolge: Deutscher Meister 1963 und 1966, DFB-Pokalsieger 1965. Als Trainer wurde er mit dem FC Zürich und den Grashoppers Zürich vier Mal Schweizer Meister. Heute betreibt er mit seiner Frau Claudia ein Gasthaus am Vierwaldstättersee.

Timo Konietzka, trotz Ihrer Erfolge sind Sie vor allem als Schütze des ersten Bundesligatores in Erinnerung geblieben. Ärgert Sie das?

Nein, überhaupt nicht. Die ersten Jahre danach hat es niemanden interessiert. Aber mittlerweile, fast 50 Jahre später, werde ich damit vorgestellt. Sogar das Fernsehen kommt heute noch vorbei, damit ich erzähle, wie das damals war. Schade ist nur, dass es noch nicht einmal ein Bild von dem Treffer gibt.

Drei Jahre später wurden Sie in Diensten von 1860 München der erste Bundesligaspieler, der für ein halbes Jahr gesperrt wurde. War die Strafe berechtigt?

Jetzt kann ich es ja zugeben: Da ist schon was passiert, ich habe gerempelt. Vielleicht hat der Schiri aus Angst die Pfeife fallen lassen. Nachher habe ich mir gedacht: „Mein Gott, was hast du denn da gemacht?" Nachdem ich die Sperre abgesessen hatte, wurde ich aber in sämtlichen Stadien ausgepfiffen. Für mich war daraufhin klar, dass ich die Bundesliga verlassen würde.

Warum sind Sie zum Schweizer Zweitligisten FC Winterthur gewechselt?

Ich hatte sogar Angebote von Inter Mailand und Real Madrid. Aber in Winterthur habe ich mehr verdient als in der Bundesliga. Mein höchster Lohn in Deutschland waren 30.000 Mark pro Jahr bei 1860 München. In Winterthur habe ich um die 100.000 Mark verdient. Ich war schon 29 Jahre alt, die Chance musste ich nutzen. Und im Nachhinein war es ein Glücksfall, zumal ich anschließend beim großen FC Zürich als Trainer anfangen konnte.

Warum haben Sie 1988 die Schweizer Staatsbürgerschaft angenommen?

Mir war schon nach vier Jahren klar, dass ich in Zukunft mein Leben in der Schweiz verbringen würde. Jetzt bin ich 44 Jahre hier und immer noch ein glücklicher Mensch.

Steht in Ihrem Pass Timo Konietzka?

Ja, auch wenn ich eigentlich als Friedhelm auf die Welt gekommen bin. Während meiner Dortmunder Zeit war ich bei der Bundeswehr und hatte dementsprechend einen Kurzhaarschnitt. Mein Mitspieler Jockel Bracht meinte: „Der sieht ja aus wie der russische Marschall Timoschenko." Von da an haben mich alle Timo gerufen. Irgendwann habe ich sogar meine Bankgeschäfte so unterschrieben. Doch dann machte mich der Oberbürgermeister von Krefeld darauf aufmerksam, dass es Urkundenfälschung ist.

Wie ging es weiter?

Er hat sich für mich eingesetzt, so dass ich 1985 offiziell in Timo umbenannt worden bin. Meiner Mutter habe ich es am Telefon mitgeteilt: „Den Friedhelm gibt es nicht mehr, ich bin jetzt der Timo." Als sie es auch beim dritten Mal noch falsch machte, habe ich gesagt: „Wenn du mich noch einmal Friedhelm nennst, dann bin ich nicht mehr dein Sohn." Seitdem hatte sie sich auch daran gehalten.

Anfang 2011 kamen Sie in Deutschland in die Schlagzeilen, weil Sie sich für aktive Sterbehilfe einsetzen. Hat Sie das Medienecho überrascht?

Ich will nicht leiden und ich will es auch nicht meinen Nachkommen antun, noch jahrelang als Pflegefall am Leben gehalten zu werden, wenn es mal so weit kommt. Ich habe gesagt, dass ich meinen Tod schon geplant habe. Daraufhin bekam ich zig Briefe und Anrufe: „Mann, überleg dir das noch mal." Meine Familie war konfessionslos. Wenn Religionsunterricht war, habe ich auf dem Pausenhof Fußball gespielt. Ich glaube nur an das, was ich höre, fühle und sehe. Für mich ist das Leben so: Man wird geboren, und irgendwann hört es auch wieder auf.

Die Rente kann warten: Koslowski bei seiner Arbeit auf Schalke.

Willi Koslowski
Ein Leben lang

Es gibt noch immer loyale Fußballer, treue und echte Urgesteine. Doch Willi Koslowski gibt es nur einmal. Der Deutsche Meister von 1958 hat vor zehn Jahren das Rentenalter erreicht und arbeitet trotzdem noch immer für Schalke. Als er 1987 den Job im Postversand des Vereins antrat, bestand die Geschäftsstelle aus fünf Mitarbeitern. Mittlerweile hat der 75-Jährige über 100 Kollegen und verschickt täglich 5.000 Briefe. Koslowski ist es recht. Auch wenn alles größer ist, ist es immer noch sein Schalke.

Jeden Morgen um viertel vor acht holt er an seinem Stammkiosk die Zeitungen für Vorstand und Presseabteilung ab, leert anschließend die fünf Fächer in der Hauptpost und macht sich dann auf den Weg in sein Büro auf der Geschäftsstelle, gleich neben der Ticketabteilung. „Es fällt immer Post an. Das ist in den Jahren weitaus mehr geworden", sagt der mit Abstand älteste Mitarbeiter auf Schalke.

Dass er immer noch halbtags für S04 arbeitet, hat er sich 1952 kaum denken können. Als 15-Jähriger kehrt er mit seinen Eltern in seine Geburtsstadt zurück, nachdem die Familie neun Jahre zuvor während des Zweiten Weltkrieges nach Ostwestfalen evakuiert worden war. „Mir war im Grunde genommen alles fremd", sagt Koslowski.

Der Fußball hilft ihm dabei, in Gelsenkirchen anzukommen. Sein Cousin Heinz Fidorra nimmt ihn mit zu Buer 07, gespielt wird auf schwarzer Asche. Im Vergleich zum Landleben, wo ihm lediglich mit Sägespänen gefüllte Stoffbälle zur Verfügung standen, ist das schon ein großer Schritt nach vorne. Der nächste folgt ein Jahr später, als der talentierte Rechtsaußen zum großen Nachbarn Schalke wechselt.

Es läuft gut für ihn, so gut, dass er trotz der entsprechenden Ausbildung nie die kräftezehrende Arbeit als Bergmann antreten muss. Stattdessen fängt er in der Verladung bei einer Glasfirma gegenüber der Glückaufkampfbahn an. Der Chef ist ein Kumpel von Ernst Kuzzorra. Als 18-Jähriger feiert Koslowski sein Debüt in der ersten Mannschaft. Drei Jahre später ist er nach einem 3:0 gegen den HSV Deutscher Meister. „Für mich war das wie ein Weltwunder", sagt der zweimalige Vorlagengeber.

Koslowski wird Nationalspieler und kommt auf drei Länderspiele, doch den sportlichen Abstieg aus der Bundesliga 1965 kann auch er nicht verhindern. Der Vorsitzende Fritz Szepan drängt auf einen Neuanfang, der 28-jährige Koslowski ist ihm schon zu alt.

Schweren Herzens unterschreibt er einen Vertrag bei Rot-Weiss Essen. Es ist eine Ironie des Schicksals, dass Schalke durch die Aufstockung der Bundesliga auf 18 Vereine doch erstklassig bleibt. Mit RWE steigt Koslowski gemeinsam mit dem jungen Willi Lippens in die Bundesliga auf und feiert dort ein Wiedersehen mit seinem Herzensverein.

Die tatsächliche Rückkehr nach Schalke erfolgt aber erst 1981, als der neue Manager Rudi Assauer ihm die Stelle als Amateurtrainer anbietet. Koslowski macht den Job und rückt nach drei Jahren bereitwillig ins zweite Glied, um den wechselnden Kläusen Fichtel, Fischer und Täuber als Assistent zu dienen. „Ich wollte nie unbedingt Trainer werden", sagt der in Ehren ergraute „Schwatte". Er wollte einfach zurück zu seinen „Königsblauen". Darum übernimmt er nebenbei Fahrtendienste und Behördengänge für die Profis, obwohl er im Hauptberuf noch immer Versandmeister der Glasfirma ist.

1987 erhält er schließlich die Festanstellung auf Schalke. Und auch ein Vierteljahrhundert später sieht er noch keinen Grund, aufzuhören. „Ich bin kein Stubenhocker, kein Handwerker und fahre nicht gerne in Urlaub", sagt Koslowski. Nach einer kurzen Pause merkt er leise an: „Ich kann ganz schlecht ohne Schalke."

Wo alles begann: der „Schwatte" auf seinem ersten Platz bei Buer 07.

Willi Koslowski
(* 17. Februar 1937 in Gelsenkirchen) bestritt zwischen 1955 und 1967 182 Einsätze (58 Tore) in der Oberliga West und 64 Bundesligapartien (14 Tore) für Schalke 04 und Rot-Weiss Essen. Zudem kam er auf 3 Länderspiele (1 Tor). Nach weiteren Stationen bei Eintracht Gelsenkirchen und Eintracht Duisburg ließ er seine Karriere 1974 bei Concordia Bochum ausklingen. Koslowskis größter Erfolg war der Gewinn der Deutschen Meisterschaft 1958. Seit 1987 ist er auf Schalke für den Postversand zuständig.

„Hoppy" Kurrat wurde kein Cowboy, dafür aber ein echter Held.

Dieter „Hoppy" Kurrat
Der Geschichtsschreiber

Eigentlich wollte Dieter Kurrat Cowboy werden, wegen Hopalong Cassidy. Der Plan wurde verworfen, der Spitzname „Hoppy" blieb. Und als Fußballer wurde er selbst zum Vorbild vieler Kinder. Am Borsigplatz geboren, wurde er mit Borussia Dortmund Deutscher Meister und DFB-Pokalsieger. Der größte Moment seiner Karriere war aber der Erfolg im Europapokal der Pokalsieger, als der BVB als erste deutsche Mannschaft einen internationalen Titel errang. Ein Blick zurück.

Als Kurrat den tiefen Rasen des Hampden Park betritt, muss er schlucken. Die 135.000 Zuschauer fassende Arena in Glasgow ist an diesem regnerischen Maiabend 1966 nur zu einem Drittel gefüllt. Doch die, die da sind, singen eindeutig für den FC Liverpool. 20.000 Anhänger der „Reds" haben sich auf den Weg gemacht, viele von ihnen kennen die Strecke schon. Im Halbfinale haben sie Celtic Glasgow ausgeschaltet, und das ist auch der Grund für den geringen Zuschauerzuspruch.

Kurrat beschäftigt sich allerdings eher mit Tommy Smith, dem Spielmacher der Engländer. „Kleiner Terrier" nennt Trainer Willi Multhaup Kurrat. Der bezeichnet sich selbst als „giftigen Kerl" und ist damit genau der Richtige, um den Superstars von der Anfield Road das Leben schwer zu machen.

Liverpools legendärer Coach Bill Shankly macht keinen Hehl daraus, wer den Cup nach Hause nehmen wird. Dabei hat der BVB im Halbfinale immerhin West Ham United ausgeschaltet, den Titelverteidiger und frisch gebackenen englischen Meister. „Wenn wir zehn Spiele gegen Liverpool machen, verlieren wir neun. Aber eins gewinnen wir, und das ist gleich", sagt Trainer Multhaup mit bebender Stimme und entschlossenem Blick.

Und tatsächlich: Liverpool macht Druck, aber die Dortmunder lassen sich nicht unterkriegen. „Die Engländer hatten eine optische Überlegenheit, aber wir hatten den Raum", betont Kurrat. Den nutzt Siggi Held nach 61 Minuten, um das 1:0 zu erzielen. Doch Roger Hunt gleicht beinahe postwendend aus, und die kurzzeitige Hochstimmung der Borussen verkehrt sich ins Gegenteil. Ganz anders die Situation bei den Liverpooler Fans, die in Scharen auf den Platz rennen und jubeln.

Doch wenn nichts mehr geht, gehen immer noch die Standards. 20 Meter vor dem eigenen Tor erhalten die Dortmunder einen Freistoß. Nun folgt die entscheidende Szene des Spiels, die aus den Kriegskindern Helden für die Ewigkeit machen soll. Aki Schmidt flankt, Siggi Held schießt den Torwart an, der Abpraller landet bei Stan Libuda, der aus 35 Metern Entfernung direkt zu einer Bogenlampe ansetzt. Kurrat kann den Ball gar nicht mehr erkennen, so hoch fliegt er durch die Luft. Aber er senkt sich rechtzeitig und landet im Winkel.

Die letzte Viertelstunde überstehen die Schwarz-Gelben schadlos. Sie werfen sich in jeden Ball, sogar in die Einwürfe. Und dann ist es endlich geschafft. Als der Schlusspfiff ertönt, kennt der Jubel keine Grenzen. Während Shankly noch schimpft: „Wir wurden von einer Mannschaft voll ängstlicher Männer geschlagen", begeben sich die Dortmunder bereits auf die Suche nach Kaltgetränken.

Doch in Schottland ist um 23 Uhr naturgemäß alles dicht. Da beim Bankett nur ein paar Häppchen aufgetischt werden, kommen die Borussen hungrig und durstig im Mannschaftshotel an. „Jockel Bracht hat aus der Küche eine lange Bockwurst geholt, davon hat jeder ein Stück genommen. Dazu haben wir Milch getrunken – das darf man niemandem erzählen", berichtet Hoppy Kurrat. Sein ehrlicher Zusatz: „Wir waren so ausgepowert, dass wir nach zwei Bier schon dick gewesen wären."

Kurrat auf seinem ersten Platz beim FC Merkur 07, an dessen Stelle heute ein Gemeindezentrum steht.

Dieter „Hoppy" Kurrat
(* 15. Mai 1942 in Dortmund) bestritt zwischen 1960 und 1974 247 Bundesligaspiele (9 Tore), 41 Partien in der Oberliga West (2 Tore) und 21 Spiele in der Regionalliga West (6 Tore). Seine größten Erfolge: Deutscher Meister 1963, DFB-Pokalsieger 1965, Europapokalsieger der Pokalsieger 1966. Anschließend war er Spielertrainer beim SV Holzwickede, mit dem er 1976 Deutscher Amateurmeister wurde, und leitete gemeinsam mit seiner Frau bis August 2011 die Gaststätte „Hoppy´s Treff" in Holzwickede.

Bochums Rekordspieler: Lameck an der Castroper Straße.

Michael „Ata" Lameck

Der Treue

Michael Lameck ist so etwas wie eine lebende Bochumer Legende. In seinen 17 Jahren beim VfL brachte er es nicht nur auf 518 Bundesligaspiele und stellte damit einen Vereinsrekord auf. Er schaffte es auch jedes Mal, das Abstiegsgespenst erfolgreich von der Castroper Straße zu vertreiben und so den Mythos der „Unabsteigbaren" zu begründen.

Die Karriere von „Ata" Lameck ist umso bemerkenswerter, wenn man bedenkt, dass er erst mit 17 Jahren in seinen ersten Verein eingetreten ist. Seinen Spitznamen hatte er sich aber schon vorher verdient, als er in der Freizeit mit seinen Kumpels kickte: „Damals war die Asche noch schwarz, daher habe ich auch den Spitznamen ‚Ata'. Mit dem gleichnamigen Putzmittel mussten meine Eltern mich immer sauber schrubben." Ein Gespräch über eine mythenreiche Vergangenheit und den sorgenvollen Blick in die Zukunft.

Michael „Ata" Lameck
(* 15. September 1949 in Essen) bestritt zwischen 1969 und 1988 518 Bundesligaspiele (37 Tore) für den VfL Bochum und 73 Regionalligapartien (15 Tore) für Schwarz-Weiß Essen. Damit ist er der Rekordspieler des VfL. Heute ist er für die Organisation der Bochumer Traditionsmannschaft verantwortlich.

Michael Lameck, wie kam es, dass Sie so spät Vereinsfußballer geworden sind?

Ich habe zwar direkt am Platz gewohnt, aber meine Eltern haben sich in meiner Jugend leider getrennt. Das war alles nicht so angenehm, schließlich waren wir fünf Kinder. Und meine Mutter hatte mir den Eintritt nicht früher erlaubt. Das betraf aber nur die Spiele und Trainingseinheiten. Sonst war ich mit meinen Freunden jeden Tag auf dem Platz.

Drei Jahre nach Ihrem ersten Vereinseintritt feierten Sie Ihr Regionalliga-Debüt bei Schwarz-Weiß Essen. Eine Karriere im Zeitraffer?

Ich will mich ja nicht selbst loben, aber ich konnte schon ein bisschen was. Sonst hätte ich nicht direkt in der Niederrheinauswahl gespielt. Ich hatte sogar noch ein Probetraining bei Rot-Weiss Essen absolviert, nachdem ich schon beim ETB unterschrieben hatte. Wohin ich ging, war mir aber eigentlich egal. Es sollte einfach nur ein bisschen höher sein als der TuS Essen-West. Und ich hatte drei gute Jahre am Uhlenkrug.

Anschließend prägten Sie eine Ära beim VfL Bochum. War das früh absehbar?

Nein. Als ich kam, war ich der kleine „Ata" Lameck. Ich habe aber schnell kapiert, wo es langging. Mein Herz und meine Einstellung waren mein Kapital.

Was meinen Sie?

Auch wenn ich samstags mit zu den Besten auf dem Platz zählte, hatte ich sonntagabends das Gefühl, dass ich am nächsten Wochenende nicht spiele. Zumindest habe ich mir das eingeredet. Und so bin ich dann auch in die Trainingseinheiten gegangen – das war eine starke Motivation.

Haben Sie es so geschafft, mit dem VfL 17 Bundesliga-Spielzeiten durchzustehen?

99,9 Prozent der Spiele stand ich von der ersten bis zur 90. Minute auf dem Platz, das ist auch noch wichtig. Ich hatte das Glück, dass meine Knie und Gelenke nie ernsthaft verletzt waren. Das war das A und O. Zu meiner Zeit wäre mit einem Kreuzbandriss schließlich Schicht gewesen.

Sind Sie stolz auf Ihren Vereinsrekord von 518 Bundesligaspielen?

Natürlich. Es gab schließlich auch Trainer, die mich nicht mehr wollten. Aber die kamen nicht an mir vorbei.

Wen meinen Sie konkret?

Helmuth Johannsen wollte Jupp Tenhagen, Lothar Woelk, Walter Oswald und mich nicht mehr haben und uns durch Neue ersetzen. Wir waren aber das Gerippe der Mannschaft, das hat er auch ganz schnell eingesehen. Spätestens, nachdem wir mit 0:8 Punkten in die Saison gestartet sind.

Was hat diese Mannschaft der Unabsteigbaren ausgezeichnet?

Der Teamgeist. Wir hatten damals ein Gefüge mit sechs, sieben, acht Spielern aus der näheren Umgebung. Das war unser Vorteil. Nach den Spielen haben wir in der Vereinsgaststätte Haus Frein mit den Fans ein Pils getrunken. Wir haben uns einfach wohl gefühlt. Auch wenn wir immer mal wieder Leistungsträger an die Konkurrenz verkaufen mussten, hat das Gerippe funktioniert. Und manche wie Jupp Tenhagen haben den Klub nur unter Tränen verlassen.

Wie kommt es, dass Sie dem Verein immer treu geblieben sind?

Ich habe mich wohl gefühlt und ich habe meine Verträge immer frühzeitig verlängert. Der VfL war mit mir zufrieden und ich habe überhaupt keinen Anlass gehabt, meine Heimat zu verlassen. Ich war bodenständig, daher bin ich bis heute in Bochum.

Gab es denn überhaupt interessante Angebote?

1974 habe ich im Kicker gelesen, dass Bayern München an mir interessiert sei. Ob da etwas dran war, weiß ich nicht. Aber das hat mich auch überhaupt nicht interessiert.

Sie sind der Spieler mit den meisten Bundesliga-Einsätzen, der nie ein A-Länderspiel bestritten hat. Wie kommt es?

Das ist ganz leicht zu erklären. Zu meiner Zeit war der VfL einfach zu klein. Wenn Hennes Weisweiler für einen seiner Kölner warb, war klar, wer berufen wurde.

Machen Sie es sich nicht ein bisschen zu einfach?

Nein. Ein Jahr vor der WM 1978 in Argentinien haben wir mit der B-Nationalmannschaft eine Mittelamerika-Reise gemacht. In drei von vier Spielen war ich dabei. Der Kölner Herbert Zimmermann hat ein Spiel gemacht und wurde schließlich in die A-Nationalmannschaft berufen.

Nach der Spielerkarriere waren Sie beim VfL A-Jugendtrainer, Amateur-Trainer und Assistent der Profis. Warum wurden Sie nie zum Chefcoach?

Dafür hätte ich den Fußballlehrer machen müssen. So schlau bin ich nicht. Im Ernst: Ich stand 20 Jahre an vorderster Front, das hat mir gereicht. Für mich war es ein Spaß, Peter Peschel und Kai Michalke aus der Jugend rauszubringen und unter Jürgen Gelsdorf und Holger Osieck als Co-Trainer zu arbeiten.

Heute sind Sie als Organisator der Bochumer Traditionsmannschaft tätig. Zählen Sie dort mittlerweile zum alten Eisen?

Wir Älteren haben schon unsere Zipperlein. Lothar Woelk hat ein bisschen mit dem Herz zu tun, Walter Oswald mit dem Rücken und der Achillesferse. Ich ziehe mir nur noch aus Spaß das Trikot an, im Moment allerdings recht selten. Im März 2011 habe ich eine zweite künstliche Hüfte bekommen, daher muss ich ein bisschen vorsichtiger sein. Und meinen letzten Einsatz über 90 Minuten hatte ich vor drei Jahren. Mittlerweile sind immer mehr Leute dabei, die schon abgestiegen sind: Peter Peschel, Peter Közle, Dariusz Wosz. Aber die Jungs spielen einen guten Ball, vor allem bei den Hallenturnieren.

Vermissen Sie es, selbst zu spielen?

Es geht halt nicht. Wenn ich mal zum Kopfball gehen müsste, kann ich ja schlecht den Kopf einziehen und auf meine Hüfte verweisen. Das ist nicht mein Ding. Ich baue lieber eine gute Mannschaft auf und motiviere die Spieler. Das ist jetzt meine Aufgabe. Wir sind mit der Traditionsmannschaft ein bisschen das Zugpferd, das für die positiven Nachrichten in Sachen VfL sorgt.

Wie lebt es sich denn als lebende VfL-Legende?

Ich wohne jetzt seit über 30 Jahren in Bochum, fast die Hälfte meines Lebens. Das ist gemeinsam mit Essen meine Heimatstadt. Die Leute sprechen mich auf der Straße an und sagen: „Der Ata ist menschlich geblieben, der bleibt stehen und redet mit uns." Ich habe keine Probleme, mich den Fans zu stellen. Es ist doch schön, noch gefragt zu sein.

Hat sich Ihr Mythos als Unabsteigbarer verfestigt, weil Bochum nach Ihrer aktiven Zeit zum Fahrstuhlverein wurde?

Selbst in den guten Zeiten mit den beiden Einzügen in den UEFA-Cup wurde es nicht geschafft, die Mannschaft zu stabilisieren. Es tut schon weh, wenn die Leute sagen: „Ata, was ist denn da los? Unser Verein darf doch nicht untergehen." Ich kann mir nicht mehr selbst die Schuhe anziehen. Aber die Fans wünschen sich, dass die Jungs so fighten, wie wir es früher getan haben. Durch das Bosman-Urteil ist es allerdings schwierig geworden, eine verschworene Gemeinschaft zu haben.

Wo aus Michael „Ata" wurde: Lameck auf seinem ersten Platz beim TuS Essen-West.

Am Anfang war die Asche: Landgraf auf seinem ersten Platz bei Rot-Weiß Mülheim.

Willi Landgraf
Das Kampfschwein

Er ist klein und war, wie seine Gegenspieler fanden, nicht selten auch gemein. Mit neun Platzverweisen hält Willi Landgraf den Zweitligarekord, ebenso wie mit 508 Einsätzen. So gefürchtet er bei seinen Gegnern war, so beliebt war er beim eigenen Anhang: Der Prototyp des ehrlichen Arbeiters wurde mit seinem unbändigen Einsatz und seiner gewinnenden Art auf jeder seiner Stationen zum Publikumsliebling.

Mangelndes Talent machte das „Kampfschwein" durch andere Qualitäten wett. „Als Kind träumt man davon, Feuerwehrmann, Polizist oder Fußballprofi zu werden. Dass es bei mir so geklappt hat, macht mich stolz. Denn es steckte eine Menge harter Arbeit dahinter", betont der 43-Jährige. Und es verwundert kaum, dass er auch noch im fortgeschrittenen Alter selbst gegen den Ball tritt, mitunter sogar auf Asche. Ein Gespräch über einfache Pässe und den Traum von der Bundesliga.

Willi Landgraf
(* 29. August 1968 in Mülheim) absolvierte zwischen 1986 und 2009 508 Zweitligaspiele (14 Tore) für Rot-Weiss Essen, den FC Homburg, den FC Gütersloh und Alemannia Aachen sowie 18 Regionalligaeinsätze (0 Tore) für Schalke II. Damit ist Landgraf der Rekordspieler der zweiten Liga. Heute trainiert er Schalkes U15 und leitet das Fußballcamp „Willis Revier". Nebenbei spielt er für den Bezirksligisten VfB Bottrop.

Willi Landgraf, wie wurden Sie zum Publikumsliebling?

Man könnte sagen, dass es am Namen liegt. Es ist halt einfach, „Willliiiiiiii" zu rufen. Aber es hatte auch damit zu tun, dass die Fans gesehen haben, dass ich alles für den Verein rausgeholt habe. Ich habe nie aufgegeben, egal, ob es 0:2 oder 4:0 stand.

Haben Sie die Popularität genossen?

Ja, sehr. Am Ende wurde ich nicht nur in der Stadt erkannt, in der ich gespielt habe, sondern in ganz Deutschland. Selbst im Urlaub wurde ich angesprochen. Das macht mich schon irgendwo stolz.

Obwohl Sie lange in Aachen spielten, haben Sie weiter im Revier gelebt. Warum?

Es ist ein schönes Gefühl, zu Hause zu sein. Deshalb bin ich immer hin- und hergependelt. Nur in meiner Zeit beim FC Homburg bin ich wirklich mal weg gewesen.

Obwohl Sie ein Kind des Ruhrgebiets sind, haben Sie nicht einmal die Hälfte Ihrer Karriere bei Revier-Klubs verbracht.

Ich war zwar lange bei Rot-Weiss Essen, aber natürlich hätte ich gerne mal bei einem großen Revier-Klub gespielt. Dennoch glaube ich, dass ich Dinge erreicht habe, die manche Erstliga-Spieler nicht verbuchen können.

Wie war es, plötzlich mit Aachen im UEFA-Cup zu stehen?

Es war der Wahnsinn. Das Spiel in Sevilla war das Highlight meiner Karriere. Wir wurden mit einer Polizeieskorte zum Stadion gebracht. Zehn Minuten vor dem Anpfiff war noch kein Mensch im Stadion. Und beim Anstoß war die Hütte rappelvoll. Dann überstanden wir auch noch die Gruppenphase, das war unglaublich.

Hätten Sie die UEFA-Cup-Einsätze manchmal gerne gegen einen Einsatz in der ersten Liga eingetauscht?

Wozu brauche ich die Bundesliga, wenn ich international spielen kann? Ich habe diese sechs Partien aufgesaugt, die werde ich nie vergessen.

Im Spätherbst Ihrer Karriere wurden Sie in den Schalker Profikader hochgezogen. Hatten Sie die Hoffnung, doch noch Bundesliga zu spielen?

Die erste Mannschaft hatte einen zu großen Ausländeranteil. Da war es einfacher, mich als Quoten-Deutschen zu nehmen, als noch einen dazuzuholen. Ich habe mal mit Mike Büskens geflachst, dass es noch klappen könnte mit meinem Einsatz. Aber damals war viel Theater im Verein, das war zu gefährlich. Das tut mir aber auch nicht weh.

Mittlerweile kicken Sie in der Bezirksliga. Warum tun Sie sich das an?

Ich bin als U15-Trainer auf Schalke sehr eingebunden. Aber wenn ich mal Zeit habe, spiele ich ein bisschen beim VfB Bottrop mit. Was ist denn schon ein Sonntag ohne Fußball? Für mich geht es da nur um den Spaß.

Ist der Amateurfußball denn nicht ein Kulturschock für Sie?

Viele können nicht mal einen geraden Ball spielen. Aber ich will den Jungs etwas auf den Weg geben. Und die Gegner sind überrascht, wie schnell ich noch mit meinen 43 Jahren bin. Zu Hause spielen wir auf Rasen, auswärts oft auf Asche. Ich liebe das, schließlich bin ich so groß geworden.

Werden Sie als Trainer irgendwann in der Bundesliga landen?

Ich habe den Traum, aber man muss auch Glück haben. Erstmal muss sich herumsprechen, dass ich etwas kann. Meine Ziele sind hoch, das habe ich Schalke auch so gesagt. Ich will immer einen Schritt weiterkommen. Und auf Dauer befriedigt es mich nicht, nur die U15 zu betreuen. Das war ein guter Einstieg, aber jetzt will ich höher kommen.

Der neue Lehmann: als TV-Experte im feinen Zwirn.

Jens Lehmann
Der Gelegenheits-Pensionär

Jens Lehmann musste bis zum Karriereende warten, ehe er seinen Dauerrivalen Oliver Kahn endgültig ausstechen konnte. Denn während Kahn letztmals 2009 für einen Posten in der Bundesliga im Gespräch war, als Manager auf Schalke nämlich, hörte Lehmann nie auf, ein Spekulationsobjekt zu sein. Nachdem er seinen Ruhestand für einen Aushilfsjob bei Arsenal London Anfang 2011 noch einmal unterbrach, weckte er im Sommer desselben Jahres das Interesse mehrerer Bundesligisten.

Es kam zwar nicht zu einem Engagement, weil er Schalke zu teuer und Leverkusen zu ambitioniert für die Rolle des Platzhalters von René Adler war. Aber dass der 42-Jährige auch noch im fortgeschrittenen Fußballer-Alter Begehrlichkeiten weckt, ist bemerkenswert. Schließlich lebt er eigentlich das typische Leben eines Pensionärs. Mit seiner Frau Conny und den drei Kindern Lieselotta, Matz und Lasse wohnt der gebürtige Essener in Berg am Starnberger See und ärgert sich darüber, dass der Gemeinderat den Bau eines Basketballplatzes auf seinem Anwesen nicht genehmigt.

Dabei hat er sich in Bayern doch so gut eingelebt: Den Hubschrauber, den er einst nutzte, um zum Training des VfB Stuttgart zu gelangen, hat man schon lange nicht mehr in der Promi-Gemeinde gesehen. Stattdessen heizt Lehmann betont lässig mit einer Vespa durch die Gegend, die ihm prominente Nachbarn wie Oliver Bierhoff und Fritz Scherer, den Vizepräsidenten des FC Bayern, beschert.

Das ist nicht unbedingt ausfüllend, zumal Berg eine recht überschaubare Ortschaft ist. Daher entflieht Lehmann von Zeit zu Zeit der Idylle, um sich gar nicht erst zu sehr ans

Pensionärsleben zu gewöhnen. Für den TV-Sender Sky ist er regelmäßig als Co-Kommentator und Experte im Einsatz, zudem ist er als Botschafter für verschiedene Stiftungen tätig. Die Aufgaben verschaffen ihm den Respekt, den er sich schon als Sportler verdient hatte.

Doch echte Sympathien kann und konnte Lehmann nur selten gewinnen. Er machte es den Fans nicht leicht, sich mit ihm zu identifizieren. Denn er passt so gar nicht in das gerne bemühte Bild des Menschen aus einfachen Verhältnissen, der sich durch den Fußball nach oben arbeitet. Lehmann ist ein Kind des Ruhrgebiets, aber er ist nicht im Schatten der Zechen, sondern in einem wohlbehüteten Elternhaus in Essen-Heisingen unweit des Baldeneysees aufgewachsen. Während er beim S04 spielte, hat er in Münster Volkswirtschaftslehre studiert, und seine Bildung stellt er gerne zur Schau. Auf Außenstehende wirkt das leicht überheblich, geradezu arrogant.

Doch wird man Lehmann damit gerecht? Natürlich ist er von sich selbst angetan, doch das sollte man einem nicht verübeln, der die gesamte Karriere über selbstsicher wirken musste, um im ewigen Duell mit Kahn keine Schwäche zu zeigen. Lehmann wurde in drei Ländern Meister, er gewann den UEFA-Cup und den FA-Cup. Trotzdem war das Tor der deutschen Nationalmannschaft lange Zeit für ihn vernagelt, weil ein „Titan" darin stand, der seinen Kontrahenten lieber weggebissen hätte, als ihm auch nur einen Einsatz im unwichtigsten Testspiel zu gönnen.

Mit der Zeit hat sich Lehmann aus Kahns Schatten gelöst, rechtzeitig vor seinem Karriereende. Die WM 2006 war seine Entschädigung für lange Jahre im Wartestand, gewissermaßen hat sie ihn auch mit dem Fußball-Gott versöhnt. Lehmann war an der Sonne, Kahn stand in seinem Schatten. Doch eines könnte er sich von seinem großen Rivalen doch noch abschauen: Der ist im richtigen Moment abgetreten, kompromisslos, wie es seine Art war.

Ein Schalker Held: Lehmann 1997 mit dem UEFA-Cup.

Jens Lehmann
(* 10. November 1969 in Essen) bestritt zwischen 1988 und 2011 394 Bundesligaspiele (2 Tore) und 74 Zweitligapartien für Schalke 04, Borussia Dortmund und den VfB Stuttgart, 148 Einsätze in der Premier League für Arsenal London, 5 Partien in der Serie A für den AC Mailand sowie 61 Länderspiele. Seine größten Erfolge: UEFA-Cupsieger 1997, italienischer Meister 1999, Deutscher Meister 2002, englischer Meister 2004, FA-Cupsieger 2005. Heute arbeitet Lehmann als Experte und Co-Kommentator für Sky.

Zu Hause im Revier: die „Ente" auf dem Lippenshof.

Willi Lippens
Der Individualist

Der Hausherr des Lippenshofs empfängt seinen Besuch in Gummistiefeln. Weil ein Unwetter tobte, muss er noch die heruntergefallenen Blätter aufkehren. Als dem Außenbereich nichts mehr von dem Orkan anzumerken ist, zieht sich Willi Lippens schnell um. Er kehrt in Adiletten und Socken zurück.

„Ich mag diesen Kontrast", sagt er über seinen Wohnort, der in Bottrop so nah an der B224 und doch mitten im Grünen liegt. 1979, zwei Jahre vor dem Ende seiner aktiven Karriere, baute er sich mit dem Hof ein zweites Standbein samt Restaurant und Fremdenzimmern auf. Dass der Sohn einer Deutschen und eines Holländers einmal im Ruhrgebiet heimisch werden würde, hätte er sich zu Beginn seiner Karriere kaum erträumt. Ein Gespräch auf seinem Hof, der keine fünf Kilometer Luftlinie von der Hafenstraße entfernt liegt, bietet entsprechend Anekdoten.

Willi Lippens
(* 10. November 1945 in Bedburg-Hau) absolvierte zwischen 1965 und 1981 242 Bundesligaspiele (92 Tore), 67 Zweitligapartien (23 Tore) sowie 155 Regionalligabegegnungen (107 Tore) für Rot-Weiss Essen und Borussia Dortmund. Zudem kam er auf einen Einsatz (ein Tor) für die niederländische Nationalmannschaft. Heute betreibt er mit seiner Familie den Lippenshof in Bottrop.

Willi Lippens, wie war es, als 19-Jähriger aus Kleve nach Essen zu kommen?
Es war ein riesiger Schritt. Zur damaligen Zeit herrschte noch das Klischee vor, dass in den großen Städten alles verprasst wird. ,Die Zechenarbeiter trinken nur und haben am 15. kein Geld mehr. Dann wird auf Pump gesoffen' – das war die vorherrschende Meinung auf dem Land. Meine Eltern waren dementsprechend nicht von meiner Entscheidung begeistert.

Dabei wäre der Ortswechsel beinahe an sportlichen Gründen gescheitert.
Ich habe zunächst bei Schwarz-Weiß Essen mittrainiert, die auch in der Regionalliga spielten. Der ETB wollte mich aber nicht, weil man von meiner Sorte schon genug Spieler hätte. Also bin ich zu RWE gegangen – das war ein großes Glück.

Wurden die Befürchtungen Ihrer Eltern denn bestätigt?
Nein. Aber es war nicht einfach, mit den 80 Mark, die ich zu Beginn verdiente, auszukommen. Im ersten Jahr habe ich eines von drei Fremdenzimmern bewohnt, die der Klub direkt unter der Stadiontribüne für die jüngeren Spieler errichtet hatte. Ich hatte einen 30 Quadratmeter großen Saal für mich, allerdings stand da außer meinem Bett und einem Kleiderschrank nichts drin. Aber wenn ich morgens raus bin, stand ich auf der Tribüne. Das war für mich toll, weil ich davon träumen konnte, wie das Stadion voll aussieht.

Hat sich in der Vorzeit der Nachwuchszentren jemand um Sie gekümmert?
Wir wurden von der Mutter unseres Platzwartes Jupp Breitbach betreut. Gegessen wurde, was man hatte: mal ein Graubrot mit Marmelade und Sanella, viel mehr war nicht drin. Der Wirt der Stadiongaststätte hat mir hier und da mal eine Frikadelle mit Senf oder ein Russenei zukommen lassen. Während der Saison gab es wenigstens nach dem Abschlusstraining ein richtiges Essen, Schnitzel zum Beispiel. Da habe ich doppelt und dreifach zugeschlagen.

Sehr schnell konnten Sie die Kalorien in Pflichtspielen verbrennen.
Ich habe Glück gehabt. Vor dem Pokalspiel gegen Karnap 07 hatte unser Rechtsaußen Gurkensalat gegessen, Wasser drauf getrunken und dann Durchfall bekommen. Unser Trainer Fritz Pliska fragte mich, was ich in Kleve gespielt habe. Ich sagte: „Rechtsaußen", obwohl das nicht stimmte. Also spielte ich und habe bei unserem 5:3-Sieg vier Tore gemacht. Danach konnte er mich nicht mehr rausnehmen.

Waren Sie damals schon der extrovertierte Typ?
Es wäre arrogant gewesen, wenn ich mir von den erfahrenen Spielern nichts angenommen hätte. Ich war noch nicht so aufreizend wie zu dem Punkt, als ich merkte, dass ich den anderen teilweise etwas überlegen war. Aber ich hatte meine Eigenarten, und die haben Trainer Pliska oft verzweifeln lassen. Aber das war mein Naturell.

Nach dem Bundesligaaufstieg im ersten Jahr wurden Sie sehr bald der Star der Mannschaft. Wie fühlte sich das an?
Von meinen 13 Jahren bei RWE war ich zehn Jahre ziemlich vorne. Das habe ich natürlich sehr genossen. Das Hobby zum Beruf zu machen und dann auch noch einer der Besten zu sein, ist genial, es gibt nichts Besseres auf der Welt. Selbst mit der Frau ist es ... teilweise ... na ja ... genauso gut (lacht).

Haben Sie die Nähe zu den Fans gesucht?
Ich habe wahrgenommen, wie die Zuschauer reagierten, wenn ich am Ball war. Ich habe es nicht darauf angelegt, der Publikumsliebling zu werden. Aber der Funke ist immer übergesprungen.

Sie haben drei Abstiege mit RWE erlebt. Wie oft hat sich die Frage nach einem Abgang gestellt?

Ständig. Die Mannschaft war nie stabil genug, und ich hatte außer von den Bayern so ziemlich von allen Vereinen aus der Nähe Angebote. Selbst Schalke hat mit mir gesprochen. Aber ich konnte nicht zu S04 wechseln. Das war utopisch, auch wenn ich das Doppelte verdient hätte. Ich konnte den Leuten nicht den Tomahawk in den Rücken knallen. Das wäre eine riesige Enttäuschung für die Fans gewesen – zumindest habe ich es so gesehen.

1971 waren Sie mit anderthalb Beinen beim Spitzenverein Ajax Amsterdam.

Eigentlich war schon alles klar, aber dann kam dieses Heimspiel gegen Werder Bremen. Beim Einlaufen wurde ich ausgepfiffen, weil schon in der Zeitung stand, dass ich gehen wollte. Dann habe ich nach 22 Minuten das 1:0 vorbereitet, und das ganze Stadion sang: „Willi, du darfst nicht gehen." Das war Gänsehaut pur, ich hätte heulen können. Und ich habe gedacht: „Scheiß was aufs Moos." So ist es mir immer ergangen.

Das Kapitel Niederlande stand unter einem schlechten Stern, auch in Sachen Nationalmannschaft. Sind Sie für das falsche Team aufgelaufen?

Ja, das ist einfach so. Ich bin meinem Herzen gefolgt und habe gesagt: „Bevor ich nicht mehr nach Hause kommen darf, spiele ich für Holland." Mein Vater wollte sich durchsetzen, und ich habe den häuslichen Frieden gewahrt. Ich habe mein Länderspiel gemacht und mein Tor geschossen. Aber ich wurde dort nie als Holländer anerkannt. Dabei wäre es ihre einmalige Chance gewesen, Weltmeister zu werden.

Wie bitte?

Wenn ich 1974 dabei gewesen wäre, hätten die Niederlande Deutschland im Finale geschlagen. Ich hatte zu der Zeit einen Lauf, der Berti Vogts hätte sich in die Hose gemacht. Es ist nicht zu beweisen, aber ich glaube fest daran, dass ich 1974 der einzige deutsche Weltmeister geworden wäre.

Dazu kam es nicht, weil Sie schnell zum Mobbing-Opfer der Oranje-Elf wurden.

Ich merkte schnell, dass eine gewisse Mauer vorhanden war. Die anderen haben mich einfach nicht akzeptiert.

Haben Sie sich später mit den niederländischen Spielern darüber unterhalten?

Die geben es natürlich nicht zu, warum auch? Im Endeffekt haben die anderen Piet Keizer geschützt. Er war schon etwas älter und brauchte das Geld, bevor er aufhörte. Damals gab es schon hohe Prämien für die WM-Teilnahme. Er spielte bei Ajax und war ein Freund von Johan Cruyff, daher war die Entscheidung aus Sicht der Mannschaft zu verstehen.

Trauern Sie der vergebenen Chance nach?

In den Wochen der Weltmeisterschaft hatte ich einen dicken Hals. Ich war auf Mallorca und habe Bier getrunken. Das Finale hatte ich nicht mal geschaut, sondern erst viel später. Aber heute ist das Geschichte.

Haben Sie sich jemals mit Ihrem Vater darüber unterhalten?

Ja, zum Schluss. Er hat gesagt, dass er einen Fehler gemacht hat. Ich muss ihm zugestehen, dass er einiges im Krieg mitgemacht hatte, gerade, was die Deutschen anging. Das muss ich voll akzeptieren.

1976 musste RWE akzeptieren, dass Sie in Richtung Dortmund wechselten.

Ich bin nicht untreu geworden, sondern rausgeschmissen worden. Der damalige Präsident Willi Naunheim hat sich von einigen Spielern beeinflussen lassen, die aus meinem Schatten herauswollten. Dieter Bast bereut das heute noch, auch wenn er sich nicht mehr so genau daran erinnert. Naunheim glaubte also, dass ich zu alt sei und dass man auch ohne mich klarkäme. Aber diese 20 Tore fehlten dann im Jahr darauf. 5:1 habe ich RWE mit Dortmund an der Hafenstraße erschossen, und dann waren sie weg.

War das eine Genugtuung für Sie?

Vor dem Spiel habe ich Bast bei Jupp Breitbach auf einen Kaffee getroffen. Ich sagte zu ihm: „Knie nieder und sag, dass du einen Fehler gemacht hast. Dann gewinnt ihr." Er antwortete: „Du kannst mich am Arsch lecken." Ich habe das 1:0 gemacht, danach waren sie weg. Es war mir ein innerer Reichsparteitag, dass die Jungs mal richtig einen gekriegt hatten, aber für den Verein war es scheiße. Ich habe mich nicht wohl gefühlt.

Nach zweieinhalb Jahren beim BVB ging es zu Dallas Tornado in die USA. War das schon das fußballerische Gnadenbrot?

Das war eine gute Zeit. Meine Jahrgänge von 42 bis 47 waren plötzlich alle da, um noch ein bisschen Geld zu verdienen. Das war nicht nur für meine Brieftasche, sondern auch für den Horizont wichtig. Ich war plötzlich ganz allein in der Fremde, weg aus meiner gewohnten Umgebung.

Warum sind Sie trotzdem nach wenigen Monaten zu RWE zurückgekehrt?

Ich hatte keine Lust mehr. Meine Kinder in Deutschland waren schulpflichtig, da wollte ich nicht weg sein. Und die zwei Jahre in Essen waren im Endeffekt hervorragend, zumindest das erste. Das waren einige der letzten Höhepunkte, die Rot-Weiss erlebt hat.

Wie ging es nach dem Ende Ihrer aktiven Karriere 1981 weiter?

Der zweite Vorsitzende Willi Jansen hatte mir zugesagt, dass ich in Essen einsteigen könnte. Aber als es so weit war, war er auf einmal krank und hatte keine Entscheidungsgewalt mehr. Dann hat man mich nicht mehr gebraucht. Also bin ich als Trainer nach Oberhausen gegangen – und war ganz schnell wieder weg!

Woran lag das?

Der RWO-Vorsitzende Hermann Schulz war ein Diktator. Ich war aber der Meinung, dass ich sportlich mehr drauf hatte und wollte mir nichts sagen lassen. Die Mannschaft, die ich geformt hatte, hat sogar den Aufstieg geschafft. Danach habe ich aber nur noch ein paar Amateurklubs trainiert.

Warum reichte es an der Seitenlinie nicht zur ganz großen Karriere?

Ich wollte es nicht. Schließlich war ich 17 Jahre lang für den Fußball unterwegs. Das hat mir gereicht. Für mich war es okay, ein bisschen Spaß mit den Teams zu haben, die ich trainierte. Aber es gab auch noch etwas anderes in meinem Leben, meine Frau und den Hof, den ich seit 1979 besitze.

Warum hat es außer einem Intermezzo als Coach 1998 nie mehr mit Ihnen und RWE geklappt?

In der Beziehung ist dem Verein nicht zu helfen. Man hat wirklich gute Leute in der Hinterhand, die bei Rot-Weiss gespielt haben. Da geht es nicht nur um mich, sondern auch um andere wie Horst Hrubesch, Frank Mill und Manni Burgsmüller. Die haben einen riesigen Erfahrungsschatz und könnten ihn einbringen. Aber dem Verein haben die falschen Leute vorgestanden, Selbstdarsteller, die sich profilieren wollten.

Wie intensiv verfolgen Sie das Geschehen noch?

Ich bin ab und zu im Stadion. Meine beiden Enkel sind dann mit dabei, sie sind mit dem RWE-Virus infiziert und somit fürs Leben gestraft (lacht). Ihre Freunde rennen zu Schalke und Dortmund, aber die Jungs werden immer wieder an die Hafenstraße geschleppt.

Ein Sympathieträger: Mill auf seinem ersten Platz beim BV Eintracht Essen.

Frank Mill
Der Publikumsliebling

Babyschaukler, Bombenleger oder Pistolero – kein Torjubel ist den Stars heute zu peinlich, um ihre Popularität zu steigern. Frank Mill hatte keine einstudierten Pirouetten nötig, um verehrt zu werden. Ob bei Rot-Weiss Essen, bei Borussia Mönchengladbach, Borussia Dortmund oder bei Fortuna Düsseldorf: Wo der wuselige Angreifer auch hinkam, überall avancierte er auf Anhieb zum Publikumsliebling.

Vielleicht lag es auch daran, dass Mill lernen musste, ein Kämpfer zu werden. Seine Giftigkeit war das richtige Mittel, um seine geringe Körpergröße zu kompensieren. Als 14-Jähriger machte er Tore am Fließband, doch den Spähern von RWE war er zu klein. Als er doch zu einem Trainingsspiel eingeladen wurde, stand es bei seiner Einwechslung 1:1. Am Ende siegte seine Mannschaft 6:1, Mill hatte fünf Mal getroffen. „Danach hatte ich einen etwas besseren Stand", lacht der Torjäger a. D.

Frank Mill
(* 23. Juli 1958 in Essen) absolvierte zwischen 1976 und 1996 387 Bundesligaspiele (123 Tore) und 157 Zweitligabegegnungen (87 Tore) für Rot-Weiss Essen, Borussia Mönchengladbach, Borussia Dortmund und Fortuna Düsseldorf. Zudem brachte er es auf 17 Länderspiele (kein Tor). 1990 wurde er Weltmeister, 1989 DFB-Pokalsieger. Heute betreibt er zahlreiche Fußballschulen in ganz Deutschland.

Frank Mill, waren Sie der geborene Publikumsliebling?
Mein Name hat mir geholfen. ‚Franky' als Verniedlichung, dazu meine geringe Körpergröße und der Kampfgeist – die Leute haben gedacht, ich bin einer von ihnen.
Das war aber nicht alles, oder?
Wenn die Anhänger das Gefühl haben, sie sehen ehrliche Arbeit, kannst du alles machen. Ich war ja auch oft schlecht, aber ich habe stets gewollt. Laufen und kämpfen kann man immer. Wenn du dann mal drei, vier Chancen versiebst, verzeihen dir das die Fans.
Beim gegnerischen Anhang standen Sie nie weit oben in der Beliebtheitsskala.
In Bochum haben sie bei jedem Eckball Müll statt Mill geschrien. Nach 15 Jahren kannte ich das und habe in die Kurve gewunken. Nach einer gewissen Zeit stumpfst du ab.
Hat manchen Trainern Ihre Popularität zu schaffen gemacht?
Als Ottmar Hitzfeld nach Dortmund kam, hatte er nur im Sinn, mich wegzukriegen. Zu der Zeit war ich Kapitän, und insgesamt hat die ganze Sache drei Jahre gedauert. Zunächst hat er mich auf die Bank gesetzt und mal eingewechselt. Ich hatte das Glück, dass ich ein Tor erzielt habe. Beim nächsten Jokereinsatz waren es zwei. So hat es sich hingezogen, bis ich 36 war. Da reichte es auch nicht mehr für den BVB mit Kalle Riedle und Flemming Povlsen.
Andere wie Norbert Dickel mussten sich strecken, um Ihren Status zu erreichen.
Nach seinen Toren ist er immer zum Zaun gerannt. Dafür habe ich Nobby manchmal nett beschimpft und ihn gefragt: „Du Idiot, was machst du da?"
Wären Sie heutzutage noch Publikumsliebling?
Das weiß ich nicht, da müsste man das Publikum fragen. Auf jeden Fall kam ich mit den Menschen immer ganz gut klar, weil ich ihnen ein gewisses Verständnis entgegengebracht habe. Man muss normal rüberkommen. Auch wenn es noch so schwer fällt, muss man nach dem Training stehen bleiben und 100 Autogramme schreiben.
Ist es ein Zufall, dass Sie immer im Westen geblieben sind?
Einmal hätte ich nach Italien gehen müssen. Das war der einzige Fehler, den ich mir zum Vorwurf mache. 1983 hätte ich zum AC Mailand wechseln können, 1984 zu Hellas Verona. Nach Hans-Peter Briegel wollten die mich auch holen. Letztlich wurde aber Preben Elkjaer-Larsen verpflichtet, der es prompt zum Torschützenkönig schaffte. Das hätte bei mir nicht genauso laufen müssen, trotzdem habe ich immer daran gedacht.
Warum hat es nicht geklappt?
Ich habe mich nicht getraut. Meine Tochter war klein, ich hatte mir gerade ein bisschen was aufgebaut, da wollte ich nichts riskieren.
So wurden Sie zur Legende, weil Sie 1986 gegen die Bayern freistehend vor dem leeren Tor nur den Pfosten trafen.
Das war doch auch so eine Sache, die zum Status als Publikumsliebling beigetragen hat. Irgendwann bin ich nach Amerika geflogen und habe nachts den Fernseher eingeschaltet. Plötzlich lief da meine Szene in diesem Hotelzimmer in San Francisco, direkt nach Basketballspielern, die den Korb abgerissen haben. Auch heute wissen es die kleinen Kinder dank Google. Die fragen mich immer noch, wie ich das geschafft habe. Ich wollte einmal Pierre Littbarski sein, war aber zu schnell und die Koordination passte nicht.
Geschadet hat Ihnen diese Szene aber auch nicht.
Wenn die Kinder kommen, ist es lustig. Aber wenn es mir zu viel wird, verweise ich auch schon mal auf meine 123 Bundesliga-Treffer.

Weit weg von der Bundesliga: Mölders auf seinem ersten Platz beim Vogelheimer SV.

Sascha Mölders
Der Ascheliebhaber

Im zarten Alter von dreieinhalb Jahren fing Sascha Mölders beim Vogelheimer SV in Essen mit dem Kicken an.
Doch in Sachen Profifußball entpuppte sich der Früh-
starter als Spätzünder. Seine nächsten Stationen hießen
Atletico Essen, SG Essen-Schönebeck, Schwarz-Weiß
Essen und Wacker Bergeborbeck und hatten mit dem
großen Sport herzlich wenig zu tun.

Erst mit 21 Jahren schloss sich der Angreifer der Reserve des MSV Duisburg an. Somit ist er einer der ganz
wenigen Profis, die nicht in einem Nachwuchsleistungs-
zentrum ausgebildet worden sind. Doch Mölders glaubt
nicht an das vermeintliche Ausbildungs-Defizit, genau
genommen trauert er sogar der Zeit auf Asche hinterher. Und auch sonst entpuppt sich der vierfache Familienvater eher als ungewöhnlicher Profi. Ein Gespräch
über ein Beinahe-Karriereende, das Glück in der Ferne
und eine große Liebe in der vierten Liga.

Sascha Mölders
(* 20. März 1985 in Essen)
bestritt seit 2007 28 Bundesligaspiele (4 Tore), 47 Zweitligapartien (18 Tore) und 52
Regionalligaeinsätze (42 Tore)
für den MSV Duisburg, Rot-
Weiss Essen, den FSV Frankfurt
und den FC Augsburg.

Sascha Mölders, fühlen Sie sich als Exot?

Jeder soll sein eigenes Ding machen, aber ich bin froh, in kleinen Klubs gespielt zu haben. Ich hatte einfach Spaß am Fußball und deswegen habe ich es auch geschafft.

Haben Sie die Jahre auf Asche geprägt?

Ja, absolut. Viele Fußballer kennen das gar nicht mehr. Wenn man auf so einem Boden groß wird, kann man mehr ab als andere. Es macht mich krank, dass auf meinem ersten Platz mittlerweile Kunstrasen liegt.

Haben Sie Ihren Spaß am Spiel jemals verloren?

Bei Schwarz-Weiß Essen haben wir in der B-Jugend vier Mal pro Woche trainiert. Das war für mich der Punkt, an dem ich mich gefragt habe: „Ist das wirklich das, was du willst?" Schließlich war das ein großer Aufwand, auch, weil ich am anderen Ende der Stadt gewohnt habe. Irgendwann habe ich meine Konsequenzen daraus gezogen.

Was haben Sie getan?

Nach dem ersten Jahr in der A-Jugend hatte ich keine Lust mehr auf Fußball. Daraufhin habe ich mich Wacker Bergeborbeck angeschlossen. Dort durfte ich schon bei den Senioren in der Bezirksliga mitspielen und habe ein paar Tore gemacht. Nach einer Saison bin ich zum ETB zurückgekehrt und habe in der Oberliga gespielt. Das war für mich schon eine hohe Spielklasse, deshalb habe ich es noch einmal versucht.

Ein Jahr später hätte es weiter nach oben gehen können.

Die Amateure von Borussia Dortmund wollten mich verpflichten, aber mein Vater sagte, dass ich erst meine Lehre als Anlagenmechaniker zu Ende machen sollte. Heute bin ich froh darüber. Denn nach einer weiteren Saison bei Schwarz-Weiß Essen bin ich zum MSV Duisburg gewechselt.

War das der Punkt, an dem Sie erstmals an eine Profikarriere geglaubt haben?

Ich kam mehr oder weniger aus dem Nichts. Nach zwei Monaten hatte ich schon zehn Tore in der Reserve geschossen und durfte mit der ersten Mannschaft trainieren. Das war für mich eine riesige Erfahrung. Und nach dem Aufstieg bin ich Profi geworden und habe elf Mal Bundesliga gespielt – ein super Erlebnis, der Traum eines jeden Kindes.

Warum sind Sie direkt danach zu Rot-Weiss Essen in die Regionalliga gewechselt?

Ich hatte ein paar richtig gute Zweitliga-Angebote, aber RWE war mein Verein. Als ich fünf Jahre alt war, hat meine Tante mich zum ersten Mal an die Hafenstraße geschleppt. Danach war ich bei jedem Spiel, meine ganze Familie besteht aus RWE-Fans. Als Kind habe ich davon geträumt, für den Verein zu spielen. Und dann wirklich dort aufzulaufen, war eine sehr emotionale Sache für mich.

Warum erfolgte nach anderthalb Jahren der Wechsel zum FSV Frankfurt?

Mir wurde gesagt, dass ich gehen muss, weil es finanziell schwer werden würde. Das tat mir weh, weil wir uns ein halbes Jahr vorher ein Haus in Voerde gekauft hatten.

Wie ist Ihre Beziehung zu RWE heute?

Es ist unfassbar, wie ich begrüßt werde, wenn ich mir die Spiele anschaue. Ich kenne fast alle, die ins Stadion gehen. Für das Match bei der Gladbacher Reserve bin ich extra aus Augsburg angereist. Eigentlich hat sich nur geändert, dass ich mittlerweile nur noch einen Sitzplatz habe. Meine kleinen Kinder sind dabei, die müssen auf den Schoß.

Ist irgendwann auch eine Rückkehr zu RWE denkbar?

Ich hoffe es. Denn ich möchte ganz sicher noch einmal in dem neuen Stadion spielen. Und grundsätzlich wird im Ruhrgebiet körperbetonter gespielt, das mag ich.

Alte Heimat: Neuer auf der Halde Rungenberg in Gelsenkirchen-Buer.

Manuel Neuer
Der Profi von heute

Es ist ein schönes Bild, das Manuel Neuer und Toni Tapalovic auf dem Trainingsplatz abgeben. Der eine ist vom Fan aus der Schalker Nordkurve zu einem der weltbesten Tor-hüter aufgestiegen. Der andere, weniger talentiert, aber ebenso ehrgeizig, wäre ohne sein ständiges Verletzungspech ein passabler Profitorwart geworden. Stattdessen wirft und schießt er seinem besten Kumpel die Bälle zu, wie einst in Gelsenkirchen. Doch Tapalovic ist nicht mehr Reserveschlussmann bei S04, er ist Torwarttrainer des FC Bayern.

An diesem Punkt schalten sich Herz und Verstand ein. Der Verstand kann nachvollzie-hen, dass Neuer Schalke verlassen hat. Er wollte nicht weg aus Deutschland, aber trotzdem für den besten Klub spielen. Da gab es nur eine Wahl. Das Herz aber, das in ihm einen der letzten vereinstreuen Profis sah, fragt tief gekränkt: „Was hat dich bloß so ruiniert?"

Die Antwort ist denkbar einfach: Es war nicht das Geld, denn davon hätte er als Schal-ker Ikone mehr als genug verdient. Es war die Gier nach Titeln, die sich an der Isar leichter stillen lässt. Mit seinem Herzensklub den DFB-Pokal zu holen, war eine große Sache. Aber Neuer strebt nach Größerem: Der Deutschen Meisterschaft, dem Gewinn der Champions League, Trophäen, auf die Schalke keinen selbstverständlichen Anspruch erheben kann Dabei hat Neuer lange nur den Anspruch, für Königsblau aufzulaufen. Er wächst in Gelsenkirchen-Buer auf, durch das Dachfenster seines Elternhauses kann er das Parkstadion sehen. Noch lieber geht er auf die benachbarte Halde Rungenberg, von der der Blick auf das weite Rund besser ist: „Als Kind habe ich oft dort gesessen und von der Profikarriere geträumt."

Für Neuer gibt es nur S04: Als Vierjähriger wird er Mitglied, mit fünf steht er erstmals für die „Königsblauen" zwischen den Pfosten und durchläuft sämtliche Nachwuchsteams. Mit sieben schaut er sich erstmals ein Spiel der Profis an, später fährt er mit seinen Freunden quer durch die Republik, um Schalke spielen zu sehen. Zu der Zeit tritt er auch dem Fanklub „Buerschenschaft" bei. Vor Heimspielen stellt er sich schon lange vor dem Anpfiff in die Kurve, um Jens Lehmann beim Aufwärmen zuzusehen. Das UEFA-Cupfinale 1997 verfolgt er noch im Fernsehen, die Meisterschaft der Herzen 2001 erlebt er aus nächster Nähe mit.

Noch näher wird es 2006, als er Frank Rost als Nummer eins ablöst. Neuer wird schnell zum Liebling der Fans, weil er selbst einer von ihnen ist. Die Anhänger wählen ihn vier Mal in Folge zum „Spieler der Saison", denn der Schlussmann paart starke Leistungen mit bedingungsloser Identifikation mit dem S04. Das Shirt der „Buerschenschaft" trägt er jahrelang bei jedem Einsatz unter dem Trikot. „Ich lebe meinen Traum", sagt Neuer einmal, und: „Ich weiß nicht, ob ich jemals weggehe."

2009 widersteht er noch dem Lockruf der Bayern, doch zwei Jahre später unterliegt der Fan dem Profi in ihm. Die Anhänger beider Klubs gehen auf die Barrikaden. Während ihn ein S04-Fan am Tag nach dem DFB-Pokalsieg beim Autokorso ohrfeigt, machen die Bayern-Ultras mit „Koan Neuer"-Plakaten Stimmung und sehen sich schließlich veranlasst, ihm einen Verhaltenskodex aufzuerlegen.

Vielleicht haben ihn diese Erfahrungen vorsichtiger werden lassen. So vorsichtig, dass er bei öffentlichen Auftritten mittlerweile aalglatt wirkt. Aus dem netten Manu, der mit Mama Marita und Bruder Marcel in einem Haus wohnt, ist Herr Neuer geworden, der mit seiner Freundin Kathrin nach dreijähriger Fernbeziehung gemeinsam in Bayern lebt. Man mag das bedauern, aber letztlich ist auch Neuer ein ganz gewöhnlicher Profi.

Dem DFB-Pokal mit Schalke sollen noch größere Titel mit den Bayern folgen.

Manuel Neuer
(* 27. März 1986 in Gelsenkirchen) absolvierte seit 2006 173 Bundesligapartien für Schalke 04 und Bayern München und seit 2009 25 A-Länderspiele für Deutschland. Seine größten Erfolge: U21-Europameister 2009, WM-Dritter 2010, DFB-Pokalsieger 2011, Deutschlands Fußballer des Jahres 2011.

Bei Union Berlin ist Neuhaus eine Konstante.

Uwe Neuhaus
Der eiserne Schweißer

Uwe Neuhaus ist gerne zu Hause. Das liegt zum einen daran, dass er daheim gänzlich vom Fußball abschalten kann. Zum anderen erinnert seine Bleibe ihn daran, was er erreicht hat: Sie liegt in Grunewald, dem Teil Berlins, der für die Reichen und Schönen reserviert ist. Dass Neuhaus in dieser edlen Lage heimisch geworden ist, hat er dem Fußball zu verdanken, gewissermaßen aber auch dem Zufall.

Lange Zeit sieht es nicht so aus, als ob der gebürtige Hattinger allein vom Sport leben könnte. Mit Ende 20 kann der gelernte Schweißer einige Erfahrung im höheren Amateurbereich sowie 31 Zweitligaeinsätze für Rot-Weiss Essen vorweisen. Mit Remscheid hat er gerade den Aufstieg ins Unterhaus verpasst, als das Angebot aus Wattenscheid kommt.

Neuhaus ahnt, dass er nicht mehr viele Verträge als Spieler unterschreiben wird. Der nächste Schuss muss sitzen, wenn es noch etwas mit dem Fußball werden soll. Er sitzt – und wie. Auf Anhieb wird der rustikale Abwehrspieler zur Stammkraft und hat maßgeblichen Anteil daran, dass am Ende der ersten Saison der Aufstieg in die Bundesliga steht.

Vier Jahre im Oberhaus sollen dem kleinen Stadtteil-Verein vergönnt sein, Neuhaus erlebt sie alle mit. Beim legendären 3:2-Sieg gegen die Bayern erzielt er einen Treffer, überhaupt trifft er recht häufig für einen, dessen Hauptaufgaben in der Defensive liegen. Doch auch er kann nicht verhindern, dass 1994 im vierten Anlauf erstmals nicht der Klassenerhalt gelingt. Neuhaus hängt noch ein Jahr in der Zweitklassigkeit dran und sammelt erste Erfahrungen als Trainer bei der SGW-Reserve und dem VfB Hüls.

Sein guter Ruf verhilft ihm 1998 zu einer Stelle als Co-Trainer von Michael Skibbe bei Borussia Dortmund. Er bleibt auch unter Bernd Krauss, Udo Lattek und Matthias Sammer Assistent. 2002 wird Neuhaus Deutscher Meister, es ist sein erster Titelgewinn. Doch zwei Jahre später ist kein Platz mehr für ihn bei den Profis. Der neue Coach Bert van Marwijk bringt seinen eigenen Co-Trainer mit, Neuhaus übernimmt notgedrungen die BVB-Reserve.

Die neue Rolle in der alleinigen Verantwortung entpuppt sich als Karrierebeschleuniger. Noch während der Saison wechselt Neuhaus zu Rot-Weiss Essen. In den letzten vier Spielen kann er den Abstieg aus der zweiten Liga zwar nicht mehr verhindern, dafür gelingt ihm im Folgejahr der direkte Wiederaufstieg. Doch die Euphorie ist schnell verflogen. RWE findet sich in den unteren Tabellenregionen wieder. Sein Sohn Carsten und seine Tochter Annika werden in der Schule angepöbelt, die Fans fordern seine Entlassung und beschädigen sogar sein Auto. Nach neun Punkten aus den ersten elf Spielen ist Schluss an der Hafenstraße.

Neuhaus, der eine halbe Ewigkeit in Essen wohnt, ist in der Reviermetropole plötzlich nicht mehr willkommen. Er spürt, dass es Zeit für eine Luftveränderung ist. Und tatsächlich: Im Sommer 2007 wird er neuer Trainer des Regionalligisten Union Berlin. Seine Frau Beate bleibt mit den Kindern in Essen. Zunächst pendelt Neuhaus regelmäßig. Doch mit dem Erfolg in der neuen – zunächst gelingt die Qualifikation für die 3. Liga, dann der Zweitligaaufstieg – wächst die Distanz zur alten Heimat. Neuhaus lässt sich von seiner Frau scheiden und zieht nach einer Zeit mit Britta Calmus, Unions Finanzbuchhalterin, zusammen.

Bei den „Eisernen" sitzt er so fest im Sattel, dass er sogar seinen Essener Weggefährten Nico Schäfer als kaufmännisch-organisatorischen Leiter installieren kann. Nach Bremens Thomas Schaaf ist Neuhaus der Trainer, der am längsten bei einem Profiverein angestellt ist. „Ich fühle mich mittlerweile als Berliner", sagt er. Und es scheint, als ob er sich noch länger an seiner Bleibe in Grunewald erfreuen könne.

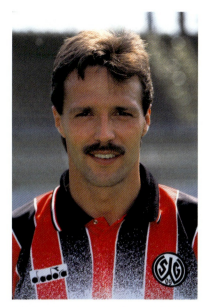

Schicker Schnäuzer: Neuhaus 1992 im Trikot der SG Wattenscheid 09.

Uwe Neuhaus
(* 26. November 1959 in Hattingen) bestritt zwischen 1986 und 1995 102 Bundesligaspiele (12 Tore) und 84 Zweitligapartien (5 Tore) für Rot-Weiss Essen und die SG Wattenscheid 09. Seitdem ist er als Trainer tätig, zunächst für die Wattenscheider Reserve und den VfB Hüls, dann als Assistent bei Borussia Dortmund, als Chef beim BVB II, bei Rot-Weiss Essen und seit 2007 bei Union Berlin. Seine größten Erfolge: Deutscher Meister 2002, Drittliga-Meister 2009.

Zwei Herzen in einer Brust: Neururer ist Schalker und Bochumer, jeweils durch und durch.

Peter Neururer

Der Lautsprecher

Wer Peter Neururer anruft, der hört „Born to be wild" in der Warteschleife, und der Song ist Programm. Das liegt nicht nur an den USA-Touren, die er mit seiner alten Bochumer „Harley-Connection" macht. Neururer hat keine Zeit, normal zu sein. Selbst in der Arbeitslosigkeit ist er umtriebig: Wenn er nicht als Experte für Sky und Sport 1 unterwegs ist, dann bildet er zwischendurch auch mal in Belgrad serbische Fußballtrainer mit Dragoslav Stepanovic als Dolmetscher fort.

Der ewige Feuerwehrmann steht ständig unter Strom, Zigaretten verschleißt er aber nur während der Jobsuche. 15 Marlboros raucht er momentan am Tag, vor der Vertragsunterschrift die letzte und im Job gar keine mehr. Sagt Neururer. Und auch über sein Image hat er einiges zu sagen. Ein Gespräch mit einem, der mitunter wie ein Lautsprecher wirkt und eigentlich doch gar keiner sein will.

Peter Neururer
(* 26. April 1955 in Marl) kam als aktiver Fußballer verletzungsbedingt nicht über den Amateurfußball hinaus. Dafür hat er als Trainer umso mehr Profivereine gesammelt: Seit 1987 war er für Rot-Weiss Essen, Alemannia Aachen, Schalke 04, Hertha BSC Berlin, den 1. FC Saarbrücken, Hannover 96 (zwei Mal), den 1. FC Köln, Fortuna Düsseldorf, Kickers Offenbach, LR Ahlen, den VfL Bochum und den MSV Duisburg tätig.

Peter Neururer, haben Sie Ihre Trainerkarriere Ihrem Mundwerk zu verdanken?

So kann man es sehen. Mein damaliger Marler Trainer Heinz Rudloff lotste mich mit 17 Jahren zum Probetraining beim Nord-Zweitligisten DJK Gütersloh. Ich musste das Spiel immer vor mir haben, um zu sehen, wen ich abgrätschen konnte. Meine Spielweise war sehr rustikal, mehr mann- als ballorientiert. Ich war weltklasse, ich habe nur in der falschen Liga gespielt. Und ich wäre der jüngste deutsche Profi geworden, wenn es nicht tragisch geendet hätte.

Was ist passiert?

Aufgrund meiner großen Klappe hat man mich beim fünf gegen zwei so dermaßen operiert, dass ich danach zwei Jahre an Krücken gegangen bin. Ich wurde böse gefoult und habe mir das Sprunggelenk, das Wadenbein und den Mittelfuß gebrochen, zudem waren alle Bänder gerissen. Mir war klar, dass es als Spieler nicht mehr für ganz oben reichen würde. Daher hatte ich den Wunsch, Trainer zu werden und in der Bundesliga zu landen. Die Leute haben gedacht, ich hätte sie nicht mehr alle auf der Latte.

Und trotzdem sind Sie recht schnell in den Profibereich gerutscht.

Beim A-Lizenz-Lehrgang habe ich Horst Hrubesch kennen gelernt. Er sagte mir, dass er mich bei seiner nächsten Station als Co-Trainer holen würde, wenn wir beide bestehen sollten. Zwei Jahre später kam tatsächlich der Anruf, ob ich am nächsten Tag bei Rot-Weiss Essen anfangen könnte.

Und Sie konnten?

Ich besaß Tennishallen und war als Lehrer tätig. Aber das war meine Chance, und von heute auf morgen habe ich die Hallen verkauft und den Schuldienst quittiert. Ohne Horst Hrubesch würde ich wahrscheinlich noch heute als Lehrer arbeiten. Ich bin ihm noch immer dankbar dafür.

Mit Anfang 30 sind Sie im Profifußball gelandet. Zählen Sie 20 Jahre später zum alten Eisen?

Entscheidend ist, wie man sich fühlt. Und ich fühle mich noch nicht einen Millimeter verbraucht. Ganz im Gegenteil: Mit der Erfahrung, die ich inzwischen habe, kann ich einige Dinge besser einordnen.

Klingt da ein wenig Trotz in Ihrer Stimme mit?

Ich war mal gemeinsam mit Christoph Daum der Jüngste in der Bundesliga, wobei Christoph sogar noch zwei Jahre älter ist. Jetzt gehöre ich zu den Erfahrenen. Und wenn einer 530 Spiele im bezahlten Fußball macht, kann man schon davon ausgehen, dass mal irgendwann zwischendurch etwas richtig gewesen sein muss. Sonst verschwindet man von der Bildfläche.

Machen Sie sich Sorgen, selbst bald verschwunden zu sein?

Nein. Im Augenblick bin ich zwar in der Abteilung Arbeitsamt in Gelsenkirchen und warte auf den Wiedereinstieg. Aber ich bin heiß und fit und will noch was machen.

Momentan geben die Vereine eher der Jugend eine Chance.

Worauf beruft sich ein Klub, wenn er in eine brenzlige Situation gerät? Wenn die Not ganz groß ist, dann logischerweise immer auf einen, von dem man weiß, dass er schon etwas erreicht hat. Da kann ich ja nicht einen so genannten Lehrling mal probieren lassen, ob es klappt. Daher sind erfahrene Trainer immer gefragt.

Sind Sie denn noch gefragt?

Seit mein Vertrag beim MSV Duisburg am 30. Juni 2010 ausgelaufen ist, habe ich immer mal wieder Angebote bekommen. Aber in meinem Alter muss ich nicht mehr alles annehmen. Das ist mein großer Vorteil. Ich arbeite nur in Vereinen mit absolutem Profitum. In meinem Alter habe ich keine Lust mehr, irgendwo im Amateurbereich zu trainieren. Nichts gegen Vereine wie Sandhausen oder Heidenheim, aber dorthin würde mich kein Geld der Welt locken.

Wie wichtig ist der schnöde Mammon denn?

Geld spielt keine Rolle! Meine Frau kümmert sich um die Finanzen. Wenn man so lange dabei ist und nicht durchgedreht ist, muss man nicht mehr unbedingt alles machen.

Trotzdem sind Sie jedes Wochenende in den Stadien unterwegs.

Ja, grundsätzlich immer. In erster Linie bin ich als Experte für Sky oder Sport 1 bei meinen Vereinen VfL Bochum und Schalke 04, des Öfteren auch beim 1. FC Köln.

Was ist es für ein Gefühl, nur Zuschauer zu sein?

Es gibt nichts Schlimmeres. Ich sitze da und denke: „Pass mal auf, das kannst du, vielleicht sogar besser als der ein oder andere. Aber im Augenblick bist du nicht gefragt." Das tut weh, keine Frage.

Ist es für Sie bei der Jobsuche von Vorteil, ein gewisses Image zu besitzen?

Ja, und ich hoffe, dass es so bleibt. Dass ich der etwas andere Trainer bin, hat auch mit meiner Fannähe zu tun und damit, wie ich mich nach außen verkaufe. Das ist authentisch, denn ich bin so.

Nicht jedem gefällt das.

Natürlich weiß ich, dass ich polarisiere. Das muss aber so sein. Und mir ist klar, dass ich nicht zu allen Vereinen passe. Das möchte ich auch gar nicht. Ehrlich: Mein Image interessiert mich nicht mehr.

Haben Sie sich Ihr Image nicht bewusst aufgebaut?

Ein Image schafft man normalerweise nicht alleine. Das wird gemacht. Natürlich stehe ich zu meinem Lebensmotto: „Schweigen ist feige." Aber es ist ein großer Unterschied, ob ich schweige, wenn ich gefragt werde, oder ob ich rede, wenn ich nicht gefragt werde. Bei mir wird es gerne mal so genommen, dass das Letztere der Fall wäre. Das ist aber nicht der Fall.

Woher rührt dieses Fehlurteil?

Gerade in der Journaille gibt es unheimlich viele Personen, die über mich werten, aber noch kein Wort mit mir gesprochen haben. Die beurteilen meine Arbeit nur anhand der Ergebnisse, und das stört mich. So wird ein Bild aufgebaut, das mir nicht entspricht. Andererseits kann ich es sowieso nicht ändern.

Vor einigen Jahren haben Sie Sportstudenten der Ruhr-Uni bei einem Vortrag über Trainingslehre und Leistungsdiagnostik mit Ihrer Fachkenntnis verblüfft.

Das glaubt kein Mensch, nicht? Es hängt doch immer davon ab, vor welchem Auditorium man redet. Wenn ich vor einer Gruppe Fußballfans rede, von der ich weiß, dass die intellektuelle Struktur so und so aussieht, dann muss ich mich doch mehr oder weniger anpassen. Ich möchte mich schließlich verständlich machen. Wenn ich weiß, dass ich mich auf einer anderen intellektuellen Ebene bewege, rede ich logischerweise der Situation angepasst. Ich muss doch nicht raushängen lassen, was für eine Bildung und wie viel Sach- und Fachkenntnis ich habe. Das interessiert die möglicherweise gar nicht.

Was uns interessiert: Wann bekommen Sie Ihren nächsten Job?

Das kann morgen sein.

Der Anfang einer Trainerkarriere: Neururer auf seinem ersten Platz bei der SpVg Marl.

Echter Gelsenkirchener: Nigbur auf seinem ersten Platz bei Heßler 06.

Norbert Nigbur

Verdammtes Schalke

Jung, ehrgeizig, gut und wahrscheinlich Deutschlands bester Torhüter seiner Zeit – Norbert Nigbur war in den 1970er Jahren für Schalke das, was Manuel Neuer später war: ein Pop-Star und gleichermaßen eine Identifikationsfigur. Doch anders als Neuer schaffte Nigbur nicht den Absprung zu den Bayern. Das hatte auch Auswirkungen auf seine Karriere in der Nationalmannschaft, in der er sich mit der Rolle als Reservist hinter Sepp Maier zufriedengeben musste.

„Beim FC Bayern hat man eine größere Lobby", betont Nigbur, um prompt ein Beispiel zu nennen: „Wenn Oliver Kahn in Karlsruhe geblieben wäre, hätte er auch nicht diese Karriere hingelegt." Nebenbei hätte der Weltmeister von 1974 als ehemaliger Bayern-Spieler vermutlich ein ganz anderes Standing in seinem Ex-Klub. Auf die Schalker Verantwortlichen ist Nigbur jedenfalls nicht gut zu sprechen, wie er im Interview betont.

Norbert Nigbur
(* 8. Mai 1948 in Gelsenkirchen) absolvierte zwischen 1966 und 1983 456 Bundesliga- und 38 Zweitligaspiele für Schalke 04 und Hertha BSC Berlin. 1974 wurde der sechsmalige Nationalspieler Weltmeister, 1972 holte er mit Schalke den DFB-Pokal. Heute besitzt Nigbur neben mehreren Immobilien auch einen Trabrennstall.

Norbert Nigbur, wie kommt es, dass Sie so selten für Deutschland gespielt haben?
Ich kann ja nur Sprüche zitieren, die über mich gemacht worden sind. Mehrere bekannte Spieler wie Franz Beckenbauer haben gesagt: „Wenn du bei Bayern München gewesen wärst, hättest du mehr Länderspiele gemacht."

Waren Sie besser als Sepp Maier?
Er war natürlich ein guter Torhüter. Aber er hatte den Vorteil, in einer Mannschaft zu stehen, die immer um den Titel mitgespielt hat. Sepp hat außerdem nicht so viel zu tun gehabt. Es gibt ein Bild, wie er während des Spiels einer Taube hinterherhechtet. Wenn ich das gemacht hätte, wären mir die Bälle um die Ohren geflogen. Ich habe in den Partien so viel auf den Kasten bekommen wie Maier im Torschusstraining.

Dabei hätten Sie 1972 mit Schalke fast das Double gewonnen.
Nach heutiger Rechnung wurden wir mit einem Rekordergebnis von 73 Punkten Vizemeister. Wenn man diese Mannschaft zusammengehalten hätte, wären wir Abonnement-Meister geworden. Wir waren gerade mal ein Jahr eingespielt, da passte alles zusammen. Aber dann kam der Bundesliga-Skandal.

Wie oft haben Sie Ihre Mitspieler verflucht, die in den Skandal verwickelt waren?
Ich habe erst gar nicht geglaubt, was da passiert. Während der manipulierten Spiele saß ich mit einer Meniskusverletzung auf der Tribüne. Mir fiel aber auf, dass unsere Torschützen ihre Treffer gar nicht bejubelt haben. In der Kabine wurde getuschelt, aber wenn ich reinkam, war plötzlich Stille. Diejenigen, die nichts damit zu tun hatten, haben sich gefühlt wie Aussätzige. Das war frustrierend.

Haben Sie Ihre Mitspieler auf den Skandal angesprochen, nachdem alles rauskam?
Wenn Sie mich so direkt fragen: nein. Die haben ja nicht nur ein Spiel verschoben, sondern anschließend noch einen Meineid geschworen. Keiner der Spieler hat es geschafft, darüber zu sprechen – zumindest nicht mit mir.

Bedauern Sie das?
Im Grunde genommen ging es ja um eine lächerliche Summe. Pro Spieler waren es 2.400 D-Mark, wenn ich recht informiert bin. Ich hätte das allein deshalb schon nicht gemacht, weil ich ein Spitzenverdiener war.

Wie ist Ihr Verhältnis zu Schalke heute?
Das muss man unterscheiden: Zu den handelnden Personen habe ich keinerlei Kontakt, zu den Fans aber schon. Die haben mich in die Schalker Jahrhundertelf gewählt, außerdem bekomme ich noch regelmäßig Autogrammwünsche. Dieser Kontakt wird nie abreißen, schließlich habe ich den Leuten viel zu verdanken. Und Schalke an sich bin ich auch noch immer verbunden, sonst hätte ich nicht die Anleihe gekauft. Ich will dem Verein zeigen, dass ich ihn unterstützen will – aber nicht den handelnden Personen.

Welches Problem haben Sie mit den Bossen?
Die binden die ehemaligen Spieler noch nicht einmal ehrenamtlich ein. Es gibt dann immer diese Ehrungen, aber sonst passiert nichts. Und wenn ich mich selbst im S04-Museum sehen möchte, muss ich Eintritt zahlen.

Ärgert Sie das Desinteresse?
Nein, es macht mich traurig. Wenn ich mich mit den anderen Spielern aus der Weltmeistermannschaft von 1974 treffe, höre ich, wie es woanders ist. Wenn ich denen von den Schalker Verhältnissen berichte, können sie es gar nicht glauben. Ich war ein gewisses Aushängeschild, werde aber so behandelt, als ob ich nie für Schalke gespielt hätte.

Einst weggejagt, nun willkommen: Holger Osieck in der Schalker Glückauf-Kampfbahn.

Holger Osieck
Der Weitgereiste

Holger Osieck ist ein weit gereister Mann: Aufgewachsen im Ruhrgebiet, Wahlheimat in der Schweiz, aktueller Hauptwohnsitz in Australien. Doch auch als Nationaltrainer am anderen Ende der Welt hat Osieck nicht vergessen, wo er herkommt. Schließlich haben ihn seine Anfangsjahre als Fußballer geprägt.

Als Zehnjähriger fing Osieck als Mittelstürmer bei Schalke 04 an, im Schatten der Glückaufkampfbahn auf schwarzer Schlacke. Der heilige Rasen gleich nebenan war Tabu, weil Platzwart Ernst Kalwitzki, der mit dem S04 sechs Mal Deutscher Meister wurde, mit Argusaugen über seine Anlage wachte. Später durfte Osieck erst mit seinem Kindheitsidol Willi Koslowski bei Eintracht Gelsenkirchen spielen, dann zog es ihn auf die bedeutendsten Plätze der Welt. Und dennoch trauert er angesichts der Veränderungen im Fußball gelegentlich der Zeit als Heranwachsender im Ruhrpott nach.

Holger Osieck
(* 31. August 1948 in Duisburg-Homberg) spielte für Schalke 04, Eintracht Gelsenkirchen, den SSV Hagen, den 1. FC Mülheim, den 1. FC Bocholt, die Vancouver Whitecaps und Rot-Weiß Oberhausen. Insgesamt bestritt er 55 Zweitligaspiele (10 Tore). Karriere machte er aber erst als Trainer. Seine größten Erfolge: Weltmeister 1990, Gold-Cup-sieger 2000 mit Kanada, asiatischer Champions-League-Sieger 2007 mit den Urawa Red Diamonds, türkischer Pokalsieger 1998 mit Kocaelispor. Seit August 2010 trainiert Osieck Australiens Nationalteam.

Holger Osieck, sind Sie als Gelsenkirchener Junge automatisch zum Schalke-Fan erzogen worden?

Ich hatte eine gewisse Affinität zu dem Klub, aber ich war nicht direkt fanatisch. Mein Vater und ich sind auch zu den Heimspielen von Rot-Weiss Essen gefahren, sogar zu Alemannia Aachen, wenn sonst am Wochenende nichts war. Es war eine ganz andere Zeit, nicht so verkrampft und verbissen wie heute. Ich finde es bedauerlich, dass mittlerweile immer mehr Hass durchkommt. Früher war die Haltung liberaler.

In welcher Weise?

Wenn Schalke in Düsseldorf gespielt hat, war die Stadionkneipe mit Fortunen und Königsblauen gefüllt. Da wurde dann vielleicht mal geflachst, aber es war nie bösartig oder gewalttätig. Das war eine schöne Zeit. Schade, dass das heute nicht mehr möglich ist.

Wo liegen Ihrer Meinung nach die Gründe dafür?

Die ganze Gesellschaft hat sich verändert. Ende der fünfziger Jahre war Deutschland noch im Aufbau. Da haben die Leute so harte körperliche Arbeit leisten müssen, dass sie gar nicht an Auseinandersetzungen interessiert waren. Die sind zu den Spielen gegangen, um Abstand vom Alltag zu gewinnen.

Wird dem Fußball heutzutage eine zu große Bedeutung beigemessen?

Durch die Kommerzialisierung hat sich das Gesamtbild entscheidend verändert. Die Vereine sind Wirtschaftsunternehmen geworden. Und wenn die Wirtschaft den Sport bestimmt, diktiert sie auch die Regeln. Ich habe mal mit Alex Ferguson darüber gesprochen. Er hat gesagt: „When you deal with the devil, you have to play according to his rules (deutsch: "Wenn du mit dem Teufel Geschäfte machen willst, musst du nach seinen Regeln spielen")." Da steckt alles hinter.

Können Sie sich mit diesem Geschäft identifizieren, dessen Teil Sie auch sind?

Als Nationaltrainer bin ich nicht so sehr mit diesem Kontext befasst. Und darüber bin ich eigentlich ganz froh.

Kann man als Nationaltrainer von Australien besonders ungestört arbeiten?

Der Erfolg spielt im Fußball immer eine große Rolle, egal auf welcher Ebene. Ich hatte einen sehr positiven Start, und das macht einiges leichter.

Kommt es Ihnen entgegen, dass Fußball in Australien nicht die Nummer eins ist?

Die Leute sind sehr begeistert, aber sie bleiben fair. Es ist eine andere Kultur, da ist Sport eher eine Familiengeschichte. Die tragen auch ihre Trikots und Schals, aber die Stimmung erinnert eher an eine Party.

In der Türkei haben Sie das andere Extrem kennengelernt.

Die Türkei ist immer etwas Besonderes. Da musste ich einige Dinge hinnehmen, die nicht ganz so einfach waren. Als Trainer von Fenerbahce Istanbul war ich bei einem der größten und populärsten Vereine des Landes. Auf der anderen Seite war man aber auch verhasst. Wenn wir in Anatolien gespielt haben, war es nicht sehr angenehm, auch nicht bei den Derbys gegen Galatasaray und Besiktas. Da war auch außerhalb des Spielfeldes immer sehr viel Trubel und Tumult.

Wissen Sie angesichts dieser Erlebnisse Ihre aktuelle Tätigkeit mehr zu schätzen?

Bislang habe ich in Australien sehr positive Erfahrungen gemacht. Und es ist nicht unerfreulich, dass immer mehr Australier in die Bundesliga kommen. Damit habe ich auch eine legitime Rechtfertigung, nach Deutschland zu reisen. Schließlich habe ich einen Bruder in Gelsenkirchen.

Mit 23 schon ganz oben: Mesut Özil.

Mesut Özil
Der Schweiger

Fünf Tage vor dem Auftakt der WM 2006 wird Mesut Özil erwachsen. Sein erstes Jahr auf Schalke krönt der Neuzugang von Rot-Weiss Essen mit dem Gewinn der deutschen A-Juniorenmeisterschaft. Sein Auftritt beim 2:1 im Finale gegen Bayern München beflügelt die Hoffnungen und Erwartungen, die in ihn gesetzt werden.

Schalke hat ihn schon ein halbes Jahr zuvor mit einem Profivertrag ausgestattet und will Özil als Lincoln-Ersatz aufbauen, obwohl er noch eine weitere Saison in der A-Jugend spielen dürfte. Und seiner Familie ist die Mietwohnung in Gelsenkirchen-Buer zu eng geworden. Mit Vater Mustafa, Mutter Gülizar, den Schwestern Duygu und Nese sowie seinem großen Bruder Mutlu teilt sich Mesut die kleine Bleibe. Möglichst bald soll ein Haus her, und ausgerechnet der 17-Jährige soll mit seinem Spiel dafür sorgen.

Die Last auf seinen Schultern schüttelt Özil auf dem Platz ebenso wie seine Kontrahenten ab. Er dribbelt einfach drauflos, ohne nachzudenken. So genial und extrovertiert der schmächtige Junge auf dem Platz ist, so zurückhaltend ist er außerhalb. Wenn es brenzlig wird, lässt er andere reden, seinen damaligen Berater Reza Fazeli oder seinen Vater.

„Mesut scheint gar keine eigene Meinung zu haben oder sie zumindest nicht vertreten zu dürfen", sagt sein Trainer Mirko Slomka, als Özils Schweigen auf Schalke zum Problem wird. Der Verein will den Hochbegabten langfristig an sich binden, doch der bleibt das Bekenntnis zum Klub schuldig.

Im Januar 2008 ist Özils Zeit auf Schalke abgelaufen. Er gilt nicht mehr primär als großes Talent, sondern als Raffzahn, dem selbst ein Millionenangebot des S04 nicht genug ist. „Er ist einfach nicht in der Lage, selbst eine Entscheidung über seine Zukunft zu treffen", wütet Slomka. Wenige Tage später ist die Entscheidung gefallen: Özil wechselt für fünf Millionen Euro nach Bremen.

Der Transfer entpuppt sich als Glücksfall für Werder – und für Özil, der einen gewaltigen Entwicklungssprung vollzieht. Der Spielmacher reift zum Leistungsträger, wird DFB-Pokalsieger, U21-Europameister und schließlich A-Nationalspieler. Dass er sich für die DFB-Auswahl entscheidet, empfindet Özil als Selbstverständlichkeit. Schließlich ist sein Vater bereits im Kindesalter nach Deutschland eingewandert.

Nach der WM 2010 steht für Özil derweil die Auswanderung an. Er wird mittlerweile wie ein Popstar gefeiert, gilt als Vorzeigepersönlichkeit der Multikultigesellschaft, ist mit Sarah Connors Schwester Anna-Maria Lagerblom liiert und nimmt einen Song mit Jan Delay auf. Da ist es nur konsequent, dass er auch sportlich ganz oben landet: bei Real Madrid.

Auch bei den „Königlichen" avanciert Özil rasch zum Stammspieler und wird von den spanischen Medien bereits als neuer Zidane gefeiert. Er lässt sich nicht anmerken, wie ihm die Trennung von Lagerblom zusetzt, die schon nach wenigen Monaten das Weite sucht. Genau genommen hat sich der Megastar, der 3,7 Millionen Fans auf Facebook vereint, eine Eigenschaft trotz aller Veränderungen bewahrt. Er bleibt zurückhaltend.

Selbst nach dem ersten Jahr in Madrid, das mit dem Pokalsieg endet, gibt er kaum Interviews, und wenn, dann ausschließlich auf Deutsch. Wenn er doch mal etwas sagt, kann man einen Eindruck nicht verhehlen: Der Junge mit den großen Augen und den noch größeren Sonnenbrillen, hinter denen er sich gern versteckt, ist nur sportlich in Madrid angekommen. Dabei wäre auch in Gelsenkirchen genug Platz für ihn. Seine Familie wohnt längst in einem schmucken Reihenhaus.

Bad Hair Day: Özil 2006 in seinem ersten Profijahr auf Schalke.

Mesut Özil
(* 15. Oktober 1988 in Gelsenkirchen) bestritt zwischen 2006 und 2010 101 Bundesligaspiele (13 Tore) für Schalke 04 und Werder Bremen. Seitdem spielt er für Real Madrid. Bislang absolvierte er 30 A-Länderspiele (8 Tore) für Deutschland. Seine größten Erfolge: DFB-Pokalsieger 2009, U21-Europameister 2009, WM-Dritter 2010, spanischer Pokalsieger 2011.

Ein griechischer Held: Rehhagel nach dem Gewinn der Europameisterschaft 2004.

Otto Rehhagel
Aus Altenessen in die Welt

Der Auftritt ist bemerkenswert: Otto Rehhagel erscheint pünktlich zum Fototermin an der Bäuminghausstraße in Essen-Altenessen. Hier, beim TuS Helene, hat er seine ersten Schritte als Fußballer gemacht. Das ist mittlerweile weit mehr als 60 Jahre her, doch der Trainer im Ruhestand tollt wie ein Kind auf seinem ersten Platz umher. Er jagt dem Ball hinterher, kommentiert seine Aktionen und hält dann, als ihm ein wenig die Puste ausgeht, das Leder hoch. Zum Abschluss nimmt er den Ball in die Hand, lässt ihn auf der roten Asche abtropfen und hämmert ihn ins Tor. Ein kleiner Jubellauf beendet das vierminütige Schauspiel, und plötzlich ist Rehhagel wieder Rehhagel.

Er will die Vereinsvertreter auf der Geschäftsstelle begrüßen, „das gehört sich so". Nachdem er der Schreibtischkraft die Hand geschüttelt hat, geht es ganz schnell. Auf die Bitte um ein Interview reagiert er unwirsch: „Junger Mann, der Grieche sagt: Dreifach ist der Gang der Zeit im Alter." Während man sich überlegt, ob die griechische Weisheit nicht doch eher von Schiller abgeleitet wurde, ist Rehhagel mit einem Lächeln in sein Riesenauto gestiegen und davongebraust.

Die Vielschichtigkeit ist Rehhagels ständiger Begleiter und gemeinsam mit seiner Jugendliebe und Ehefrau Beate wohl die bemerkenswerteste Konstante in seinem Leben. Denn Rehhagel funktioniert nur, wenn er widersprüchlich handelt: Im einen Moment ist er seinen Spielern väterlicher Freund, im anderen der Oberlehrer.

Rehhagel hat alles gewonnen, und das hat ihn zu dem Irrglauben verleitet, dass er auch alles könne. Dabei hat er streng genommen immer das gleiche Konzept verfolgt, dieses aber bis zur Perfektion vorangetrieben: gestandene Spieler zu einer Mannschaft zu formen und mit einer Taktik, die vor allem auf das Verhindern von Gegentoren ausgelegt ist, die Konkurrenz zu entnerven. Wer ihm das vorwirft, hat keine Ahnung vom Fußball. Trainer werden an ihren Erfolgen gemessen, und was das angeht, kann kaum jemand Rehhagel das Wasser reichen.

Was man ihm aber vorwerfen kann, ist die Art, wie er mit seinen Kritikern umgeht. Da lässt Rehhagel, der sich gerne als Kulturliebhaber geriert, nicht selten die Etikette vermissen. Selbst seinen Spezi Rolf Töpperwien ließ er nach dem WM-Aus der Griechen 2010 im Live-Interview stehen, weil der es wagte, die Frage nach seiner Zukunft zu stellen.

Diese Art, die auch als Arroganz ausgelegt werden kann, soll vermutlich Autorität und Stärke vermitteln. Rehhagel hat sich selbst einen Schutzschirm aufgebaut, seitdem er als „Notnagel" und „Torhagel" verspottet wurde. Das war, lange bevor er bei Werder Bremen eine Ära prägte, zu einer Zeit, als er noch von Kellerkind zu Kellerkind tingelte. Doch Rehhagel hat nicht vergessen, wie man mit ihm umgesprungen ist.

Ein einziges Mal versagte aber auch sein Abwehrmechanismus. Er werde nur noch Fachfragen beantworten, erklärte er einst auf einer Pressekonferenz. Die Reaktion der Journalisten ließ nicht lange auf sich warten. „Ich muss morgen das Kinderzimmer meiner Tochter neu streichen. Welche Dispersions-Farbe würden Sie mir empfehlen?", fragte einer voller Häme. Denn bevor Rehhagel zum Weltmann wurde, arbeitete er als Maler und Anstreicher auf Helene, der Zeche zu seinem Heimatverein. Als er zwölf Jahre alt war, starb sein Vater, so dass Rehhagel schnell etwas zur schmalen Rente der Familie dazuverdienen musste. Umso beachtlicher ist die Karriere, die er hingelegt hat. Vermutlich würde es leichter fallen, seinen Aufstieg zu bewundern, wenn Rehhagel sich ein wenig mehr Altenessen erhalten hätte.

Spielfreude: Rehhagel auf seinem ersten Platz bei TuS Helene Essen.

Otto Rehhagel
(* 9. August 1938 in Essen) spielte für Rot-Weiss Essen in der Oberliga und der 2. Liga West, zudem absolvierte er für Hertha BSC Berlin und den 1. FC Kaiserslautern zwischen 1963 und 1972 201 Bundesligaspiele (22 Tore). Als Trainer wurde er je drei Mal Deutscher Meister und DFB-Pokalsieger sowie Europapokalsieger der Pokalsieger und Europameister. Heute lebt er gemeinsam mit seiner Frau Beate in Essen und ist ab und an immer noch als Trainer im Gespräch.

Auch heute zehrt Ricken noch von dem Ruhm, den ihm sein Jahrhunderttor beschert hat.

Lars Ricken
Elf Sekunden für die Ewigkeit

Ein einziges Spiel reichte Lars Ricken, um vom Talent zur Legende zu werden. Ein Rückblick auf sein Traumtor, mit dem er das Champions-League-Finale 1997 zugunsten der Dortmunder entschieden hat.

Es ist ein lauer Sommerabend in München, eigentlich wie gemacht für einen Besuch im Biergarten. Und tatsächlich begibt sich Lars Ricken an diesem letzten Mittwoch im Mai auf eine Holzbank, um sich berauschen zu lassen. Mit Borussia Dortmund steht der 20-Jährige im Finale der Champions League gegen Juventus Turin. Oder, besser gesagt, er sitzt. Denn obwohl er den BVB mit seinen Treffern gegen Auxerre und Manchester United erst ins Olympiastadion geschossen hat, ist für ihn kein Platz in der Startformation vorgesehen. Er hat sich vorgenommen, zumindest ein bisschen sauer zu sein. Doch auch wenn er sich noch so sehr müht, er kann einfach nicht beleidigt sein. Dafür sind die, die spielen, an diesem Abend einfach zu gut.

Vor allem Karl-Heinz Riedle ist es, der den haushohen Favoriten Juve schockt und spätestens mit seinem

Lars Ricken
(* 10. Juli 1976 in Dortmund) bestritt zwischen 1993 und 2007 301 Bundesligaspiele (49 Tore) für Borussia Dortmund. Für die BVB-Reserve kam er bis 2009 auf 39 Regionalligaeinsätze (8 Tore), zudem bestritt er 16 Länderspiele (1 Tor) für Deutschland. Seine größten Erfolge: Champions-League-Sieger und Weltpokalsieger 1997, Deutscher Meister 1995, 1996 und 2002. Heute ist er als Nachwuchskoordinator für die Borussia tätig.

Kopfballtreffer zum 2:0 verdeutlicht, warum ihm die Fans den Beinamen „Air" verpasst haben. Der gebürtige Dortmunder Ricken kann seine Verzückung darüber kaum verbergen – auch wenn seine Chance auf eine Einwechslung dadurch radikal gesunken ist.

Doch als Alessandro Del Piero nach 66 Minuten per Hacke zum 1:2 für den Titelverteidiger einnetzt, scheint die Fortune der Borussen aufgebraucht. Und Ricken, seit einer Viertelstunde beim Aufwärmen, wünscht sich ganz schnell in einen Biergarten. „Man hatte das Gefühl, dass das 2:2 in der Luft lag. Ich hatte die Sorge, dass das Spiel kippen könnte", räumt der Dortmunder im Rückblick ein.

Doch soweit kommt es nicht, weil Ottmar Hitzfeld mal wieder gegen den Strom schwimmt. Statt Beton anzurühren, winkt der Trainerfuchs den offensiven Ricken herbei. Als Stephane Chapuisat für ihn vom Platz trottet, spürt der Youngster, wie das Adrenalin in ihm aufsteigt. Er trippelt unruhig von einem Fuß auf den anderen, kann es kaum abwarten, bis der Schweizer die Außenlinie erreicht hat. Und dann ist er gekommen, der Moment, der Rickens gesamte Karriere verändern soll.

Ein schnelles Abklatschen, ein kurzer Sprint, Pfiffe der Juve-Fans, Applaus der Dortmunder, ein genialer Pass von Andreas Möller, ein schneller Sprint, ein kurzer Blick nach oben, und dann ein Lupfer aus knapp 30 Metern. Juves Schlussmann Angelo Peruzzi steht zu weit vor dem Tor. Er reißt gar nicht erst die Arme hoch. Er weiß, es ist zu spät. Und dann ist das Ding drin. Elf Sekunden sind vergangen, seitdem der Mann mit der Rückennummer 18 auf dem Platz steht. Elf Sekunden, die aus einem viel versprechenden Talent einen Helden machen sollen, denn mit dem 3:1 ist der Sieg für den BVB besiegelt.

Ricken reißt die Arme in die Luft, er rennt Richtung Auswechselbank und lässt sich dabei nicht einfangen, schließlich hat er noch so viel Luft, so viel Kraft, so viel unbändige Freude in sich. Es ist der Moment, der ihm einen Platz in den Geschichtsbüchern und in den Herzen der Fans garantiert. „Wenn ich das zehn Mal so versuchen würde, würde es wahrscheinlich neun Mal nicht klappen", sagt Ricken später.

Doch diesmal ist das zehnte Mal, ein Augenblick, in dem er Rekorde bricht. Der jüngste Torschütze in einem Champions-League-Finale ist er, der schnellste sowieso – und wohl auch der glücklichste. Denn die Moral der Turiner ist nun gebrochen. Als erster deutscher Verein gewinnt der BVB die Champions League, dank seines Treffers.

Mit dem Schlusspfiff beginnt ein Interviewmarathon, der fast mehr Schweißperlen auf Rickens Stirn zaubern soll als der vorherige 20-Minuten-Einsatz. Und dann endlich ist er wieder bei seinen Mitspielern, die gemeinsam mit ihm zu Helden aufgestiegen sind. Doch die Stimmung in der Kabine des FC Bayern ist nicht so, wie man es nach dem Gewinn des wichtigsten Vereinstitels erwarten dürfte. Die Sektfontänen sind längst getrocknet, allenfalls in den Gesichtern lässt sich die Freude ablesen. „Es war keine rauschende Party, weil alle so erschöpft waren", berichtet Ricken. So bleibt ihm weder das anschließende Bankett im Sheraton-Hotel noch die Party in der Münchner Edel-Disko „P1" in bleibender Erinnerung, sondern vielmehr der folgende Tag in der Dortmunder Innenstadt.

Drei Stunden lang quetscht sich der BVB-Truck durch die City, die von hunderttausenden Fans gesäumt wird, ehe er schließlich den Friedensplatz als Gipfel der schwarzgelben Glückseligkeit erreicht. Erst in diesem Augenblick spürt Ricken, was er und seine Mitstreiter geleistet haben. „In so einem Moment weiß man, was man den Dortmunder Fans mit diesem Sieg gegeben hat. Wenn du auf dem Friedensplatz in die glücklichen Gesichter schaust, weißt du, warum du Fußball spielst", betont der Ur-Borusse.

Rummel in Amerika: Der Auswanderer in Diensten der Kansas City Spurs (Zweiter von links) begrüßt Dortmunds Trainer Oswald Pfau (rechts daneben) und seine Mannschaft zum Freundschaftsspiel.

Manfred Rummel
Der Entdecker einer neuen Welt

Wir schreiben das Jahr 1967: Manfred Rummel ist mit seinen 29 Jahren ein gestandener Bundesligaspieler. Er hat noch einen längerfristigen Vertrag beim 1. FC Kaiserslautern und kann sich eigentlich behutsam auf die Zeit nach der Karriere vorbereiten. Doch dann ereilt ihn ein Anruf, der sein Leben verändert. Rummel blickt auf seine Zeit als Fußball-Pionier in den USA zurück:

„Ich hatte in Kaiserslautern noch einen Zweijahresvertrag, als der Anruf von meinem ehemaligen Mitspieler Co Prins kam. Er kickte bei den Pittsburgh Phantoms und sagte: ‚Das ist einmalig, das musst du machen.‘ Damit hat er mich bekommen: Ich wollte dabei sein, wie in Amerika der Fußball groß gemacht wird. Das Land hatte ich im Rahmen einer Welttournee mit Preußen Münster schon kennen gelernt, zumindest San Francisco und New York. Also bin ich mit meiner Frau Renate und meiner sechs Monate alten Tochter Susanne ausgewandert.

Damals war die National Professional Soccer League noch eine wilde Liga, die meisten Spieler sind ohne Ablösesummen einfach abgehauen. Ich hingegen habe mich selbst für 10.000 D-Mark in Kaiserslautern freigekauft. Ein Fehler: Sechs Monate später fielen alle Spieler unter Amnestie. Die Ablöse hätte ich mir sparen können.

Wir spielten von April bis Oktober, analog zur Baseball-Saison. Mitunter ging es kurios zu. Ich war Kapitän bei den Pittsburgh Phantoms, als es vor einem Spiel in Toronto hieß: ‚Die Spielführer in die Schiedsrichterkabine.‘ Der Unparteiische machte sein Hemd auf und ich konnte es nicht glauben: Er hatte einen Sender um den Bauch. Über den wurde er informiert, wann der übertragende Fernsehsender CBS Werbung einblenden wollte. Wenn der Schiri ein Zeichen bekam, rief er: ‚Down!' Der Spieler, der gerade am Ball war, sollte dann hinfallen und liegen bleiben, solange die Werbung lief. Wir haben uns nichts dabei gedacht, und am Anfang klappte es auch ganz gut.

Co Prins war am Ball, der Schiri rief: ‚Down!', ich: ‚Co, umfallen!', und wupp, lag er da. Der Masseur kam und hat ihn behandelt, ehe das Zeichen kam, dass es weitergehen konnte. In der zweiten Halbzeit sollte noch einmal jemand hinfallen, und wieder war Co am Ball. Aber diesmal hat er einfach weitergespielt. Er meinte: ‚Ich war schon mal dran. Jetzt sollen sie sich einen anderen aussuchen.' Der Referee fing an zu schwitzen, weil er das Spiel ja nicht einfach unterbrechen konnte. Aber irgendwann hat es dann doch funktioniert. Ein paar Monate später ist die wilde Liga dann in die FIFA aufgenommen worden und ab da musste es ohnehin nach den offiziellen Regeln laufen.

Aber es blieb spektakulär. Einmal durfte ich mit Kansas City sogar gegen den FC Santos mit Pelé antreten. Wir haben vor 42.000 Zuschauern mit 1:4 verloren, aber es war ein unvergessliches Erlebnis. Vor allem, weil es so spontan war: Wir kamen gerade von einer zehntägigen Tour mit vier Auswärtsspielen zurück. Noch am Flughafen fing uns unser Manager ab: ‚Keiner geht nach Hause, heute Abend spielen wir gegen Santos.' Ich habe dem erstmal erklärt, dass das die beste Vereinsmannschaft der Welt ist. Er hat mir eine Hochrechnung entgegengestellt: Von der Zahl der Länderspiele wären wir genauso erfahren. Dabei wurde bei uns eh viel getrickst. Wenn einer zwei Einsätze für seine Nationalmannschaft absolviert hatte, wurden für die Presse 20 draus.

Nach zwei Jahren war das Abenteuer USA für mich beendet. Langfristig wollte ich nicht dort bleiben, weil meine Tochter in einen deutschsprachigen Kindergarten gehen sollte."

Rummel auf seinem ersten Platz beim KTV Kettwig.

Manfred Rummel

(* 22. Juli 1938 in Essen-Kettwig) spielte von 1958 bis 1963 für Schwarz-Weiß Essen in der Oberliga West und in der 2. Liga West. Dabei gewann er 1959 den DFB-Pokal und wurde 1962 Torschützenkönig der Oberliga West. 1963/64 spielte er für Preußen Münster in der Bundesliga, 1964/65 für Eintracht Duisburg in der Regionalliga West und von 1965 bis Ende 1966 für den 1. FC Kaiserslautern. Anschließend wechselte er in die USA, wo er für die Pittsburgh Phantoms und die Kansas City Spurs spielte. Als Trainer führte er Bayer Leverkusen und Rot-Weiß Oberhausen in die 2. Bundesliga und arbeitete bis zu seiner Pensionierung als Lehrer an der Vogelheimer Schule, einer Sonderschule. Für RWO war er noch 14 Jahre als Manager tätig, danach viereinhalb Jahre bis zum März 2011 als Geschäftsführer bei Schwarz-Weiß Essen.

Momentan die erste Heimat: Samy Sané in Wattenscheid.

Souleyman „Samy" Sané
Der Pionier

Als Samy Sané nach Deutschland kam, wurde er in den Stadien als „Neger" beschimpft und mit Bananen beworfen. Er ist trotzdem geblieben, bis heute. Und gewissermaßen hat auch er seinen Anteil daran, dass Affenlaute mittlerweile nur noch mit Anfeindungen gegen Oliver Kahn in Verbindung gebracht werden. „Ich bin Fan von Deutschland, weil ich hier lebe", sagt Sané.

Tatsächlich lebt er bis heute in Wattenscheid, seiner erfolgreichsten Station der Karriere – auch im privaten Bereich. Während seiner Zeit bei der SGW lernte er 1993 Regina Weber kennen, mit der er heute verheiratet ist. Ihre drei Söhne Leroy, Kim und Sidi spielen allesamt für den Nachwuchs von Schalke. Der Papa kickt derweil nur noch für Traditionsmannschaften, nachdem er seine Karriere 2010 beendet hatte. Ein Gespräch über glorreiche Jahre in der Bundesliga, Pionierarbeit in der Rassismusbekämpfung und französischen Wein.

Souleyman „Samy" Sané
(* 26. Februar 1961 in Dakar, Senegal) absolvierte zwischen 1985 und 1999 174 Bundesligaspiele (51 Tore) und 152 Zweitligapartien (65 Tore) für den SC Freiburg, den 1. FC Nürnberg und die SG Wattenscheid 09. Zudem spielte er in Frankreich, in der Schweiz und in Österreich als Profi und bestritt 55 Länderspiele für den Senegal. Erst im Jahr 2010 beendete er seine Laufbahn als Aktiver. Heute lebt er mit seiner Frau und den drei Söhnen in Wattenscheid und arbeitet für eine Spielervermittlungsagentur.

Samy Sané, wie fing das mit Ihnen und dem Fußball an?

Als ich drei Jahre alt war, bin ich mit meinen Eltern nach Toulouse gezogen. Mein Vater hat in Frankreich für die senegalesische Botschaft gearbeitet. Dort ging es für mich los, zunächst beim FC Blagnac, dann im Nachwuchsinternat des FC Toulouse.

Wie sind Sie schließlich in Deutschland gelandet?

Als der Einberufungsbescheid vom französischen Militär kam, war ich im Urlaub. Ich hätte ihn sofort an meinen Verein weiterleiten müssen, um in die Sportförderkompanie zu kommen. Als ich zurückkam, war es zu spät und ich hatte die Arschkarte gezogen. So war ich einen Monat in Villingen und dann elf weitere in Donaueschingen stationiert.

Haben Sie weiter Fußball gespielt?

Um überhaupt etwas zu machen, habe ich beim FV Donaueschingen in der Landesliga gekickt. Mein Verein war damit einverstanden. Es hätte ja auch keinen Sinn gemacht, wenn ich einmal im Monat zu den Spielen nach Frankreich gekommen wäre.

War der Schritt zurück in den Amateurbereich nicht frustrierend?

In der Winterpause habe ich mich Donaueschingen angeschlossen und habe direkt einen riesigen Schock erlebt. Rund um Toulouse schneit es kaum, aber im Schwarzwald stand der Schnee meterhoch. Und dann mussten wir auch noch auf Asche trainieren. Mir war das nicht geheuer, aber am Ende meiner Militärzeit bin ich sogar geblieben.

Was hat Sie zu dieser Entscheidung bewogen?

Mein Verein in Frankreich war sich nicht sicher, wie ich drauf bin, und hat mir einen Vertrag zu reduzierten Bezügen angeboten. Ich war trotzig, also habe ich mich für Donaueschingen entschieden. Die haben mir sogar das gezahlt, was ich vorher in Frankreich verdient habe. Meine Familie war entsetzt: „Wie kannst du nur in Deutschland bleiben?"

Es sollte sich für Sie lohnen.

In der nächsten Saison wurde ich Torschützenkönig und bekam Angebote vom VfB Stuttgart, den Stuttgarter Kickers, Offenbach, Kassel und Racing Straßburg. Aber ich wollte in Deutschland bleiben und habe mich schließlich für den SC Freiburg entschieden. In Deutschland gab es kaum schwarze Spieler, das war ein Anreiz für mich.

Wie ist das zu verstehen?

Ganz einfach: Alle haben mir gesagt, dass es für einen Schwarzen schwer sei, in Deutschland zu spielen. Was ich alles zu hören bekam: Es ist zu kalt, die Spielweise ist zu hart, die Schwarzen sind zu undiszipliniert. Der einzige Schwarze war Anthony Baffoe, der in Köln zwischen Profis und Amateuren pendelte. Irgendwann habe ich gesagt: „Ich will der Erste sein, der es richtig packt."

Wie haben Sie sich in Deutschland Mitte der achtziger Jahre gefühlt?

Im ersten Jahr in Freiburg war ich besser als andere, aber wurde zunächst nur eingewechselt. Wenn nichts mehr ging, kam ich und konnte die Mannschaft retten. Ich habe mich nicht geärgert, sondern einfach abgewartet.

Wie haben Sie den Rassismus in den Stadien erlebt?

Schwer zu sagen, ob lauter Rassisten in den Stadien waren. Ich denke, dass die gegnerischen Fans einfach sauer waren, dass ich gegen ihre Mannschaft getroffen habe. Vielleicht wollten sie mich einfach durcheinanderbringen. Die Bayern werden auch überall angepöbelt. Und bei den eigenen Anhängern wurde ich immer mit offenen Armen aufgenommen, egal, bei welchem Verein.

Was war Ihr schlimmstes Erlebnis in Sachen Rassismus?

Das war mit Wattenscheid in Hamburg. Die Fans haben 90 Minuten nur Theater gemacht und mich mit allem beworfen, was es gibt: Bananen, Orangen und andere Sachen. Wir haben den HSV immer geärgert, und ich war in der Meisterschaft und im DFB-Pokal der entscheidende Mann. Man sollte aber nicht alle HSV-Fans in einen Topf werfen. Das waren nur ein paar Rassisten. Leider haben sie es geschafft, die anderen mitzunehmen.

Was haben Sie sich bei den Anfeindungen gedacht?

Das sind Leute, die ins Stadion gehen, um ihren Frust rauszulassen. Für mich sind das Leute, die zu Hause und im Beruf nichts zu sagen haben. Und dann sollen die Ausländer an ihrer Situation schuld sein.

Warum haben Sie sich das angetan?

Am Anfang habe ich die Beleidigungen gar nicht verstanden, das ist erst nach und nach gekommen. Im zweiten Jahr in Freiburg hatte ich keine Lust mehr, mich dafür rechtfertigen zu müssen, dass ich schwarz bin. In jedem Spiel wurde ich von Zuschauern und Gegenspielern beleidigt und war drauf und dran, aufzugeben. Mein ehemaliger Chef vom Militär sagte: „Das machst du nicht. Du musst denen zeigen, wer du bist. Wenn du kämpfst, werden sie dich respektieren." Ich bin geblieben und habe gekämpft. Ich wollte beweisen, dass Schwarze in der Lage sind, überall zu spielen.

Haben Sie sich als Missionar gefühlt?

Ja, das kann man so sagen. Früher war es für eine deutsche Mannschaft undenkbar, einen Afrikaner zu verpflichten. Heute kann ich meinen Jungs sagen: „Ich habe mit Anthony Baffoe und später Anthony Yeboah die Tür für viele Schwarzafrikaner geöffnet."

Macht es Sie stolz, dass dunkelhäutige Spieler nicht mehr als Exoten wahrgenommen werden?

Ich freue mich, das zu sehen. Vielleicht kann man sagen, dass ich gemeinsam mit den anderen ein Pionier war. Aber die Entwicklung ist normal, denn Europa ist mittlerweile eins. Die Zeiten, in denen Unterschiede gemacht worden sind, sind vorbei.

Sie selbst haben nach drei Jahren Freiburg den Sprung nach ganz oben geschafft.

Ich bin Torschützenkönig der zweiten Liga geworden. Ab da kamen lauter Angebote aus der Bundesliga: Leverkusen, Hamburg, Uerdingen und Nürnberg. Letztlich habe ich mich für den FCN entschieden. Nach zwei Jahren wollte ich aber wieder weg, weil ich erfahren hatte, dass der neue Trainer Arie Haan auf der Suche nach einem Stürmer war. Ich hatte Angst, am Ende ohne Verein dazustehen. Eigentlich wollte ich zu Fenerbahce Istanbul, aber die haben sich mit Nürnberg nicht auf eine Ablöse einigen können. Also bin ich im Paket mit Stefan Kuhn in Wattenscheid gelandet.

Zu diesem Zeitpunkt waren Sie bereits 29 Jahre alt. Hätten Sie sich ausgemalt, zum Wattenscheider Urgestein zu werden?

Nein, überhaupt nicht. Wir hatten sehr schöne Jahre. Jedes Mal wurden wir vor der Saison abgeschrieben, weil wir keine großen Namen hatten. Trotzdem sind wir vier Jahre in der Bundesliga geblieben, weil wir nichts zu verlieren hatten. Dass wir so drei Mal die Klasse halten würden, war für mich selbst auch überraschend.

Als Sie Wattenscheid verließen, waren Sie schon 33 und haben dennoch weitere sieben Jahre im Profifußball verbracht.

Ich war wie französischer Wein: je älter, desto besser. Andere hätten in dem Alter einen Gang zurückgeschaltet, aber ich habe mich weiter fit für die erste Liga gefühlt. Ich hatte

Angebote aus Frankreich, aber ich wollte noch etwas Neues sehen und bin nach Innsbruck gegangen. In Österreich bin ich der erste schwarze Torschützenkönig geworden, und soweit ich weiß, bin ich immer noch der einzige.

1997 folgte die Rückkehr nach Wattenscheid.

Ja, notgedrungen. Ich war gerade seit anderthalb Jahren bei Lausanne in der Schweiz. Meine Frau Regina und ich wollten uns nach dem Karriereende dort niederlassen und hatten uns schon nach einem Haus umgesehen. Mit dem Klub habe ich um die Meisterschaft gespielt und stand im Pokalhalbfinale. Ich wollte endlich einen Titel gewinnen, aber ich hatte Klaus Steilmann nun einmal mein Wort gegeben.

Wie bitte?

Bei meinem Abschied aus Wattenscheid hatte ich ihm versprochen, dass ich da bin, wenn er meine Hilfe braucht. Und dann kam der Anruf. Die SGW hat in der zweiten Liga gegen den Abstieg gekämpft. Und meine Frau hätte auch etwas von einem Wechsel gehabt.

Inwiefern?

Sie sollte einen Job als Abteilungsleiterin in Steilmanns Firma bekommen. Steilmann war wie ein Vater für sie. Als sie wegen der Rhythmischen Sportgymnastik aus Norddeutschland nach Wattenscheid kam, hat sie bei ihm gelebt und wurde von ihm gefördert. So wurde sie sechs Mal Deutsche Meisterin und einmal Olympia-Dritte. Bis dahin hatte sie immer gemacht, was ich wollte. Nun war es an der Zeit, ihr etwas zurückzugeben.

Richtig erfolgreich war Ihre Rückkehr aber nicht, oder?

Im ersten Jahr haben wir es geschafft, in der Liga zu bleiben, im zweiten nicht. Eigentlich sollte ich nach dem Karriereende in den Verein einsteigen, aber dann kam Hannes Bongartz zurück. Im letzten Bundesligajahr hatten wir eine Meinungsverschiedenheit und ich saß ein, zwei Monate auf der Tribüne. Ich habe mir Sorgen gemacht, dass es wieder Ärger geben könnte.

Also haben Sie noch ein paar Jahre drangehängt?

Zunächst bin ich zum Linzer ASK nach Österreich gewechselt, dann nach Schaffhausen in die Schweiz. Aber mit 41 war es langsam Zeit, mit dem Fußball aufzuhören und zu meiner Familie nach Wattenscheid zurückzukehren.

So ganz Schluss war mit dem Fußball aber noch nicht.

Ich habe gemeinsam mit den ehemaligen Wattenscheidern Harry Kügler und Ede Buckmaier sechs Jahre für Rot-Weiß Leithe gekickt. Wir haben es von der Kreisliga A bis in die Landesliga geschafft. Dort habe ich auch noch für Wattenscheid 08 gespielt und nach einem Jahr Pause habe ich 2009/10 noch mal eine Saison als Spielertrainer beim DJK Wattenscheid in der Kreisliga B drangehängt. Ich habe mich aber nur eingewechselt, wenn es knapp war.

Was machen Sie heute beruflich?

Ich habe in der Spielervermittlungsfirma meines Beraters angefangen. Mittlerweile arbeite ich für die Agentur von Jürgen Milewski und Jens Jeremies. Dort bin ich gut aufgehoben. Eine Trainerkarriere habe ich abgehakt, weil ich die ganzen Scheine jetzt nicht mehr machen will. Ich habe keinen Bock, mich noch einmal auf die Schulbank zu setzen.

Ist Wattenscheid mittlerweile Ihre zweite Heimat geworden?

Im Moment ist es meine erste Heimat. Aber meine Frau und ich hätten kein Problem damit, eines Tages ins Ausland zu gehen. Aber mit unseren Kindern können wir das jetzt nicht machen. Vielleicht aber irgendwann, wenn sie nicht mehr zu Hause leben.

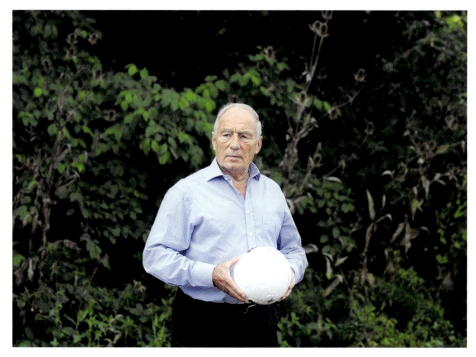
Schafstall auf seinem ersten Platz in Duisburg-Hamborn, der längst einem Parkplatz gewichen ist.

Rolf Schafstall

Der Feuerwehrmann

Wo Rolf Schafstall war, brannte es. Durch seine unnachgiebige Art erwarb sich der Trainerfuchs schnell das Image des harten Hundes, der auch der untalentiertesten Mannschaft noch zum Klassenerhalt verhelfen konnte. Dabei fand sich Schafstall selbst immer eher ehrgeizig als hart. Zumindest im Privaten lässt sich das durchaus belegen.

1963 hätte der Linksverteidiger von Hamborn 07 zu Borussia Mönchengladbach wechseln können. Doch Schafstall sagte Hennes Weisweiler ab – seiner Frau Hildegard zuliebe, die er bei einem Pfingstturnier in Pforzheim kennen gelernt hatte: „Es war eine Umstellung für sie, vom Tor zum Schwarzwald zur Thyssenhütte zu ziehen. Sie wollte unbedingt zurück nach Süddeutschland, daher bin ich nach Reutlingen gewechselt." Auf der Schwäbischen Alb sollte schließlich seine Trainerkarriere beginnen, die ihn zurück in den Westen führte

Rolf Schafstall
(* 22. Februar 1937 in Duisburg) ist ein Urgestein im Trainer-Geschäft. Im Profifußball war er für den MSV Duisburg, den Karlsruher SC, Rot-Weiss Essen, den VfL Bochum, Schalke 04, Fortuna Düsseldorf, Bayer Uerdingen, den VfL Osnabrück, Stahl Brandenburg, Dynamo Dresden, die Stuttgarter Kickers und Hannover 96 tätig. Heute lebt er mit seiner Frau Hildegard in Krefeld.

Rolf Schafstall, sind Sie der Prototyp des Feuerwehrmannes?
Feuerwehrmann, das ist ja auch so ein Ausdruck. Ich habe es von der Pike auf lernen müssen, mit schwierigen Situationen umzugehen. Das zog sich dann wie ein roter Faden durch meine Laufbahn. Ich liebte Arbeit, bei der es darum ging, einem Verein zu helfen – mit allem, was mir zur Verfügung stand.

Hat Sie die Zeit zwischen 1981 und 1986 beim VfL Bochum besonders geprägt?
Bochum war immer schwer, aber es hat Spaß gemacht. In den fünf Jahren hat uns Max Merkel in seiner Bild-Kolumne jedes Mal als Absteiger abgestempelt. Eines Tages kam er vor der Saison zu mir und sagte: „Wenn du es mit der Truppe schaffst, kriegst du von mir sechs statt der maximalen fünf Bälle in der Bewertung." Ich habe sie bekommen.

Warum haben Sie sich diese Bewertung verdient?
Wir konnten nur Jungspunde verpflichten. Meine teuersten Transfers haben 30.000 D-Mark gekostet, beispielsweise Stefan Kuntz, Christian Schreier und Uwe Leifeld. Um die erfahrenen Leute wie Ata Lameck, Lothar Woelk und Walter Oswald konnte ich viele Junge einbauen. Das klappte jedes Jahr, aber Merkel glaubte es nie.

War der Klassenerhalt mit dem VfL mehr wert als die Meisterschaft mit Bayern?
Ja, vor allem war es schwerer. Mit vielen Stars umzugehen und Meister zu werden, ist auch nicht einfach. Aber mit jungen Leuten ohne Erfahrung die Klasse zu erhalten – daran beißen sich viele die Zähne aus.

Später hat sich Rudi Assauer an Ihnen die Zähne ausgebissen.
Ich hätte nie nach Schalke wechseln dürfen. Der damalige Präsident Dr. Hans-Joachim Fenne wollte mich, Assauer aber nicht. Ich hatte gar keine Gelegenheit, mich vorher mit ihm zu unterhalten. Die Abneigung war von Anfang an da. Es war für mich ein sehr schweres Jahr, weil die Unterstützung von der Seite gefehlt hat.

Ist es ein Zufall, dass Ihre Trainerstationen überwiegend im Revier lagen?
Ich habe gerne im Ruhrgebiet gearbeitet. Die Mentalität ist eine andere als in Süddeutschland. Dort habe ich eine wunderbare Zeit erlebt, aber man spielte einen anderen Fußball. Im Ruhrgebiet ging es um Herzblut, Kampf, Einsatz, Willenskraft – das waren Dinge, die ich auch verkörperte.

Gibt es diese regionalen Unterschiede heute noch?
Es hat sich geändert. Damals gab es nur Eigengewächse, die aus der näheren Umgebung kamen. Den Ruhrgebietsfußball gibt es in der Form nicht mehr. Die einzigen, die das noch verkörpern, sind die Fans. Ob das auch für die Mannschaften gilt, bezweifle ich.

Sind Sie froh, dass Sie heute nicht mehr Trainer sind?
Nein, ganz und gar nicht. Ich würde gerne noch einmal arbeiten. Obwohl, genauer gesagt: Ich möchte heute noch einmal 40 Jahre alt und mittendrin sein. Der Beruf war für mich eine Berufung.

Sie galten immer als harter Hund. Stimmte das?
Ich war ein ehrgeiziger Hund. Pünktlichkeit und Fleiß waren Prinzipien, da musste alles stimmen. Aber für mich war vor allem eine hundertprozentige Fitness die Grundlage. Ich habe den Spielern einfach das abverlangt, was für die Kondition notwendig war. Wenn ich in Bochum keine fitte Mannschaft gehabt hätte, wären wir nicht so erfolgreich gewesen.

Und deshalb ist man gleich ein harter Hund?
Nein, das war ich auch gar nicht. Ich mochte dieses Image nicht. Vielleicht war ich manchmal ein bisschen sehr hart, aber das war dann auch notwendig.

„Ich wollte nicht wechseln": Schmidt auf seinem ersten Platz in Berghofen.

Alfred „Aki" Schmidt
Der Allrounder

Aki Schmidt hat schon so ziemlich alles für Borussia Dortmund gemacht: Tore geschossen, Titel gewonnen, Fans betreut und Akkordeon gespielt. Dabei sah es lange Zeit so aus, als würde er seinem Herzensverein nach dem Ende der Spielerkarriere ebenso wie dem Ruhrgebiet dauerhaft den Rücken kehren. Des Fußballs wegen zog er in die Nähe von Regensburg, die Heimat seiner Ehefrau Linde.

Und vermutlich wären die Schmidts dort auch bis zu ihrem Lebensende geblieben, wenn der Verein sich nicht ausgerechnet mitten im größten Erfolg seiner Geschichte 1997 an eine seiner größten Legenden erinnert hätte. Ein Gespräch über eine Kindheit im Krieg, eine Jugend zwischen Ford Taunus und schwarzer Asche und einen steinigen Weg, der ihn ohne Sepp Herberger vermutlich in einen Bungalow in München-Grünwald geführt hätte.

Alfred „Aki" Schmidt
(* 5. September 1935 in Dortmund) absolvierte zwischen 1956 und 1967 81 Bundesligaspiele (19 Tore) und 195 Einsätze in der Oberliga West (57 Tore) für Borussia Dortmund. Zudem bestritt er 25 Länderspiele (8 Tore) für Deutschland. Seine größten Erfolge: Europapokalsieger der Pokalsieger 1966, Deutscher Meister 1957 und 1963, DFB-Pokalsieger 1965. Als Trainer arbeitete er unter anderem für Jahn Regensburg und die Kickers Offenbach, mit denen er 1970 den DFB-Pokal gewann. Heute bietet Schmidt Stadionführungen durch die Dortmunder Arena an.

Aki Schmidt, wie war es, während des Zweiten Weltkriegs aufzuwachsen?
Der Krieg war ganz schlimm. Es gab heftige Angriffe, die ich als Kind hautnah miterlebt hatte. Das Haus meiner Eltern wurde im Krieg ausgebombt, als einziges in ganz Berghofen. Wir standen da und hatten nichts mehr, waren arm wie die Kirchenmäuse. Da blieb mir nur der Fußball. Wenn ich heute Bilder von Kindern in Afrika sehe, die nichts haben, dann erinnere ich mich an meine eigene Kindheit. Es war schlimm, das vergisst man nicht.

Wie sah Ihr Alltag als Kind aus?
Gleich nach der Schule haben wir bis abends mit Stofflumpen gepöhlt. Wenn wir Hunger hatten, sind wir über den Zaun geklettert und haben uns Äpfel und Birnen von den Bäumen gepflückt – egal, ob reif oder unreif. Und danach haben wir weiter gespielt. Zwischendurch kamen immer wieder die Sirenen und wir mussten in den Keller. Einmal haben wir nicht mit dem Fußball aufhören wollen. Auf einmal flogen die Jagdbomber 30, 40 Meter über uns und haben uns beschossen. Wir haben uns schnell an die Mauer gelegt, damit ja nichts passiert.

Gegen Ende des Krieges konnten Sie in Ihren ersten Verein eintreten.
Eines Tages gründete die Spielvereinigung Berghofen eine zweite Schülermannschaft. Ich wurde gefragt, ob ich mitspielen wolle. Ich wollte, hatte aber keine passenden Treter. Mein Vater hat mir zwei linke Bergmannschuhe mitgegeben: ein, zwei Nummern zu groß und furchtbar schwer. Er hat mir den Zeh platt gemacht, damit ich damit laufen konnte. Trotzdem habe ich im ersten Spiel drei Tore geschossen.

Wann wurde der BVB auf Sie aufmerksam?
Wir spielten auf der Straße, als mich jemand ansprach: „Der Vorstand von Borussia will, dass du mal zum Training kommst und dir das anschaust." Da war ich 13 Jahre alt. Zwei Vorstände haben mich mit einem Ford Taunus zum Training gebracht. Da gingen mir die Augen auf.

Wie ging es weiter?
Mit 14 wurde ich mit Berghofen Dortmunder Kreismeister. Im Endspiel habe ich vier Tore gegen Borussia geschossen und wir haben 4:3 gewonnen. Ab diesem Zeitpunkt wollte der BVB mich jedes Jahr verpflichten, aber das war mein Geheimnis. Meine Mitspieler wussten nichts. Ich wollte ja gar nicht wechseln.

Warum nicht?
Ich hatte einfach Schiss vor den vielen Menschen. 30.000, 40.000 Leute gingen in die Kampfbahn Rote Erde rein. Ich wusste, dass ich irgendwann zum BVB gehen würde. Aber ich habe immer gezögert, weil ich merkte, dass mir noch etwas fehlte. Ich wollte mich ja nicht blamieren.

1965 fühlten Sie sich endlich reif für den Wechsel.
Bevor der Verein zum ersten Mal Deutscher Meister wurde, sagten die Verantwortlichen: „So, jetzt ist endgültig aus. Jetzt holen wir dich." Der Obmann Heinz Dolle kam zwei Tage vor dem Endspiel in seinem schwarzen Opel Kapitän mit Weißwandreifen zu mir nach Hause. Die ganze Verwandtschaft lag im Fenster, das hatte sich in Berghofen wie ein Lauffeuer verbreitet. Und dann hat Dolle mir einen Vertrag vorgelegt. Die anderen Spieler haben 420 Mark im Monat verdient, aber ich sollte nur 240 Mark bekommen.

Wie haben Sie reagiert?
Am nächsten Tag bin ich mit der Straßenbahn zur Geschäftsstelle gefahren und habe den Vertrag zurückgebracht. Ich wollte auch die 420 Mark haben. Der Geschäftsführer sagte

zu mir: „Was bilden Sie sich ein? Andere lecken sich die Finger danach." Aber ich blieb stur, schließlich wollten mich auch Köln und Schalke verpflichten.

Ihre Sturheit hat sich gelohnt.

Dolle kam extra vor dem Endspiel mit dem Flieger aus Berlin zurück und hat ein Mordstheater bei mir zu Hause gemacht. Meine Eltern hatten Angst, aber am Ende bekam ich die 420 Mark. Und dann ging es rund. Jeden Abend habe ich Läufe im Schwerter Wald gemacht und mich richtig gequält. Ich wusste, dass ich das brauchte, um das hohe Tempo der anderen mitzugehen.

Wie gelang es Ihnen, sich direkt in die erste Elf zu spielen?

Ich war vielseitig und konnte nicht nur als Mittelstürmer und Halbstürmer spielen, sondern auch als Mittelläufer und Außenläufer. So konnte ich nicht so schnell aus der Mannschaft gedrückt werden. Genau genommen war ich zu der Zeit der erste Allrounder.

Es folgte ein kometenhafter Aufstieg.

Gleich im ersten Spiel in der Oberliga West habe ich zwei Tore gegen Schwarz-Weiß Essen geschossen. Und nach etwas mehr als einem halben Jahr war ich schon in der Nationalmannschaft.

Warum wurden Sie am Ende Ihrer ersten Saison trotzdem nicht im Finale um die Deutsche Meisterschaft eingesetzt?

Ich hatte vorher noch das entscheidende Tor erzielt. Aber der Trainer Helmut Schneider wollte mit der gleichen Mannschaft wie im Vorjahr noch einmal Meister werden. Das war eine Gemeinheit, die mich stark getroffen hat. Unser Vorstand hatte mich aufgestellt, aber drei Stunden vor dem Spiel teilte Schneider mir mit, dass ich nicht dabei wäre.

Wie haben Sie reagiert?

Ich war unheimlich enttäuscht, weil es so ungerechtfertigt war. Ich war ein Kandidat für die Wahl zum Fußballer des Jahres und dann kam dieser Hammer. Ich wollte direkt abhauen, weil ich es nicht mehr aushalten konnte. Ich bin aber geblieben und musste nach dem Endspiel im Sambazug zurück nach Dortmund. Alle haben gejubelt, aber ich konnte mich einfach nicht freuen. Ich war fertig.

War es ein Glück, dass eine Woche später ein Länderspiel anstand?

Ja. Sepp Herberger war in dieser Zeit laufend bei mir und hat mich wieder aufgebaut. Er sagte: „Aki, machen Sie sich keine Gedanken. Es ist schwer, aber das wird schon wieder." Ich hatte unheimlich viel Vertrauen zu diesem Mann. Er hat mir sehr dabei geholfen, über diese Sache hinwegzukommen. Aber ich hatte trotzdem lange Bedenken, ob ich überhaupt noch mal Deutscher Meister werde.

Hatten Sie einen Vereinswechsel erwogen?

Ja, das ist doch klar. Ich habe gedacht: „So kann man mich nicht behandeln." Ich hatte niemandem etwas getan und immer mein Bestes gegeben. Ich habe mich immer wieder gefragt, warum der Trainer mich nicht aufgestellt hat. Eintracht Frankfurt und Bayern München wollten mich. Der damalige Bayern-Präsident Roland Endler hatte mir schon einen Bungalow in Grünwald versprochen. Aber Borussia war mein Herzensverein. Und außerdem war Schneider am Morgen nach dem Endspiel schon in Pirmasens. Aber der ausschlaggebende Mann für meinen Verbleib war Sepp Herberger.

Weshalb?

Ich habe ihn um seinen Rat gebeten. Ich dachte, er würde mir empfehlen, zu den Bayern zu gehen, weil Endler sein Freund war. Stattdessen sagte er: „Bleiben Sie in Dortmund.

Die sind alle alt dort. Sie werden eines Tages alles in die Hand bekommen." Darauf habe ich gehört.

Ist es eine Genugtuung, dass Sie als Leistungsträger noch zahlreiche Titel mit dem BVB gewonnen haben?

Ja. Das Größte war die Deutsche Meisterschaft 1963, als ich im Finale gegen Köln selbst noch ein Tor geschossen hatte. Ich habe dem lieben Gott dafür gedankt, dass ich den Titel doch noch gewonnen habe. Schließlich war ich damals auch schon 28. Und dann sind wir auch noch DFB-Pokalsieger und als erste deutsche Mannschaft Europacupsieger geworden – was will ich denn mehr?

Gab es auch in späteren Jahren noch einmal den Gedanken, den Verein zu verlassen?

Ich hatte Angebote aus Sevilla, Valencia und 1965 von Hertha BSC. Ich habe mich schon zu Verhandlungen mit Wolfgang Holst in Berlin getroffen, aber Borussia hat das irgendwie spitz gekriegt. Nach meiner Rückkehr rief mich unser Manager Heinz Storck an: „Wenn du weggehst, bekommen wir Willi Multhaup nicht als Trainer. Du musst hier bleiben." Letztlich habe ich mit meinen 31 Lenzen noch einen Fünfjahresvertrag erhalten. Nach drei Jahren habe ich aber gesagt: „Kommt, ich hab keinen Bock mehr."

War es für Sie immer klar, nach dem Ende Ihrer Karriere selbst Trainer zu werden?

Ich bin sofort Trainer in Regensburg geworden. Meine Frau stammte von dort und Herberger hatte auch da wieder seine Hände im Spiel. Es ging alles recht schnell. Aber ich habe nicht spontan gehandelt. Wenn ich etwas entscheide, dann überlege ich sehr lange.

Nach zwei Jahren folgte Ihr größter Erfolg als Trainer.

Ich bin zu den Kickers Offenbach gewechselt, mit denen ich 1970 DFB-Pokalsieger wurde. Danach wollten sie Deutscher Meister werden, dabei hat die Mannschaft über ihre Verhältnisse gespielt. Ich habe gesagt: „Bleibt auf dem Teppich." Aber die Erwartungen waren so groß, dass ich irgendwann entlassen worden bin.

Warum war Ihre Trainerkarriere im ganz großen Fußball damit beendet?

Ich war anschließend in Pirmasens und noch einmal in Regensburg. Dort habe ich auch schon im Schuldienst gearbeitet. Und irgendwann war mir der Job als Lehrer für Deutsch und Sport wichtiger, so dass ich nur noch kleinere Vereine übernommen habe. Das war nicht mehr so hektisch, aber schön.

Wie kam es später zu Ihrer Rückkehr nach Dortmund?

Wir hatten uns in der Nähe von Regensburg ein Haus gebaut und ich habe gedacht: „Das ist es." Aber vor dem Champions-League-Finale 1997 rief Dr. Gerd Niebaum an und wollte mich als Fanbeauftragten holen. Zunächst war ich skeptisch, habe es aber doch gemacht und bin elf Jahre geblieben. In der Zeit ist die Zahl der Fanklubs von 200 auf über 500 angestiegen.

Heute bieten Sie täglich ein bis zwei Stadionführungen an.

Die Stadionführungen sind mein Kind. Ich war der erste, der das gemacht hat. Pro Jahr werden 1.200 Gruppen mit je 40 bis 50 Leuten da durchgeschleust, das ist schon Wahnsinn. Ich hätte nicht gedacht, dass ich das Stadion jeden Tag sehen kann. Aber wenn ich das nicht machen würde, dann würde mir etwas fehlen.

Können Sie sich überhaupt vorstellen, Dortmund noch einmal zu verlassen?

Ich weiß nicht, ob wir in unser Haus nach Regensburg zurückkehren oder hier bleiben werde. Es ist ja doch immer wieder ein Erlebnis, in Dortmund ins Stadion zu gehen. Da unten kann ich in den Wald gehen, da ist es wahnsinnig ruhig.

Plötzlich Bundesliga: Lukas Schmitz übersprang innerhalb weniger Wochen gleich drei Klassen.

Lukas Schmitz
Im dritten Anlauf

Es gibt nicht viele (ehemalige) Schalker, die gut auf Felix Magath zu sprechen sind. Lukas Schmitz ist einer der wenigen. Denn der Trainer hat in dem Linksverteidiger etwas erkannt, das andere nicht sahen: einen Bundesligaspieler. In der Rückrunde der Saison 2008/2009 war der damals 20-Jährige in der Rückrunde nur noch Einwechselspieler beim VfL Bochum II, Aussichten auf eine Chance im Profibereich gab es nicht.

Einigermaßen frustriert wechselte er im folgenden Sommer zur Schalker Reserve: wieder Regionalliga, aber ein größerer Vereinsname, immerhin. Aus dem kleinen Sprung wurde binnen weniger Wochen ein gigantischer. Drei Monate nachdem er beim Spiel zwischen Bochum II und Trier eingewechselt worden war, feierte Schmitz sein Bundesligadebüt auf Schalke – in der Startelf. Mittlerweile spielt er für Werder Bremen, doch an die Anfänge seiner Profizeit denkt er heute noch gern zurück.

Lukas Schmitz
(* 13. Oktober 1988 in Hattingen) absolvierte seit 2008 66 Bundesligaspiele (2 Tore) und 30 Regionalligapartien (3 Tore) für den VfL Bochum, Schalke 04 und Werder Bremen. Zum Abschluss seiner Zeit auf Schalke wurde er 2011 mit dem Verein DFB-Pokalsieger.

Lukas Schmitz, warum benötigten Sie drei Anläufe, um im Oberhaus zu landen?
Beim ersten Mal bin ich als Elfjähriger zum VfL Bochum gewechselt. Ich habe mich dort damals aber nicht wohl gefühlt. Wir waren in einer Liga mit kleineren Mannschaften und haben jedes Spiel 10:0, 15:0 gewonnen. Da habe ich mich nicht gefordert gefühlt. Also bin ich zurück zur TSG Sprockhövel gegangen. Die hat eine Klasse tiefer gekickt, aber zumindest waren die Partien enger.

Sieben Jahre später haben Sie ein zweites Mal den Schritt nach Bochum gewagt.
Ich hatte mehrere Angebote. Wenn ich nach Schalke gegangen wäre, hätte es vielleicht zwei Jahre früher mit dem Sprung in den Profifußball geklappt. Aber ich hatte gedacht, dass ein kleinerer Verein wie der VfL eher auf die Jugend setzt und dass es dort einfacher sein würde, hochzukommen. Dass es nicht geklappt hat, war sehr bitter für mich.

Hatten die Bochumer Verantwortlichen keine Ahnung vom Fußball?
Das würde ich so nicht sagen, aber die Gewichtung war für mich damals schwer nachzuvollziehen. Einige Spieler, mit denen ich damals beim VfL zusammengespielt habe, haben sich mittlerweile im Profibereich etabliert, hatten in Bochum aber keine Chance auf Einsätze bei den Profis. Ich kann mir vorstellen, dass sich der ein oder andere inzwischen über seine Entscheidung ärgert.

Innerhalb weniger Monate haben Sie den Sprung vom Einwechselspieler der Bochumer Reserve zum Schalker Shootingstar vollzogen. Wie haben Sie diese Entwicklung verarbeitet?
Mein Ziel war immer, in die Bundesliga zu kommen und dort möglichst Stammspieler zu werden. Die Hoffnung habe ich nie aufgegeben.

Wie haben Sie Ihre Anfangszeit auf Schalke erlebt?
Ich hatte einen Lauf, alles hat geklappt. Das habe ich nicht hinterfragt, sondern einfach gemacht. Felix Magath hat der Jugend das Vertrauen geschenkt, das wurde irgendwann ein Selbstläufer.

Haben Sie dort auch ein wenig von dem Glück nachgeholt, das in Bochum fehlte?
Wenn wir die ersten zehn Spiele verloren hätten, wäre es schwer geworden. Aber durch den Erfolg auf Schalke und dadurch, dass ich regelmäßig gespielt habe, hat sich vieles schnell verselbstständigt.

Ihren Stammplatz auf Schalke haben Sie nach anderthalb Jahren verloren.
Unter Magath habe ich das Vertrauen gespürt, dass man als Profi braucht, um gute Leistungen zu bringen. Das hat sich nach seinem Weggang geändert. Ich habe trotzdem weiterhin in jedem Training alles gegeben und versucht, mir Einsätze zu erarbeiten. Am Ende der Saison habe ich dann aber den Entschluss gefasst, dass ich eine neue sportliche Herausforderung suchen würde.

Dennoch haben Sie auch unter Rangnick Sternstunden in der Königsklasse erlebt.
Die Spiele in der Champions League sind etwas ganz Besonderes. Da schaut die ganze Welt zu. Ich habe einige Kumpels in Amerika. Die haben die Spiele gegen den FC Valencia und Inter Mailand live gesehen. Das war fantastisch. Hoffentlich kann ich das mit Werder Bremen auch bald wieder erreichen.

Wie fühlen Sie sich nun als Millionentransfer?
Sie werden bestimmt auf den Druck anspielen. Den hat man aber immer, sobald man vor vielen Leuten Fußball spielt. Ich konzentriere mich auf das, was ich kann, und blende alles andere aus.

Willi Schulz hat ein feines Näschen für Geldgeschäfte.

Willi Schulz
Der Geschäftstüchtige

Wenn Willi Schulz sich morgens in seine Luxuskarosse schwingt, kommt ihm Max Merkel in den Sinn. Der sagte einst, dass die besten Fußballer diejenigen wären, die nach ihrer Karriere noch einen Mercedes fahren können. Schulz fährt einen Audi A8. „Der ist besser, weil er Allradantrieb hat", sagt das Ehrenmitglied des HSV und lacht dabei sein breites Lachen.

Tatsächlich ist der „World-Cup-Willi" von 1966 einer der wenigen Fußballer seiner Zeit, die heute Millionäre sind. Den Reichtum hat er seinem Geschäftssinn zu verdanken, der ihn schon während seiner Zeit als Aktiver auszeichnete und ihn schließlich nach Hamburg führte. Besser gesagt: nach Norderstedt, direkt vor den Toren der Hansestadt.

Seit 1965 lebt der gebürtige Wattenscheider hier mit seiner Frau Ingrid. In diesem Jahr lotste ihn sein ehemaliger Schalker Trainer Georg Gawliczek gemeinsam mit Egon Horst vom S04 zum HSV. Ein lohnendes Geschäft für den gelernten Versicherungskaufmann Schulz, der zu diesem Zeitpunkt bereits eine Agentur in Gelsenkirchen leitete. Schalke wurde nur durch die Aufstockung der Bundesliga vor dem Abstieg bewahrt, während der HSV mit einer Generalvertretung samt größerem Auftragsvolumen lockte. „Im Nachhinein war der Fußball ein Mittel zum Zweck", betont Schulz. Wohl wissend, dass sich der Wechsel nach Hamburg sehr positiv auf die Vermögensbildung auswirkte.

Schon früh hatte der eisenharte Verteidiger erkannt, dass es mit der aktiven Karriere schnell vorbei sein kann. „Da ich im Fußball schon immer ein Sicherheitsexperte in der Abwehr war, wollte ich das im täglichen Leben auch vorantreiben", sagt er. Das ist ihm gelungen: Sein Unternehmen ist längst zur Bezirksdirektion aufgestiegen. Nebenbei besitzt er ein Spielautomatengeschäft und ein Mietshaus am Schalker Markt. „Man hat zwei Füße und so muss man auch zwei Geschäfte haben. Sie wissen ja: Das Leben ist teuer", erklärt Schulz.

Die Immobilie in Gelsenkirchen und ein zartes „dat", das er gelegentlich in seine wohl formulierten Sätze einbaut, sind seine letzten Verbindungen ins Ruhrgebiet. „Meine Kinder sind hier geboren und ich lebe weit über 40 Jahre hier oben. Daher fühle ich mich schon als Norddeutscher", betont Schulz.

Das bedeutet allerdings nicht, dass er seine Herkunft vergessen hätte. Als sein Heimatverein VfB Günnigfeld das 100-jährige Jubiläum feierte, reiste er als Ehrengast an. Es war ein willkommener Anlass, in Erinnerungen zu schwelgen. Schließlich hat er auch als Fußballer Bemerkenswertes geleistet. Von den drittklassigen Günnigfeldern aus schaffte er 1959 den Sprung in die A-Nationalmannschaft. Es war eine mittlere Sensation, der ein langer Weg über Kreis-, Westfalen- und westdeutsche Auswahl, über die Junioren- und die B-Nationalmannschaft vorausgegangen war.

Das Debüt in der Herberger-Elf war der Startschuss zu einer großen Karriere. Denn plötzlich machten sich die namhaften Nachbarvereine in die Kneipe von Vater Schulz auf, um den Sohn zu sich zu lotsen. „Damals ging es nicht um großes Geld, sondern nur um Kleinigkeiten", bemerkt Schulz im Rückblick.

Doch die verhalfen ihm gleich zu zwei Karrieren. So kann er es auch verschmerzen, dass er als Fußballer nie eine Trophäe geholt hat. „Mein Geschäft ist ein sehr großer Titel", betont Schulz, um zu erklären: „Es kommt immer darauf an, worauf man seinen Schwerpunkt legt. Das Leben ist lang und die Sportlerkarriere ist nur eine Episode über eine gewisse Zeit." Seine berufliche Episode hat der 73-Jährige im Übrigen noch nicht für beendet erklärt. „Mein Motto ist: Arbeit hält jung", betont Schulz. Dann steigt er in seinen Wagen und braust davon.

„World-Cup-Willi": Schulz bei der Weltmeisterschaft 1966.

Willi Schulz
(* 4. Oktober 1938 in Wattenscheid) bestritt zwischen 1960 und 1973 263 Bundesligaspiele (5 Tore) und 82 Partien in der Oberliga West (6 Tore) für Schalke 04 und den Hamburger SV. Zudem kam er auf 66 A-Länderspiele. Heute lebt er mit seiner Frau Ingrid in Norderstedt vor den Toren Hamburgs und ist weiterhin erfolgreich als Geschäftsmann tätig.

Ausgangspunkt zahlreicher Karrieren: Strunz auf seinem ersten Platz bei TuRA 88 Duisburg.

Thomas Strunz
Der Vielseitige

Thomas Strunz wurde eher zufällig für den großen Sport entdeckt: Als 13-Jähriger kickte er bei TuRA 88 Duisburg, als der prominente Nachbar MSV ihn entdeckte – ein Glücksfall, weil eigentlich sein Mitspieler beobachtet wurde. So wurde aus dem Nachwuchstalent innerhalb weniger Jahre ein Star. Mit 20 brach Strunz seine Banklehre ab, um es als Profi zu versuchen. Ein kalkuliertes Risiko, das mit dem Wechsel zu den Bayern und dem Gewinn der Europameisterschaft 1996 gekrönt wurde. Doch das war erst der Auftakt zu den zahlreichen Karrieren des Thomas Strunz.

Denn inzwischen ist er ein echter Tausendsassa: Ex-Profi, Ex-Manager, Gesellschafter der Spielerberatungsagentur TS Sports, TV-Experte und gemeinsam mit Thomas Helmer und Mario Basler Nachfolger von Udo Lattek beim Doppelpass. Viel breiter kann das Spektrum eines Fußballers nicht gefächert sein.

Thomas Strunz
(* 25. April 1968 in Duisburg) absolvierte zwischen 1989 und 2001 235 Bundesligaspiele (32 Tore) für Bayern München und den VfB Stuttgart. Zudem lief er zwischen 1990 und 1999 41 Mal für die deutsche Nationalmannschaft auf und erzielte dabei einen Treffer. Neben Deutschen Meisterschaften und DFB-Pokalsiegen wurde er 1996 Europameister. Heute ist er als Gesellschafter der Spielerberatungsagentur TS Sports sowie als TV-Experte für die LIGA total! Spieltaganalyse sowie den Doppelpass auf Sport1 tätig.

Thomas Strunz, wie fühlt man sich als gefragter TV-Experte?

Mir ist wichtig, dass ich mich mit dem Thema Fußball beschäftige. Die Randerscheinungen nehme ich zur Kenntnis, aber mir geht es um den Sport. Ich will den Fußball bewerten und nicht darüber diskutieren, ob ein Spieler nun rote oder grüne Schuhe trägt oder ob er seine Haare färbt. Ich habe das früher alles selbst gemacht, daher weiß ich, wie wichtig es ist: völlig unwichtig nämlich.

Wird man so zum neuen Udo Lattek?

Udo ist eine Institution, die nicht zu ersetzen ist. Ich werde nicht den Fehler machen, zu glauben, dass ich der neue Lattek wäre. Ich habe sicherlich andere Fähigkeiten und bringe die auch ins Spiel, ohne ihn zu kopieren.

Was machen Sie konkret anders?

Ich bin eine andere Generation als er. Ich bin sicherlich näher am Puls der Zeit und habe eher ein Verständnis für die Vereine und Spieler, die jetzt aktiv sind.

Verlassen Sie durch die Tätigkeit im Doppelpass das Feld der seriösen Berichterstattung in Richtung Stammtisch-Niveau?

Nein, Polemik ist nicht angesagt. Bei der LIGA total! Spieltaganalyse bin ich natürlich sehr sachlich, während der Doppelpass eher emotional geprägt ist. Das ist eine andere Arbeit, ganz klar. Aber ich sehe für mich keine unüberwindbare Hürde, das in der Kombination gut auszuführen.

Sie sind auch als Spielerberater tätig. Ist diese Kombination nicht problematisch?

Nein, das ist sogar eine hilfreiche Konstellation. Als früherer Verantwortlicher in Wolfsburg und Essen kann ich das Verhalten der Vereine oft besser nachvollziehen, und natürlich weiß ich, wie die Spieler denken.

Haben Sie Gewissenskonflikte, wenn es um die Analyse Ihrer eigenen Spieler geht?

Nein. Mir ist durchaus bewusst, wie wichtig das Fernsehen in Sachen Marktpositionierung ist. Aber mir geht es weder darum, jemanden zu schützen, noch, ihn in die Pfanne zu hauen. Es geht einzig und allein um die Sache. Bisher war das nie ein Problem.

Bochums damaliger Interimstrainer Darius Wosz hatte Ihre Kritik einst mit dem Hinweis abgeblockt, dass Sie RWE heruntergewirtschaftet hätten.

Ich hatte eine Meinung zu einem Spiel, und ich bleibe auch bei der Aussage. Wenn Dariusz damit ein Problem hat, dann ist es seins. Ich glaube nicht, dass ein Außenstehender bewerten kann, wie die Arbeit bei Rot-Weiss Essen abgelaufen ist. Ich weiß, was gewesen ist, daher trifft mich das nicht. Ich bewerte ja auch nicht die Qualität seiner Jugendarbeit oder seines Trainings. Ich bleibe lieber sachlich.

Haben Sie die Ambition, noch einmal in den Profifußball zurückzukehren?

Ich bin doch schon da. Im Fernsehen bewege ich mich auf dem höchsten Niveau des Profifußballs, und auch einige der Spieler, die ich als Berater betreue, sind bereits in der Bundesliga gelandet.

Und was ist mit einem Vereinsengagement?

Die Frage stellt sich für mich aktuell nicht. Das macht aufgrund der vorherrschenden Konstellationen auch keinen erstrebenswerten Eindruck auf mich.

Lattek hat an 786 Doppelpass-Sendungen teilgenommen. Welche Zahl haben Sie sich vorgenommen?

Wenn ich das auch schaffen würde, wäre ich zufrieden. Aber man muss erstmal abwarten, wie sich das Ganze entwickelt.

Jupp Tenhagen bekommt auch als Trainer nicht genug vom Fußball.

Franz-Josef „Jupp" Tenhagen
Der Beinahe-Bayer

Seine ersten Sporen in der Bundesliga verdiente sich Jupp Tenhagen bei Rot-Weiß Oberhausen, später spielte er auch für Borussia Dortmund. Und trotzdem wird er wie kaum ein anderer mit dem VfL Bochum verbunden. Als Abwehrchef hatte er einen entscheidenden Anteil daran, dass sich der Außenseiter Jahr für Jahr im Oberhaus halten konnte.

Dabei hätten für ihn noch viel mehr Titel als der des „Unabsteigbaren" herausspringen können. Doch der Familie wegen lehnte er einst ein Angebot von Bayern München ab, das ihn als Nachfolger von Franz Beckenbauer auserkoren hatte. Auch deshalb hat man ihn auch heute noch als Ur-Bochumer in Erinnerung. „Der VfL hat mich sehr lange begleitet. Es war meine längste und auch die schönste Zeit", betont Tenhagen. Ein Gespräch über eine große Karriere und die Frage, was noch alles möglich gewesen wäre.

Franz-Josef „Jupp" Tenhagen
(* 31. Oktober 1952 in Millingen) absolvierte zwischen 1971 und 1988 457 Bundesligaspiele (26 Tore) für Rot-Weiß Oberhausen, den VfL Bochum und Borussia Dortmund. Zudem brachte er es 1977 auf drei A-Länderspiele. Anschließend arbeitete er als Trainer unter anderem für Bochum, Fortuna Köln, Wattenscheid 09 und LR Ahlen. Heute betreibt er ein Sportgeschäft in Emmerich.

Jupp Tenhagen, was hat den VfL Bochum zu Ihrer Zeit ausgezeichnet?
Spielerisch waren wir sicherlich nicht eines der besten Teams. Aber wir hatten ein ungeheures Zusammengehörigkeitsgefühl und eine große Willenskraft. Das hat den Ausschlag dafür gegeben, dass wir jedes Jahr die Klasse gehalten haben. Darauf bin ich heute noch stolz.

Hat es zum Legendenstatus der ‚Unabsteigbaren' beigetragen, dass Bochum mittlerweile ein Fahrstuhlverein ist?
Ich denke schon. Letztendlich spricht das für die Mannschaften, die zuvor den Klassenerhalt geschafft haben. Der VfL hat immer noch beschränkte Mittel, viele andere Vereine haben mehr Möglichkeiten. Es wird aber immer schwerer, mit den Großen mitzuhalten.

Kehrt der VfL in absehbarer Zeit in die Bundesliga zurück?
Ich hoffe es, aber es wird nicht ganz so einfach, wie sich der ein oder andere das vorgestellt hat. Ich habe von vornherein gesagt, dass man für den direkten Aufstieg mehr investieren muss. Das ist aber mit den vorhandenen Mitteln nicht möglich.

Leiden Sie immer noch mit Ihrem Klub mit?
Ich bin nicht immer im Stadion, aber ich verfolge das Geschehen beim VfL schon sehr intensiv. Es ist doch klar, dass mich der Werdegang des Vereins noch sehr interessiert.

Ihr eigener Werdegang hätte anders verlaufen können, wenn Sie 1977 das Angebot der Bayern angenommen hätten. Warum haben Sie es abgelehnt?
Dettmar Cramer wollte mich unbedingt als Nachfolger von Franz Beckenbauer haben, der damals zu Cosmos New York gewechselt ist. Er hat mich zigmal angerufen. Ein Angebot der Bayern auszuschlagen, das machen nicht viele. Aber es ist gar nicht erst zu den Verhandlungen gekommen. Meine Frau wollte nicht nach München und ich wollte sie nicht mit unseren beiden kleinen Kindern allein lassen. Wenn die Familie dabei gewesen wäre, wäre ich gegangen.

Haben Sie sich die Frage gestellt, was noch möglich gewesen wäre?
Es ist müßig, sich darüber Gedanken zu machen. Aber vielleicht wären meine Chancen, in der Nationalmannschaft Fuß zu fassen, größer gewesen. Denn es ist sicherlich ein Unterschied, ob ich bei Bayern München oder dem VfL Bochum spiele. Dort konnte ich keine internationale Erfahrung sammeln. Und das war letztlich wohl auch der ausschlaggebende Punkt, warum ich 1978 nicht zur Weltmeisterschaft gefahren bin. Andererseits haben sich viele Spieler, die zu den Bayern gegangen sind, nicht durchsetzen können.

Als Trainer haben Sie Erst- und Zweitligisten trainiert, waren aber zuletzt für den SV Grieth verantwortlich. Ein Abstieg?
Im Nachhinein sage ich: Ich würde es nicht noch einmal machen. Wir sind direkt aus der Bezirks- in die Landesliga aufgestiegen, aber dann ging es nicht mehr so weiter, auch, weil Sponsoren weggebrochen sind. Es fing mit vielen kleinen Dingen an. Die Spieler waren berufstätig, daher war der Fußball nicht ihre erste Priorität. Trotzdem konnte ich es nicht nachvollziehen, wenn einige unpünktlich oder gar nicht zum Training erschienen sind. Das kann ich mit meiner Philosophie vom Fußball nicht vereinbaren.

Ist Ihre Trainerlaufbahn damit beendet?
Seit meinem 18. Lebensjahr war ich fast ununterbrochen im Fußball tätig, Woche für Woche und Wochenende für Wochenende. Momentan genieße ich die Freizeit und tanke ein bisschen auf. Aber das heißt nicht, dass ich nicht vielleicht mal wieder als Trainer arbeiten möchte.

Terranova musste lange auf seine Rückkehr in die Zweite Liga warten.

Mike Terranova
Der Spätberufene

Mit sieben Jahren wechselte Mike Terranova zur SG Wattenscheid, die damals noch eine echte Hausnummer war, mit 21 feierte er sein Zweitligadebüt für die SGW. Doch was so hoffnungsvoll begann, drohte im höherklassigen Amateurbereich zu versanden. FC Gütersloh, Eintracht Nordhorn, Wuppertaler SV Borussia – vom großen Fußball war Terranova zwischenzeitlich ziemlich weit entfernt.

Die Wende zum Guten sollte erst im gehobenen Fußballeralter erfolgen: Mit 29 wechselte der Offensivmann nach Oberhausen, damals frisch in die vierte Liga abgestiegen, und erlebte einen ungeahnten Höhenflug samt Durchmarsch in die Zweitklassigkeit. „Niemand war überragend, aber jedes Teil hat wie bei einem Puzzle gepasst", sagt Terranova über diese Zeit, in der er ein kleiner Star war. Ein Gespräch über eine ungewöhnliche Karriere und die Gnade der späten Geburt.

Mike Terranova
(* 17. November 1976 in Bochum) absolvierte seit 1998 102 Zweitligaspiele (14 Tore), 21 Drittligapartien (2 Tore) und 108 Regionalligaeinsätze (24 Tore) für die SG Wattenscheid 09, den Wuppertaler SV Borussia und Rot-Weiß Oberhausen. Hinzu kommen unzählige Oberligaeinsätze. Seine größten Erfolge: Regionalligaaufstieg 2007, Zweitligaaufstieg 2008.

Mike Terranova, warum haben Sie sich erst im Herbst Ihrer Karriere in der zweiten Liga durchgesetzt?

Damals war es schwieriger, Profi zu werden. Heute musst du schnell sein und wirst schon reingeschmissen. Als ich unter Jupp Tenhagen in Wattenscheid Profi wurde, hab ich fürs Training die Schule geschwänzt. Ich hatte des Gefühl, dass ich bei den Einheiten nicht einmal erwünscht war. Sobald beim Trainingsspiel einer zuviel da war, musste ich laufen gehen. Aber ich bin trotzdem wieder hingegangen, und irgendwann war ich dabei.

Warum ging es nach 14 Einsätzen im Premierenjahr nicht mehr weiter?

Wattenscheid ist abgestiegen und ich hatte keinen Berater. Da war es schwer, den Sprung woandershin zu schaffen.

Hatten Sie Ihren Traum vom Profifußball zwischenzeitlich schon aufgegeben?

Wenn man älter wird, träumt man nicht mehr. Ich turnte jahrelang im Amateurbereich herum. Irgendwann habe ich mir gedacht: „Komm, jetzt machst du eine Ausbildung." Während meiner Zeit beim FC Gütersloh hatte ich als Steuerfachgehilfe angefangen. Die hatten aber finanzielle Probleme, und mein neuer Verein Eintracht Nordhorn konnte mir kurzfristig nur eine Ausbildungsstelle als Industriekaufmann anbieten.

2006 folgte der Wechsel nach Oberhausen.

Das war die beste Entscheidung, die ich treffen konnte. Ich hatte die ganze Reiserei satt. Das muss man sich mal überlegen: Nach Gütersloh 140 Kilometer, nach Nordhorn 150 Kilometer – das habe ich jeden Tag gemacht, hin und zurück nach Gelsenkirchen. Das hat ganz schön geschlaucht.

Haben Sie auch bei RWO noch nebenbei gearbeitet?

Ja. Bis zu seinem Tod war ich fünf Jahre lang für Klaus Steilmann tätig. Ich kannte ihn seit meinem vierten Lebensjahr, wir haben uns immer super verstanden. Irgendwann sagte er: „Bevor du gar nichts machst, kannst du bei mir arbeiten." Er war immer dagegen, dass Fußballer nur spielen. Er meinte, dass man blöd wird, wenn man sonst nichts macht.

Was haben Sie konkret gemacht?

Am ehesten lässt sich sagen, dass ich sein Assistent war. Ob was am Haus war, am Auto, oder ob ich seinen Sohn abholen sollte – ich habe alles gemacht, das war ein Traumjob.

In welcher Hinsicht?

Ich konnte mir die Arbeitszeiten selbst einteilen. Er sagte nur zu mir: „Du kommst und gehst, wann du willst." Er war ja unter anderem noch Honorarkonsul der Ukraine. Bei Abendveranstaltungen habe ich mich um ihn gekümmert und ihn gefahren. Ich war immer da, uns hat so viel verbunden. Nachher war es schon wirklich eine Freundschaft. Wir haben auch viel privat unternommen und einfach mal Karten gespielt.

Hätten Sie sich gedacht, noch zum RWO-Urgestein zu werden?

Ich bin mit dem Ziel gekommen, einfach nur eine gute Oberligasaison zu spielen. Aber ich habe direkt gemerkt, dass die Fans da waren. Wir haben gewonnen, auf einmal hat es richtig Spaß gemacht – wir waren die Bayern der Oberliga. Wir hatten eine Truppe, in der der eine für den anderen da war. So sind wir dann auch zwei Mal aufgestiegen.

Mittlerweile sind Sie im fortgeschrittenen Fußballeralter. Haben Sie sich schon Gedanken über das Karriereende gemacht?

Ich würde auch nach der aktiven Zeit gerne im Fußball bleiben. Daher werde ich bald mit den Trainerscheinen anfangen, gemeinsam mit Markus Kaya. Wenn man das mit Freunden macht, macht es auch mehr Spaß.

Olaf Thon, hier auf seinem ersten Platz bei der STV Horst-Emscher, scheut kein Risiko.

Olaf Thon
Der Realist

Auch wenn Olaf Thon längst in Schermbeck lebt, ist seine Geschichte untrennbar mit Gelsenkirchen verbunden. Sein Vater Günter wurde 1967 mit der STV Horst-Emscher Deutscher Amateurmeister. Und Thon Junior fing dort im Alter von sieben Jahren als Halbprofi an. Pro Tor zahlte ihm sein Opa Fritz 50 Pfennig. Kein schlechter Kurs, weil Thon schnell auf 120 Treffer kam.

Doch mit der Zeit rückte das Offensivtalent immer weiter nach hinten. Nach dem Ende seiner aktiven Karriere war Thon auf Schalke so weit in den Hintergrund geraten, dass er für die entscheidenden Positionen nicht mehr in Betracht kam. So zog der Weltmeister, der mit Jürgen Klopp den Fußballlehrer gemacht hatte, nach langen Lehrjahren aus, um flügge zu werden. Dabei war er sich auch nicht zu schade, den fünftklassigen VfB Hüls zu trainieren. Ein Gespräch über richtige Zeitpunkte und falsche Entscheidungen.

Olaf Thon
(* 1. Mai 1966 in Gelsenkirchen) absolvierte zwischen 1983 und 2002 443 Bundesligaspiele (82 Tore) und 38 Zweitligapartien (14 Tore) für Schalke 04 und den FC Bayern München. Zudem bestritt er 52 Länderspiele (3 Tore). Seine größten Erfolge: Weltmeister 1990, UEFA-Cupsieger 1997, Deutscher Meister 1989, 1990 und 1994, DFB-Pokalsieger 2001 und 2002. Heute lebt Thon in Schermbeck und feilt an einer zweiten Karriere als Trainer.

Olaf Thon, wie fing das mit Ihnen und Schalke an?
Mit elf Jahren hatte ich mal ein Probetraining in der Glückaufkampfbahn gemacht – auf schwarzer Asche! Das hat mir überhaupt nicht gefallen, ebenso wenig wie das Training an sich. Man darf nicht vergessen, dass ich Bayern-Fan war. Da habe ich das ein oder andere gesucht, um nicht nach Schalke gehen zu müssen. Also bin ich weitere drei Jahre bei der STV Horst-Emscher geblieben, auf roter Asche. Danach war der Wechsel überfällig.

Wie kam es zu Ihrem Meinungswechsel?
Vielleicht wollte ich nur ein bisschen anders sein als die anderen. Irgendwann habe ich erkannt, dass der Schritt nach Schalke für meine Entwicklung wichtig ist. Es war ja auch nicht schmerzhaft, ein Schalker zu werden.

Wie lief es dann im zweiten Anlauf mit dem S04?
Der Auftakt war ein bisschen holprig. Wir haben teilweise auf einem Rasenplatz trainiert, vielleicht 40 Meter lang und es ging bergauf. Als 14-Jähriger musste ich mich erst einmal von zwei Trainingseinheiten auf vier bis fünf umstellen. Nach Anlaufschwierigkeiten habe ich das aber geschafft und bin sogar vorzeitig in die A-Jugend hochgezogen worden.

Mit 17 folgte der Sprung ins Zweitligateam. Wie haben Sie die Entwicklung erlebt?
Im ersten Trainingslager haben die Profis gesagt: „Da kommt jetzt ein A-Jugendlicher, der darf mal ein bisschen mittrainieren." Niemand hätte erwartet, dass ich gleich Stammspieler werde.

In der gleichen Saison sollten Sie im DFB-Pokalhalbfinale auf die Bayern treffen.
Dieses 6:6, einen Tag nach meinem 18. Geburtstag, war das schönste Spiel meiner Karriere. Drei Tore im DFB-Pokalhalbfinale, das letzte mit unserem letzten Angriff – das war phänomenal. Auch wenn ich danach Weltmeister und Deutscher Meister wurde, war das mein bestes Spiel, eines, mit dem ich mich verewigt habe. Aber Bayern-Fan war ich damals schon nicht mehr.

Hat Sie dieses Spiel zum Star gemacht?
Ich wurde auf jeden Fall als aufstrebender Fußballer wahrgenommen, der auf dem Weg zum Nationalspieler war. Diese Partie hat sicher dazu beigetragen, dass Franz Beckenbauer mir eine Chance in der DFB-Auswahl gab. Damals war ich der zweitjüngste Nationalspieler. Mittlerweile hat sich Mario Götze zwischen Uwe Seeler und mich gedrängt.

Warum hat Schalke sich nach dem Aufstieg 1984 nicht in der Bundesliga etabliert?
In der ersten Saison sind wir noch Achter geworden, aber dann wurden Leute verpflichtet, die nicht mehr passten. Ich führe da immer Dieter Schatzschneider an, mit dem ich Tennis gespielt und Spaß gehabt habe. Er war ein lustiger Vogel, aber er wollte sich für den Erfolg nicht so quälen. So ging es für den Verein zurück ins Mittelmaß und 1988 kam es zum Abstieg.

Hat sich mit dem folgenden Wechsel nach München ein Traum für Sie erfüllt?
Ich hätte zu Hellas Verona und Atlético Madrid wechseln können, aber Uli Hoeneß und Jupp Heynckes haben mich täglich mit netten Anrufen bombardiert. So habe ich mich mit Hoeneß, Karl Hopfner und Fritz Scherer in einem Düsseldorfer Hotel getroffen. Am Ende habe ich einen Vierjahresvertrag unterschrieben.

Hatten Sie keine Sorge, ganz ohne Berater über den Tisch gezogen zu werden?
Rudi Assauer hatte mir ein paar Tipps gegeben, was man so verdienen könnte. Hoeneß meinte nachher, dass ich nicht den schlechtesten Vertrag unterschrieben hätte, sondern eher den besten. Aber vielleicht hat er das jedem gesagt.

Ist Ihnen der Umzug nach München schwer gefallen?

Ich hatte meine Freundin Andrea mitgenommen, die ich ein Jahr später geheiratet habe. Noch ein Jahr später kam unsere erste Tochter. Es lief alles so, wie ich mir das vorgestellt habe. Probleme gab es eigentlich nur mit dem Telefon.

Wie darf man sich das vorstellen?

Da wir noch keinen Telefonanschluss hatten, mussten wir in den ersten Wochen immer zur nächsten Telefonzelle laufen, wenn wir zu Hause anrufen wollten. Auf diese Weise haben wir ein paar schöne Spaziergänge gemacht.

Was war es für ein Gefühl, gleich im ersten Jahr Deutscher Meister zu werden?

Es war mein erster Titel. Wir haben auf den Tischen getanzt und Uli Hoeneß hat mir das Du angeboten. Es war großartig: Wir waren jung und erfolgreich.

Der Erfolg hielt auch bei der WM 1990.

Obwohl ich nach einer Verletzung noch nicht fit war, hat Franz Beckenbauer mich mit nach Italien genommen. Im Verlauf des Turniers habe ich mich zunächst auf die Bank und dann in die Startelf gekämpft. Ich hatte mein Finale im Halbfinale gegen England, als ich den entscheidenden Elfmeter geschossen habe.

Warum sind Sie im Endspiel nicht zum Einsatz gekommen?

In der Vorbesprechung hat Beckenbauer erklärt, dass alle Mittelfeldspieler gleich stark sind. Er würde sich für Pierre Littbarski entscheiden, weil er die meisten Länderspiele hatte, und für Thomas Häßler, der uns im entscheidenden Qualifikationsspiel zur WM geschossen hatte. Ich war natürlich sauer, aber es konnten nur 11 spielen.

In der Folge gab es bei den Bayern einen Konkurrenzkampf mit Stefan Effenberg.

Es hieß, dass wir beide im Mittelfeld nicht zusammenspielen könnten. Unter Erich Ribbeck wurde ich 1992 zum Libero gemacht. Durch meine vielen Verletzungen bin ich eher langsamer und anfälliger geworden. Und auf der Position musste ich nicht mehr so viele Zweikämpfe führen, sondern konnte viel mit dem Auge machen.

Wie war Ihr Verhältnis zu Effenberg?

Er war nicht einfach. Er würde wohl sagen, dass ich auch nicht einfach war. Stefan war jung und aufstrebend, da mussten wir Älteren ihn ab und zu mal bremsen. Es gab oft Streit, so dass er schließlich nach Florenz gehen musste. Wenn er geblieben wäre, dann wären ich und ein paar andere gegangen. Mittlerweile verstehen wir uns aber wieder.

Warum sind Sie Ihrerseits 1994 nach Schalke zurückgekehrt?

Ich hätte es noch ein paar Jahre bei den Bayern geschafft, wenn ich nicht die Haglund-Ferse gehabt hätte. An beiden Fersen hatte ich ein Überbein, das abgemeißelt werden musste. Es wurde und wurde nicht besser, so dass ich acht Monate lang nicht Fußball spielen konnte. In dieser Phase kam Schalke und sagte: „Komm, wir glauben an Dich und dass du wieder gesund wirst." Ein bisschen später hatte auch der VfB Stuttgart angefragt, aber ich hatte Rudi Assauer schon mein Wort gegeben. So kam ich nach Hause.

Wären Sie nach dem Karriereende ohnehin ins Ruhrgebiet zurückgekehrt?

Nein. Meine Frau und ich waren 1994 gerade dabei, uns ein Häuschen in Pullach im Isartal zu suchen. Ohne die Verletzung wären wir wohl heute noch in Bayern. So sind wir bis heute in Schermbeck zu Hause.

Haben Sie es sich nicht zugetraut, den Stammplatz bei Bayern zurückzuholen?

Ich hatte zwar noch einen Zweijahresvertrag, aber Lothar Matthäus hatte während meiner Verletzung Gefallen an meiner Position gefunden. Ich war zwar besser, aber mir war klar, dass er die Position nicht mehr aufgeben wollte und dass der Verein sehr zufrieden mit ihm war. Also musste ich weg.

Haben Sie die Rückkehr als Rückschritt empfunden?

Schalke hatte mit Hängen und Würgen den Klassenerhalt geschafft. Zu Auswärtsspielen sind wir mit dem Bus gefahren und mussten auf Raststätten essen, während die Bayern mit dem Learjet unterwegs waren. Aber ich hatte das Gefühl, das Richtige zu tun. Aufgrund der Verletzung war ich gezwungen, einen oder zwei Schritte zurückzugehen.

Wurden Sie mit dem Anhang gleich wieder warm?

In einer Umfrage des RevierSport hatten sich 87 Prozent der Leser für meine Rückkehr ausgesprochen. Aber die Fans mussten sich erstmal mit meiner neuen Rolle identifizieren. Sie kannten mich ja immer nur in der gegnerischen Hälfte und jetzt spielte ich auf einmal hinten.

Sie sollten erfolgreich sein und am Ende auch mit S04 Titel feiern.

Die Titel mit Schalke zu holen war wesentlich schwieriger und daher noch schöner. Vor allem der UEFA-Cupsieg war wichtig und überraschend zugleich. Wir waren als Team so eng zusammen, dass uns keiner schlagen konnte – zumindest nicht international.

Warum haben Sie trotz der vielen Verletzungen erst mit 36 Ihre Karriere beendet?

Ich hatte ja praktisch ein paar Jahre Pause gemacht. Aber am Ende war es tatsächlich eine Quälerei. Ich habe ein, zwei Jahre zu spät aufgehört. Aber das Kämpfen hat sich gelohnt, weil ich einen Anschlussvertrag als Repräsentant für Schalke bekommen hatte. Ich bin 80.000 Kilometer im Jahr gefahren und war immer kurz davor, dass ich den Führerschein abgeben musste.

Haben Sie sich bewusst offen gehalten, was Sie nach Ihrer Karriere machen?

Ich war sehr unschlüssig. Auf Schalke war es nicht möglich, mit Assauer zusammenzuarbeiten. Wir passten nicht so zusammen und letztlich hat er sich Andreas Müller ausgesucht. Da war für mich kein Platz da, so dass ich 2005 in den Aufsichtsrat gegangen bin. 2008 bin ich dann für ein Jahr in den Marketingbereich gewechselt.

Hat es Sie getroffen, dass Sie nie als Manager oder Trainer in Betracht gezogen worden sind?

Ich war auf höchster Ebene. Wenn man mal im Aufsichtsrat war, kann man schlecht wieder zurückkehren. Ich habe gemerkt, dass ich zu lange im Verein war und dass es keine Position mehr gab, die ich anstreben könnte. Ich hatte erkannt, dass es an der Zeit war, Schalke zu verlassen. Also habe ich meinen Vertrag, der noch zwei Jahre gelaufen wäre, aufgelöst und dem Verein so sehr viel Geld gespart.

Warum haben Sie daraufhin beim VfB Hüls Ihre Trainerkarriere gestartet?

Ich musste Erfahrungen sammeln und es gab keine andere Möglichkeit. Ich bin Realist, daher war die fünfte Liga kein Kulturschock für mich. Schließlich wollte ich es von der Pike auf lernen. Im Nachhinein hätte ich spätestens 2004 als Trainer anfangen müssen, als ich den Fußballlehrer in der Tasche hatte. Andererseits habe ich so den ganzen Verein Schalke 04 in sämtlichen Bereichen kennen gelernt. Aber in den anderthalb Jahren beim VfB Hüls habe ich erkannt, dass ich Trainer bleiben möchte.

Werden Sie in dieser Position noch einmal auf Schalke landen?

Ob eine erneute Rückkehr noch einmal möglich ist, wird sich zeigen. 23 Jahre Schalke werden jedenfalls immer bei mir bleiben. Aber erstmal werde ich versuchen, woanders für Furore zu sorgen.

Legenden unter sich: Tilkowski (rechts) im Oktober 2011 mit Geoff Hurst.

Hans Tilkowski

Der Streitbare

Neulich hat Hans Tilkowski Geoff Hurst empfangen. Das Wembley-Tor jährte sich zum 45. Mal, und der deutsche Schlussmann und der englische Torschütze nutzen die Jubiläen seit einiger Zeit zu gegenseitigen Besuchen. Denn dieser Treffer, der das WM-Finale 1966 entschied, machte aus zwei großen Spielern echte Legenden.

Wobei das im Falle von Tilkowski nicht einer gewissen Tragik entbehrt: Er wurde Europapokalsieger der Pokalsieger und gewann den DFB-Pokal, doch trotzdem wird er immer nur mit einem Gegentor in Verbindung gebracht, das seiner Meinung nach keins war. Mit Hurst hat er den Kompromiss getroffen, dass der Ball für die Engländer drin war und für die Deutschen nicht.

Wenn ihn wildfremde Leute bitten, ihm eine Frage stellen zu dürfen, antwortet Tilkowski lapidar: „Er war nicht drin." Er hat sich damit abgefunden, auf diesen einen Moment reduziert zu werden. Dennoch ringt der einstige Boxer um Anerkennung, da er glaubt, dass seine Leistungen nicht von allen Seiten angemessen gewürdigt worden sind.

Dabei hat er Beachtliches geleistet. Im Dortmunder Vorort Husen wächst er während des Zweiten Weltkriegs als einziger Sohn einer Bergarbeiterfamilie auf. Als Elfjähriger fängt er beim SV Husen 19 als Rechtsaußen an und rückt erst ins Tor, als der etatmäßige Schlussmann verletzt ausfällt. Seine Mutter strickt ihm Wollhandschuhe, damit der junge Hans wenigstens etwas geschützt ist.

Nach dem Besuch der Volksschule beginnt er mit 14 eine Lehre als Stahlbauschlosser. Wegen des besseren Verdienstes will er eigentlich Bergmann werden, so wie sein Vater auf der Zeche Scharnhorst. Doch die Mutter verbietet es, weil der Vater 1938 mehrere Tage unter Erde verschüttet war.

Der Sohn gibt nach. Und letztlich kommt er dank seiner fußballerischen Fähigkeiten zu einer Gehaltsverbesserung. Nach acht Oberligajahren mit Westfalia Herne wechselt er 1963 zur Gründung der Bundesliga zum Deutschen Meister Dortmund. Tilkowski gewinnt mit dem BVB zwei große Titel, er wird Vize-Weltmeister mit Deutschland und wird als erster Torhüter als Fußballer des Jahres ausgezeichnet.

Während Tilkowski seine Karriere bei Eintracht Frankfurt ausklingen lässt, macht er seinen Fußballlehrer. Er wird Jahrgangsbester und arbeitet bis 1981 mit mäßigem Erfolg als Trainer. Wenig später soll er seine wahre Profession finden: das ehrenamtliche Engagement.

Als „Botschafter der guten Tat" sammelt er Spenden für an Leukämie erkrankte Kinder, die Krebshilfe, brasilianische Straßenkinder und viele mehr. Über eine Million Euro hat er im Laufe der Jahre so eingesammelt.

Auf der anderen Seite bleibt der Streitbare, der stur an seinen Ansichten festhält. Sein Ex-Verein Westfalia Herne hat es sich mit ihm verscherzt, weil man die „Tradition nicht nur zu passenden Gelegenheiten aus dem Schrank holen kann wie einen alten Putzlappen". Zu seinem 70. Geburtstag lud Tilkowski von den Dortmunder Europapokalhelden nur Hoppy Kurrat, Siggi Held, Wolfgang Paul und Reinhold Wosab ein. Mit dem Rest hatte er sich im Laufe der Jahre überworfen.

Mit der Stadt Herne hat er hingegen inzwischen nach jahrelanger Funkstille seinen Frieden gemacht. Zum 75. Geburtstag hat Herne ihm einen Empfang bereitet, zudem wurde die Hauptschule an der Neustraße nach ihm benannt. Als „die höchste Auszeichnung, die ich bisher erfahren durfte" hat der Träger des Bundesverdienstkreuzes die Umbenennung bezeichnet. Weil es eine Ehre ist, die nur wenigen lebenden Legenden zuteil wird.

Weit vor Wembley: Tilkowski 1963 im Trikot von Borussia Dortmund.

Hans Tilkowski
(* 12. Juli 1935 in Dortmund) bestritt zwischen 1955 und 1969 219 Spiele (0 Tore) in der Oberliga West für Westfalia Herne sowie 121 Bundesligaeinsätze (0 Tore) für Borussia Dortmund und Eintracht Frankfurt. Zudem bestritt er 39 A-Länderspiele (0 Tore). Seine größten Erfolge: Vizeweltmeister und Europapokalsieger der Pokalsieger 1966, DFB-Pokalsieger und Deutschlands Fußballer des Jahres 1965. Als Trainer von Werder Bremen, 1860 München, dem 1. FC Nürnberg, dem 1. FC Saarbrücken und AEK Athen konnte er nicht an seine große Spielerkarriere anknüpfen. Heute lebt Tilkowski mit seiner Frau Luise als Pensionär in Herne und besucht regelmäßig die Heimspiele des BVB.

„Ich bin ein Angsthase": Michael Tönnies bangt um sein Leben.

Michael Tönnies
Den Tod im Nacken

Vor etwas mehr als 20 Jahren sicherte sich Michael Tönnies seinen Eintrag in die Bundesliga-Geschichtsbücher. Binnen fünf Minuten erzielte der Duisburger Angreifer beim 6:2-Sieg gegen den Karlsruher SC einen Hattrick – eine bis heute unerreichte Bestmarke.

Doch viel ist vom Ruhm des 27. August 1991 nicht übrig geblieben: Nach dem Karriereende 1994 eröffnete Tönnies eine Gaststätte in Essen-Kray und entdeckte seine Leidenschaft fürs Rauchen. Ein Jahr später hatte er viel Geld verloren und trat eine Arbeitsstelle in der Glas- und Gebäudereinigungsfirma seines Vaters an. Die Zigaretten aber blieben.

Heute ist der 52-Jährige todkrank und darf ohne eine mobile Sauerstoffflasche nicht mehr aus dem Haus gehen, weil sich selbst 30 Schritte für ihn wie ein Marathon anfühlen. Ein Gespräch über Vergangenheit, Gegenwart und Zukunft.

Michael Tönnies
(* 19. Dezember 1959 in Essen) absolvierte zwischen 1978 und 1994 40 Bundesligaspiele (13 Tore) und 140 Zweitligabegegnungen (62 Tore) für Schalke 04, die SpVgg Bayreuth, Rot-Weiss Essen, den MSV Duisburg und den Wuppertaler SV. 1991 wurde er Zweitliga-Torschützenkönig, 1984 und 1986 Torschützenkönig der Oberliga Nordrhein. Heute lebt er als Rentner in Essen.

Michael Tönnies, wie fällt Ihre Erinnerung an den Hattrick-Rekord aus?
Es war der sechste Spieltag, zuvor hatte ich einmal gegen den VfB Stuttgart getroffen. Das Besondere war ja, dass ich Oliver Kahn nicht nur drei Tore innerhalb von fünf Minuten eingeschenkt habe, sondern insgesamt fünf in dem Spiel. So stand ich mit sechs Treffern lange Zeit an der Spitze der Torjägerliste. In der Sportschau war immer mein Bild zu sehen, das war sehr angenehm. Dass dieses Spiel heute noch erwähnt wird, ist eine schöne Sache für mein Selbstvertrauen.

Wie geht es Ihnen heute?
Körperlich geht nicht mehr viel. Ich habe ein Lungenemphysem. Mein Blut wird nicht mehr mit Sauerstoff angereichert, dadurch bin ich nicht mehr belastbar. Vor sechs Jahren bin ich Rentner geworden, weil kein Arbeiten mehr möglich ist.

Wie kam das zustande?
Ich war starker Raucher, nach meiner aktiven Zeit wurde es immer schlimmer. Ich habe bis zu 80 Zigaretten am Tag geraucht. Vor sechs Jahren kam die Diagnose. Ich hatte etwas gemerkt, aber dass es schon im Endstadium ist, hatte ich nicht gedacht. Die Ärzte meinten, dass ich sofort mit dem Rauchen aufhören muss. Das habe ich nicht geschafft.

Sind sie heute nikotinfrei?
Ja, seit einigen Monaten. Für mich ist das ein unheimlicher Erfolg, weil es endlich klick gemacht hat. Das war ein Prozess über viele Jahre. Ich hoffe, dass sich mein Zustand jetzt noch minimal verbessert. Aber eigentlich wird es immer schlimmer.

Wie macht sich die Krankheit bemerkbar?
Von heute auf morgen konnte ich keine zehn Meter mehr mit einem Eimer Wasser in der Hand laufen. Dass die Attacken ohne Vorwarnung kommen, ist bis heute so. Ich sitze zu Hause und fühle mich gut, und zwei Minuten später kriege ich keine Luft mehr. Das ist brutal, und deswegen kann ich kaum Termine machen. Wenn die Panikattacken kommen, habe ich Todesangst. Durch die Überblähung habe ich einen Ballon in mir, das ist ein richtiger Druck.

Wie viel Zeit bleibt Ihnen noch?
So werde ich keine 60 mehr, das haben mir die Ärzte gesagt. Eine Lungentransplantation ist vielleicht noch die letzte Hoffnung, die ich habe. Dafür muss ich mich listen lassen, aber ich habe mich noch nicht zu dem Schritt entschlossen.

Woran liegt das?
Eigentlich gibt es keine Alternative, aber ich bin nicht überzeugt davon, dass es klappt. Ich bin ein Angsthase und glaube, dass es sowieso nichts wird. Dennoch muss ich mich in relativ kurzer Zeit dazu entscheiden. Denn selbst wenn ich auf der Liste stehe, dauert es eh noch bis zu vier Jahre. Ich kann nur hoffen, dass ich dann noch so lange da bin.

Was wäre, wenn die Operation gelingen würde?
Dann wäre ich wie ein neuer Mensch. Roland Kaiser hat es auch gemacht und er fühlt sich hervorragend, das habe ich im Fernsehen gesehen. Er muss nur ein paar Tabletten für sein Immunsystem nehmen, ansonsten hat er keine Probleme. Aber die negativen Beispiele werden nicht gezeigt. Ich weiß nicht, wie groß die Erfolgsquote ist.

Ist in Ihrem momentanen Leben noch Platz für den Fußball?
Ich werde noch als Co-Trainer der Spielvereinigung Schonnebeck geführt, für die mein Bruder Dirk verantwortlich ist. Letztes Jahr war ich häufiger dabei, aber zuletzt ging es mir ein bisschen schlechter. Aber wenn es mir gut geht, gehe ich auch zum Platz.

Weit weg vom Ruhrgebiet: Horst Trimhold 2011 mit seiner Frau Gaby.

Horst Trimhold
Der Hausdrucker des DFB

Horst Trimhold ist zwar ein gebürtiger Essener, doch mit dem Ruhrgebiet hatte er lange Zeit kaum etwas am Hut. Weil die sechsköpfige Familie von 1945 bis 1957 ins nordhessische Volkmarsen umgesiedelt war, kehrte er erst als 16-Jähriger in seine Heimatstadt zurück. Dort startete er schnell bei Schwarz-Weiß Essen durch, dem Klub also, in dem sein Vater Heinrich einst schon in der Gauliga erfolgreich auf Torejagd ging.

Doch Essen war noch aus einem anderen Grund eine wichtige Station für Trimhold: Hier absolvierte er seine Lehre als Schriftsetzer im Verlag Die Welt. Eine Ausbildung, die ihn sein Leben lang begleiten und schließlich zurück nach Hessen führen sollte. Denn als Hausdrucker des DFB startete Trimhold eine zweite Karriere. Ein Gespräch über frühen Ruhm, spätes Legendendasein und einen unangenehmen Spitznamen, der eigentlich gar nicht so schlecht ist.

Horst Trimhold
(* 4. Februar 1941 in Essen) absolvierte zwischen 1959 und 1978 167 Bundesligaspiele (27 Tore), 71 Einsätze in der Oberliga West (31 Tore) sowie 103 Zweitligapartien (6 Tore) für Schwarz-Weiß Essen, Eintracht Frankfurt, Borussia Dortmund und den FSV Frankfurt. Zudem kam er zu einem Länderspieleinsatz (0 Tore). Seine größten Erfolge: DFB-Pokalsieger 1959, Deutscher Amateurmeister 1972. Seine Druckerei in Hanau hat Trimhold erst im Laufe seines 71. Lebensjahres an seinen Sohn Frank übergeben.

Horst Trimhold, wie sind Sie zu dem Spitznamen „Schotte" gekommen?

Am 1. August 1959 hatte ich meinen ersten Vertrag bei Schwarz-Weiß Essen unterschrieben. Meine Mitspieler meinten daraufhin, dass ich langsam mal meinen Einstand geben könnte. Jeden Tag haben sie mich gefragt, aber ich habe leider ein halbes Jahr gewartet. Denn erst dann hatte ich mein erstes Geld vom Verein bekommen.

Konnten Sie Ihr Image des Geizkragens noch ablegen?

Naja, ich hatte in der Kabine fünf Tafeln Ritter Sport verteilt. Darauf ging die Flachserei erst richtig los. Ich hatte meinen Namen weg. Und auch wenn es vier Wochen später noch Getränke gab, bin ich ihn nie wieder losgeworden. Ich war zu der Zeit ja auch sparsam. Darum war ich nicht böse, wenn jemand mich Schotte nannte.

Immerhin nahm Ihre Karriere mächtig Fahrt auf.

Mit 18 durfte ich mein Debüt für die erste Mannschaft feiern, in einem Freundschaftsspiel gegen Schalke. Und wenige Monate später stand ich in der Startelf, als wir DFB-Pokalsieger geworden sind. Ich hatte schon drei Tage vor dem Endspiel nicht mehr geschlafen und musste mit Schnaps ruhiggestellt werden.

Hat der Erfolg Ihr Leben verändert?

Von wegen! Am Tag nach dem Finale stand ich schon wieder in der Setzerei und habe gearbeitet. Die Älteren wussten, wie man feiert. Aber da ich ein gut erzogener Mensch war, habe ich mich lieber auf meine Lehre konzentriert.

Mit dieser Einstellung wurden Sie zweieinhalb Jahre später zum Nationalspieler.

Ich durfte 1962 in Zagreb gegen Jugoslawien antreten. Mein Vater hat mir vor lauter Freude einen Tag vor dem Abflug einen Pepita-Anzug geschenkt, obwohl er nun auch nicht so betucht war. Den Anzug habe ich heute noch im Schrank hängen.

Warum war Ihre DFB-Karriere nach einem Länderspiel schon wieder beendet?

Durch die Einführung der Bundesliga 1963 bin ich zu Eintracht Frankfurt gewechselt und musste dort erstmal um einen Stammplatz kämpfen. In den folgenden drei Jahren war ich zwar bei der Nationalmannschaft, aber ich saß auf der Bank. Denn zu der Zeit durfte noch nicht ausgewechselt werden.

Warum wechselten Sie nach drei Jahren bei der Eintracht zu Borussia Dortmund?

Ich habe es gemacht, weil die Dortmunder mir nicht wie die Eintracht einen Dreijahresvertrag, sondern einen Fünfjahresvertrag angeboten haben. Zudem hat mir die Borussia beim Aufbau meiner Druckerei geholfen.

Wie kamen Sie darauf, mit 27 als BVB-Profi in Hanau eine Firma zu gründen?

Ich hatte in Willi Dapper einen Geschäftspartner, der ein Fachmann ohne Ende war. Also haben wir eine kleine Druckerei übernommen, die gerade zum Verkauf stand.

Nach Ablauf der fünf Jahre wurden Sie im gehobenen Fußballeralter noch zur Legende beim FSV Frankfurt.

Es hat mir imponiert, dass man auch in einem kleineren Verein ein Star sein kann. Aber ich habe immer sportlich gelebt. Daher war für mich klar, dass ich nicht mit 32 die Schuhe an den Nagel hänge. Ich habe erst mit 37 gesagt: „So, jetzt mach ich Schluss und kümmere mich um den Betrieb."

Wie haben Sie es geschafft, Ihr Unternehmen zur DFB-Hausdruckerei zu machen?

Ob nun Horst R. Schmidt oder Klaus Koltzenburg – alle, die beim DFB etwas zu sagen hatten, waren Bekannte von mir. Und da ich nie goldene Löffel geklaut hatte, war der DFB mein berufliches Leben. Ich bin sehr glücklich, wie das alles gelaufen ist.

Aus Coesfeld in die Bundesliga: Tschiskale auf seinem ersten Platz bei der Eintracht.

Uwe Tschiskale

Der Hotelier

Ein Bundesliga-Aufstieg mit Wattenscheid, je ein halbes Jahr bei Bayern München und auf Schalke – Uwe Tschiskale hat so einiges erlebt im Fußball. Dabei wäre der klassische Torjäger womöglich überhaupt nicht entdeckt worden: Weil seine Eltern keinen Führerschein besaßen, haben Bekannte das jugendliche Offensivtalent regelmäßig zu den Spielen der Kreis- und Westfalenauswahl gefahren.

Der Aufwand hat sich gelohnt, doch viel hat Tschiskale heute nicht mehr mit dem Fußball am Hut. Im Februar 2005 hat er ein Hotel in Coesfeld übernommen, einen Altbau von 1936. Mittlerweile ist es sehr behaglich, doch die Renovierungen dauern an. „Ich habe mehr Arbeit damit, als ich dachte", räumt Tschiskale ein. Und trotzdem betreut er ehrenamtlich auch noch einen geistig Behinderten. Ein Gespräch über Rückschritte, Fortschritte und verschlungene Pfade zum Glück.

Uwe Tschiskale
(* 9. Juli 1962 in Coesfeld) absolvierte zwischen 1985 und 1993 101 Bundesligaspiele (25 Tore) und 144 Zweitligapartien (72 Tore) für die SG Wattenscheid 09, Bayern München und Schalke 04. Im Februar 1989 erzielte er das Tor des Monats. Heute führt er das Hotel Am Münstertor in Coesfeld.

Uwe Tschiskale, wie schafft man es aus Coesfeld in die Bundesliga?
Das war ein großer Glücksfall. Mein Onkel Klaus Vormann hat mir ein Probetraining bei Preußen Münster vermittelt. Zwei Stunden lang musste ich Flanken von Horst Blankenburg verwerten. Danach war klar, dass die Preußen mich verpflichten.

Warum sind Sie mit Münster immer knapp am Zweitligaaufstieg gescheitert?
Es war eine schöne Zeit, wir hatten viel Spaß. In der Mannschaft waren aber viele Studenten, die verständlicherweise nicht den unbedingten Willen hatten, Profis zu werden. Damals wusste ich das nicht, da war ich noch zu blöd. Gegen Saisonende haben wir immer viele Spiele verloren. Und wir hatten jedes Mal schon den Ballermann gebucht, so dass wir uns die Aufstiegsrunde gar nicht leisten konnten.

Sie selbst sollten einen persönlichen Aufstieg in die Zweitklassigkeit erleben.
Der Wechsel zur SG Wattenscheid war ein Riesensprung für mich. Nach drei Monaten musste ich mich entscheiden, ob ich weiter bei der Polizei bleibe oder mich nur auf den bezahlten Fußball konzentriere. Beurlauben lassen konnte ich mich nicht, daher habe ich bei der Polizei gekündigt.

Nach zwei Jahren folgte der Wechsel zu Bayern München. Ein Fehler?
Ich habe in dem halben Jahr viele positive Erfahrungen gesammelt, aber leider nur zwei Mal gespielt – zu Recht, weil die anderen besser waren. Als ich nach einem halben Jahr endlich so weit war, kam der Anruf von Schalkes Präsident Oscar Siebert. Meine Frau Anja hat sich in München nicht wohl gefühlt, weil sie viel allein war. Also kam der Schritt zurück nach Schalke. Und es war wirklich ein Rückschritt.

Warum war Ihr Verhältnis zu den S04-Fans von Anfang an belastet?
Ich kam von den ungeliebten Bayern, daher hatte ich einen schweren Stand. Es ist schon hart, wenn 30.000 Zuschauer „Tschiskale raus" rufen. Das war auch eine Erfahrung, weil es zum ersten Mal in meinem Leben bergab ging.

Nach dem Abstieg mit Schalke folgte die Rückkehr nach Wattenscheid.
Dort hatte ich wieder Spaß am Fußball. Wir sind im zweiten Jahr direkt aufgestiegen. Aber mit dem Aufstieg wurde der Druck größer. Und irgendwann hörte der Spaß auf.

Was meinen Sie?
Als Kapitän war ich ein Typ, der immer offen und ehrlich seine Meinung gesagt hat. Das kam bei den Verantwortlichen nicht immer so gut an. Wir hatten damals keine gute Stimmung in der Mannschaft. Also habe ich Hannes Bongartz darauf hingewiesen. Anschließend habe ich die Beurlaubung bekommen, gemeinsam mit Günter Hermann, Andrej Sidelnikow, Robert Trenner und Ali Ibrahim. Eine Begründung haben wir nie bekommen. Man wollte wohl ein Zeichen setzen, aber danach ging es noch weiter bergab.

Wie ging es nach Wattenscheid weiter?
Durch meinen Bandscheibenvorfall ging es eh langsam sportlich bergab. Ich hatte sicherheitshalber den A-Schein gemacht. Aber meiner Frau und mir war schnell klar, dass wir nicht ständig auf gepackten Koffern sitzen wollen. Also habe ich meine Karriere in Münster ausklingen lassen und wurde noch deutscher Amateurmeister. Aber danach war es das dann für mich. Ich habe mir gesagt: „Du quälst dich jetzt nicht mehr herum."

Wie kommt es, dass Sie mittlerweile Hotelier sind?
Ich wollte etwas völlig Neues anfangen. Also habe ich ein Fernstudium in Sportmanagement absolviert, eine Teichbaufirma und einen Verein für Essen auf Rädern geleitet. Dass es letztendlich ein Hotel geworden ist, hätte ich nie im Leben gedacht.

Nicht sein Tag: Volkan Ünlü versucht, seine Tränen zu verstecken.

Volkan Ünlü
Vom Gegner gefeiert

Manchen Spielern reicht eine einzige Partie, um berühmt zu werden. Für Volkan Ünlü gilt das, wenn auch nicht im positiven Sinne: Bei einem seiner wenigen Bundesligaspiele hielt der Schalker Schlussmann so schlecht, dass man sich noch heute an ihn erinnert. Ein Blick zurück.

Als Knut Kircher die Partie zwischen dem VfL Bochum und Schalke 04 abpfeift, gibt es für Volkan Ünlü kein Halten mehr. Der Torwart läuft nicht, er sprintet Richtung Treppe, die ihn in die Gästekabine führen soll. Dort wird er sich am besten gleich in der Toilette einschließen, nicht, dass ihn noch jemand so sieht. Sein Team hat zwar gerade mit 2:1 gewonnen, doch Ünlü fühlt sich wie ein großer Verlierer.

Einfach alles soll schief laufen bei seinem vierten Bundesliga-Einsatz. Schon beim Aufwärmen spürt der 20-Jährige, dass etwas nicht stimmt an diesem Samstagnachmittag im Mai 2004. Die Bälle fliegen ihm nur so um

Volkan Ünlü
(* 8. Juli 1983 in Gelsenkirchen) bestritt zwischen 2002 und 2005 vier Bundesligaspiele für Schalkes Profis und neun Regionalligaeinsätze für die Reserve. Anschließend spielte er für Besiktas Istanbul, konnte sich dort aber wie auch später bei Caykur Rizespor, Sivasspor, dem MVV Maastricht, Trabzonspor und 1461 Trabzon keinen Stammplatz sichern. Seit Oktober 2011 spielt er für den Regionalligisten SG Sonnenhof Großaspach.

die Ohren. So sehr steht der türkische U21-Nationalspieler neben sich, dass er sich fast schon beim Vorbeihechten beobachten kann.

Muss sich so ein erstes Derby anfühlen für einen Gelsenkirchener, der unweit vom Stadion wohnt und in seinem Leben immer diesen Moment herbeigesehnt hat? Oder liegt der Druck im Kampf um den UEFA-Cup begründet? Von einem „Schlüsselspiel" hat Trainer Jupp Heynckes im Vorfeld gesprochen, für Ebbe Sand ist es gar „ein Finale". Mit einem Sieg würde der VfL die Königsblauen auf acht Punkte distanzieren, Europa wäre für Schalke dann so fern wie ein Stammplatz für Ünlü, der lediglich den verletzten Frank Rost vertritt.

Zielstrebig unterläuft Ünlü eine Flanke nach der anderen, und wenn er doch mal an den Ball kommt, gleitet ihm dieser sogleich aus den Fingern. Die Bochumer spüren seine Unsicherheit und schlagen reihenweise hohe Bälle in den Strafraum. Eigentlich sollte der Ünlüs Hoheitsgebiet sein, doch er irrt orientierungslos umher. Und da kommt schon die nächste Ecke: Er sieht das Leder fliegen, er fixiert es, geht ein paar Schritte nach vorn, setzt zum Sprung an, schwebt durch die Luft, streckt seine Hände nach vorn und – vorbei. Bochums Martin Meichelbeck hat kein Problem, zum 1:0 für die Hausherren einzuköpfen.

Das Getuschel wird immer lauter, „sie lachen über mich", denkt der Torhüter. Als er aus der Halbzeitpause zurück auf den Rasen kehrt, wird er bestätigt: Die Bochumer Fans haben schon auf ihn gewartet. Hämische „Ünlü, Ünlü"-Rufe hallen durch das Stadion, als er sich dem Tor vor der Heimkurve nähert. Ohne Mitleid singen die Fans, immer weiter.

Doch dann geschieht etwas, was erst den Unsicherheitsfaktor und dann den VfL aus der Bahn wirft. 77 Minuten sind gespielt, als Thomas Kläsener den Ausgleich markiert. Wenig später trifft Michael Delura zum 1:2. Ünlü will sich eigentlich freuen, doch er schafft es nicht so recht. Denn jetzt werden die Hausherren wütend anrennen und ihm eine beschäftigungsreiche Schlussphase bescheren.

Die letzte Minute, der letzte Angriff der Bochumer. Ein Schuss, von Kläsener abgefälscht, zischt Richtung Torwinkel. Ünlü denkt jetzt zum ersten Mal nicht nach, er handelt einfach. Ein weiter Sprung, ein herausgefahrener Arm, und er hat das Leder über den Kasten gelenkt. „Ich kann es ja doch noch", sagt sich der Jungspund. Vermutlich wegen seiner Reflexe hat er es überhaupt in die Bundesliga geschafft.

„Ich habe ein schlechtes Spiel gemacht. Aber in der entscheidenden Situation war ich da", wird der Keeper später bei seinem Interviewmarathon sagen. Doch im Moment des Schlusspfiffs will er einfach nur noch weg. Einen Sprint später ist er schon auf der Treppe, abwärts Richtung Katakomben, der Einsamkeit ganz nah. Doch auch sein letztes Vorhaben an diesem Nachmittag soll scheitern. Co-Trainer Eddy Achterberg stellt sich ihm in den Weg, spricht ein paar Worte und schiebt ihn dann Richtung Fankurve.

Ünlü ist zu leer, um zu widersprechen, also taumelt er wieder aufs Spielfeld. „Es ist vorbei", denkt er sich und spürt, wie der Ballast von ihm abfällt. Und dann brechen alle Dämme. Die Tränen schießen ihm in die Augen, er kann nichts dagegen tun. Er zieht sich das Trikot über den Kopf, denn so will er nicht gesehen werden. Zu spät. Seine Mitspieler haben es längst bemerkt. Tröstend nimmt ihn einer nach dem anderen in den Arm, sogar Jörg Böhme, der ihn vorhin noch so angeschnauzt hat.

Das gibt Ünlü neuen Mut. Als die Tränen getrocknet sind, stellt er sich den Fragen der Presse. Er beantwortet sie alle, sehr lange. Am Ende sagt Ünlü: „Das Match wird mich für meine Karriere stärker machen." Er soll sich täuschen. Bis zu seinem Vertragsende im Juni 2005 wird er in keinem Pflichtspiel für die Profis mehr eingesetzt werden.

„Ich wollte nicht weg, aber was sollte ich machen?" Hans Walitza 1973 in Bochum.

Hans Walitza

Der Enttäuschte

An seinem 50. Geburtstag bat Hans Walitza seinen alten Bochumer Kumpel Jürgen Köper: „Hol mich hier raus, sonst passiert was." Kurze Zeit später ist der spielsüchtige Goalgetter gemeinsam mit seiner Ehefrau Marlies aus Nürnberg zurück ins Revier gezogen. Nun, 16 Jahre später, hat er die Sucht im Griff. Doch seine Liebe zum VfL Bochum ist daran gescheitert.

Denn ihm, der den Klub mit seiner Ablösesumme einst am Leben hielt, wollte man beim VfL keine Hilfe gewähren. Dabei hatte Walitza in seiner Glanzzeit ganz andere Möglichkeiten. Nicht nur Feyenoord Rotterdam und die Grashoppers Zürich wollten ihn verpflichten, zwischenzeitlich zeigte Real Madrid Interesse an dem Torjäger. Dessen Stürmerstar Santillana drohte das Karriereende, weil er nur eine Niere hatte. Walitzas Pech: Bei genauerem Hinsehen entdeckten die Ärzte doch noch eine zweite Niere, Real hatte keinen Bedarf mehr.

Hans Walitza
(* 26. November 1945 in Mülheim) kickte zunächst von 1965 bis 1969 in der Regionalliga West für Schwarz-Weiß Essen, ehe er zum Ligakonkurrenten Bochum wechselte. Den VfL schoss er 1971 in die Bundesliga und traf in den folgenden drei Jahren bei 99 Einsätzen im Oberhaus 53 Mal. 1974 wechselte er zum 1. FC Nürnberg, für den er bis 1979 9 Bundesligapartien (kein Tor) und 118 Zweitligaeinsätze (71 Treffer) bestritt. Heute lebt er mit seiner Frau Marlies wieder in Bochum.

Hans Walitza, sind Sie ein geborener Torjäger?
Eigentlich ja. Ich konnte gut schießen und hatte einen sehr guten Kopfball. Aber ich hätte auch ganz gerne in der zweiten Reihe gespielt. Früher hattest du einen, der mit dir auf die Toilette gegangen ist, manchmal auch zwei. Wenn man 90 Minuten gegen Schwarzenbeck spielte, wusste man gar nicht mehr, was los ist.

Sie waren nicht nur bei Ihren Gegenspielern ziemlich gefragt.
Als ich Schwarz-Weiß Essen 1969 verließ, hatte ich Angebote von fast allen Bundesligavereinen. Und ich hatte schon beim 1. FC Köln unterschrieben. Trotzdem rief mich Bochums Präsident Ottokar Wüst an und fragte: „Hans, können wir Sie noch einmal kontaktieren?" Die haben mich so lange beredet, bis ich denen auch zugesagt habe.

Wie haben die Kölner reagiert?
Meine Frau und ich haben uns mit dem FC-Vorstand getroffen. Da musste ich zum ersten Mal in meinem Leben Schildkrötensuppe essen. Ich habe ihnen gesagt, dass ich es mir in Köln nicht zutraue. Daraufhin haben sie den Vertrag zerrissen, weil sie mich gut leiden konnten. Heute würden sie einem 18 Anwälte auf den Hals hetzen.

Und dann kam auch noch ein Angebot aus Mönchengladbach.
Aber das war Trinkgeld. Unter Borussen-Manager Helmut Grashoff musste man am besten noch Kohle mitbringen. So bin ich dann nach Bochum gekommen.

War es die richtige Entscheidung?
Die fünf Jahre beim VfL waren die schönsten meines Fußballer-Lebens. Die möchte ich nicht missen.

Wie haben Sie es geschafft, zum Publikumsliebling zu werden?
Ich habe Tore geschossen! Und ich habe gearbeitet. Die Leute wussten, dass ich kein Osterhase bin, der vorne auf die Eier wartet.

So wurden Sie zu einem Rekordtransfer Ihrer Zeit, als Sie 1974 von Bochum nach Nürnberg wechselten.
Die Ablösesumme betrug 666.000 D-Mark. Der Einzige, der teurer war, war Jupp Kapellmann bei seinem Wechsel von Köln zu den Bayern. Die Leute in Nürnberg haben gedacht, jetzt kommt der liebe Gott. Beim ersten Training habe ich mich schwer verletzt. Da hatte ich schon eine dreifache Depression. Und dann kamen auch noch Briefe: „Du westdeutsches Schwein, gib die 600.000 zurück." Dabei wollte ich ja eigentlich auch gar nicht weg aus Bochum.

Warum sind Sie trotzdem gegangen?
VfL-Präsident Ottokar Wüst kam zu mir: „Hans, wir müssen Sie verkaufen." Ich wollte nicht, aber was sollte ich machen? Neben Nürnberg konnten mich aber nur Hertha BSC und – jetzt lachen Sie nicht – Fortuna Köln bezahlen. Finanziell waren die alle eine ganz andere Kategorie als Bochum, aber das hat mich nie richtig interessiert.

Und dann kam der Anruf von Fortuna-Präsident Jean Löring.
Er hatte mich zu sich nach Hause nach Düren eingeladen. Das war ein Traumschloss in einem Waldstück – da liefen sogar Löwen herum. Nachts haben wir Tennis gespielt, da sagte er mir: „Hömma, wat willste denn?" Ich sagte: „Schlagen Sie mal was vor." Er: „Du kriegst kein Geld von mir. Ich stell dir ein Vier-Familienhaus hin und für deine Frau eine Kinderboutique. Und dann ist gut." Warum der das alles wusste, weiß ich auch nicht.

Warum wurde es nichts?
Bei 400.000 D-Mark Ablöse sind sie ausgestiegen. Und vor 3.000 Zuschauern wollte ich

auch nicht wirklich spielen. Da hätte er mir acht Hochhäuser hinstellen können.

So ging es nach Nürnberg.

Das war einer meiner größten Fehler. Nicht, weil es so schlimm war. Aber was ich da mitgemacht habe, war schon krass. Es fing gleich mit dem Start an: Ich hab nicht dran gedacht, nur einen Vertrag für die Bundesliga zu unterschreiben. Am Ende fehlte ihnen ein Tor zum Aufstieg und ich war schon wieder in dieser scheiß Zweiten Liga.

Haben Sie das verdoppelte Gehalt, das Sie im Vergleich zu Bochum kassierten, als Schmerzensgeld empfunden?

Die Moneten haben mich nie interessiert, das war der Fehler. Nürnberg war wie Schalke: Wenn die kamen, passte keine Maus mehr ins Stadion. Und überall gab es Hass. Ich habe immer über 20 Tore geschossen, aber nie mehr meine Bochumer Form erreicht.

Im vierten Jahr mit dem FCN gelang dann doch noch der Klassensprung.

Danach ging meine Misere mit einem Achillessehnenriss weiter. Es hatte keinen Zweck mehr. Es war nicht wie heute, dass man auf einmal wieder fit war. Auch deshalb bin ich beim FCN nie glücklich geworden.

Inwiefern haben Sie die Fans gebraucht?

Nachdem ich in Nürnberg vor 50.000 Zuschauern verabschiedet wurde, war es hart. Ich hatte wirklich daran zu knabbern gehabt, samstags nicht mehr ins Stadion einzulaufen. Das hat mir viel mehr zu schaffen gemacht als alles andere. Es gibt nichts Schöneres, als vor 30.000, 40.000, 50.000 Fans Fußball zu spielen.

Warum haben Sie es eigentlich nie in die Nationalmannschaft geschafft?

In meiner besten Zeit in Bochum war ich richtig stark. Aber ich hatte das Pech, dass ein paar Raketen vor mir standen. Die waren noch einen Tick besser. Daher bin ich auch nicht böse, dass ich nur auf drei erbärmliche B-Länderspiele komme.

Leiden Sie heute eigentlich immer noch mit Bochum?

Nein. Früher habe ich nach den Partien mit Nürnberg immer als Erstes gefragt, wie der VfL gespielt hat. Ich war Bochumer durch und durch. 1996 sind wir nach Bochum zurückgekehrt. Wissen Sie, wie oft ich seitdem im Stadion war? Einmal 1998 gegen Werder Bremen, und da hat mich Jürgen Köper sogar noch vergewaltigt, damit ich mitgehe.

Wie kam es zum Bruch mit Ihrem Herzensverein?

Das hat unglaublich viele Gründe. Bei Vereinen wie Bayern München und Borussia Dortmund sind viele ehemalige Spieler in irgendwelchen Funktionen eingebaut, ob es nun Platzwart ist oder was weiß ich. Ich wage zu behaupten: Ohne mich wäre der VfL Bochum nicht aufgestiegen. Daran geht gar kein Weg vorbei. Diese Ablösesumme, die mein Leben radikal verändert hat, hat Bochum am Leben gehalten. Wenn der VfL damals nicht die Lizenz erhalten hätte, glaube ich nicht, dass er noch einmal hochgekommen wäre. An so etwas sollte man sich mal erinnern, wenn einer in Schwierigkeiten steckt.

Und Sie steckten aufgrund Ihrer Spielsucht in Schwierigkeiten.

Ich habe viel Mist gebaut im Leben. Aber wie sich der Verein da verhalten hat, war erbärmlich. Ich wollte ja keine 200.000 Euro verdienen. Aber da kam nichts. Mir wurde ein Fließbandjob in einer Recyclingfirma angeboten. Die Enttäuschung war unglaublich, die habe ich bis heute nicht überwunden.

Wie gehen Sie nun mit dem VfL um?

Ich schaue mir die Spiele im Fernsehen an. Ich freue mich aber nicht, wenn sie gewinnen, und ich ärgere mich nicht, wenn sie verlieren. Das ist eigentlich traurig.

Ein Torjäger durch und durch: Walitza auf seinem ersten Platz beim VfB Speldorf.

Im Trikot des VfL Bochum hatte Weber einigen Grund zum Jubeln, beim DFB hingegen nicht.

Achim Weber
Nationalspieler für einen Tag

Wir schreiben den August 2000: Der VfL Bochum hat als Bundesliga-Aufsteiger den Auftakt in Kaiserslautern bestens gemeistert und prompt erhält der 31-jährige Torjäger Achim Weber eine Einladung zur B-Nationalmannschaft, dem Team 2006. Warum aus dem Debüt für den DFB doch nichts wurde, verrät Weber selbst.

„Ich war gerade mit dem VfL Bochum in die Bundesliga aufgestiegen und hatte in der Zweiten Liga 19 Tore erzielt. Die Saison war ein paar Tage alt, als der Anruf von Horst Hrubesch kam. Ich war erstmal überrascht. Er sagte, dass er mich schon ein paar Jahre auf seiner Liste gehabt hätte und mich schon immer mal einladen wollte. Am Ende des Gesprächs habe ich gefragt, wie viele vorher abgesagt hatten. Er musste ein bisschen lachen, denn es waren tatsächlich einige. Trotz allem ist es eine Ehre, wenn man eingeladen wird, das ist schließlich irgendwo schon eine hohe Wertschätzung. Da spielt es auch keine Rolle, ob man mit 19 oder mit 39 eingeladen wird: Es ist immer ein Highlight.

Wir sollten in Portugal antreten, gegen eine Mischung aus Olympia-, A- und U21-Auswahl. Unsere Truppe hieß gar nicht mehr A2-Nationalmannschaft, sondern Team 2006. Bei der WM im eigenen Land wäre ich 37 gewesen. Ich hatte nicht unbedingt darauf spekuliert, dann noch dabei zu sein. Trotzdem standen einige im Kader, die es später in die A-Nationalmannschaft geschafft haben, Torsten Frings etwa.

Wir waren aber ein zusammengewürfelter Haufen. Der Kernkader bestand aus 13, 14 Akteuren, die Spielpraxis bekommen sollten. Fürs Drumherum waren sechs weitere Kicker dabei, damit man einen vernünftigen Eindruck hinterlässt. Ich war gerne mit an Bord, auch wenn ich zur zweiten Gruppe zählte.

Die Truppe hatte bis dahin so ziemlich jedes Spiel verloren und fand in der Öffentlichkeit kaum statt. Wie wenig sich die Mannschaft untereinander kannte, das wurde schon zu Beginn des Trips deutlich. Wir hatten uns am Sonntag in Frankfurt getroffen, sind komplett eingekleidet worden und hatten ein gemeinsames Training. Ich hatte den weiteren Ablauf schon vor Augen: Schnell mal ins Flugzeug steigen, die Portugiesen weghauen und dann ab nach Hause. Schließlich stand für mich mit dem VfL am folgenden Wochenende das Highlight gegen Bayern München an.

Es sollte anders kommen. Für mich persönlich stand das Länderspiel leider Gottes unter einem schlechten Stern. Ich bin gar nicht erst mit nach Portugal geflogen. Wir waren schon am Flughafen eingecheckt, eigentlich war alles klar. Aber im Hotel gab es noch ein Frühstück, ehe eine halbe Stunde später der Bus zum Flieger starten sollte.

Gleich beim ersten Biss ins Brötchen ist mir der halbe Zahn weggeflogen. Das ging von jetzt auf gleich, wie ein Achillessehnenriss. Der Schmerz stieß mir auf einmal ins Gesicht. Ich musste sofort zum Zahnarzt. Es war gar nicht daran zu denken, überhaupt noch mal die Schuhe anzuziehen. Für mich ging es nur darum, irgendwie diesen Schmerz loszuwerden. Das war schon sehr unangenehm. Ein Bekannter hat mir direkt einen Termin bei meinem Zahnarzt in Ratingen besorgt, ich konnte sofort zu ihm.

Den 2:0-Sieg habe ich mir dann später vorm Fernseher angeschaut. Ich sehe mich immer als positives Maskottchen: Es war das einzige Spiel, dass diese Truppe gewonnen hat. Danach kam nie wieder eine Einladung für mich, weil die Auswahl aufgelöst wurde. Immerhin: Die DFB-Klamotten durfte ich behalten, auch wenn ich leider kein Trikot bekommen habe."

Weber auf seinem ersten Platz bei der SSVg Heiligenhaus.

Achim Weber
(* 11. März 1969 in Velbert) bestritt zwischen 1990 und 2004 9 Bundesligaspiele (1 Tor), 102 Zweitligaspiele (44 Tore) und 46 Regionalligapartien (22 Tore) für Fortuna Köln, Rot-Weiss Oberhausen, den VfL Bochum und Rot-Weiss Essen. Heute arbeitet er für eine Essener PR- und Marketingagentur.

Nur noch Joker: Jürgen Wegmann 1994 bei Rot-Weiss Essen.

Jürgen Wegmann
Der Mann mit dem Scherenschlag

Der Tag ist jung und Jürgen Wegmann hat noch viele Worte übrig. Wir sind auf seinem ersten Fußballplatz verabredet, einer kleinen Bolzwiese direkt an einer großen Kreuzung in Essen-Bergeborbeck. Es ist eine triste Gegend und die in die Jahre gekommene Stretch-Limousine des benachbarten Autohauses verstärkt diesen Eindruck noch.

In dieser Umgebung hat der 47-Jährige die Grundlage für eine große Karriere gelegt, in deren Verlauf er sich den Beinamen „Kobra" erarbeitet, Deutscher Meister mit den Bayern wird und Borussia Dortmund mit seinen Toren vor dem Abstieg aus der Bundesliga bewahrt. So groß war sein Heldenstatus beim BVB, dass man ihm sogar den Wechsel nach Schalke verzieh und ihn später wieder bei der Borussia aufnahm.

Doch das ist lange her. Heute arbeitet Wegmann für den Sicherheitsdienst im Fanshop des FC Bayern im Oberhausener CentrO, nachdem er 2007 seinen Job in der Fanartikel-Abteilung des BVB verloren hat. Er spricht nicht gern darüber, weil dieser Teil seines Lebens nicht zu seiner glorreichen Vergangenheit passt.

Dabei erzählt Wegmann gerne von früher. Für ihn gibt es nur ein Thema: den Scherenschlag-Treffer, den er 1988 gegen den 1. FC Nürnberg erzielte und der zum „Tor des Jahres" gewählt wurde. „Es zählt zu den zehn schönsten Toren in der Geschichte des FC Bayern und damit zu den wichtigsten Toren der Welt", sagt Wegmann.

Wie besessen berichtet der gebürtige Essener von diesem einen Schuss, er nutzt das enge Spielfeld, um seine Entstehung zu demonstrieren. Entschlossen erklärt er, warum seine Bude schöner ist als das „Tor des Jahrzehnts" von Klaus Augenthaler und auch das

„Tor des Vierteljahrhunderts" per Fallrückzieher von Klaus Fischer.

Schließlich schnappt er sich einen Ball und versucht zwei Mal erfolglos, die Latte zu treffen. Er holt das Leder aus dem Gebüsch, kommt zurück und redet weiter. Von den 18 Übungen, die von seinem Idol Bruce Lee stammen und mit denen er seit seinem sechsten Lebensjahr an der Koordination gefeilt hatte. „Diese Übungen haben dazu geführt, dass ich dieses Tor erzielt habe – hundertprozentig. Das ist nicht nur so ein Schuss gewesen", sagt Wegmann.

Warum ihm das alles so wichtig ist? Zum 100-jährigen Vereinsjubiläum des FC Bayern wurde ein Treffer von Gerd Müller als schönstes Tor der Klub-Geschichte ausgezeichnet. Zu viel für Wegmann, dessen einzigartiger Treffer nur in die Vorauswahl kam. „Kann man die Vergangenheit verändern?", fragt die „Kobra", um sich selbst zu antworten: „Das ist möglich!"

Also bat Wegmann Müller, ihm die Auszeichnung abzutreten. Und der stimmte tatsächlich zu. Sein Problem: Den Bayern ist das egal, auf die erhoffte Auszeichnung wartet der einstige Torjäger seit Jahren vergeblich. Dabei würde er doch nur zu gern Gutes damit bewirken: „Die Schuh-Trophäe würde einen Erlös bringen – eine Million Euro, vielleicht sogar fünf. Ich würde alles spenden. Menschen würden davon profitieren, die benachteiligt worden sind."

Dann bittet er mich, in den Kasten zu gehen. Ich stelle mich zwischen die dünnen Torpfosten, spüre etwas an mir vorbeizischen und höre ein „pling". Wegmann hat den Ball genau in den Winkel gehämmert und strahlt – Fußball kann er immer noch.

Zum Abschied drückt Wegmann mir einige Schnipsel in die Hand: ein Foto seines Scherenschlag-Tores, eine alte Autogrammkarte – und den Prospekt der St.-Elisabeth-Kirche in Essen-Frohnhausen: „Ich bin oft dort. Es wäre schön, wenn mehr Leute dorthin kämen." Denn Wegmann hat viel zu erzählen. Und er hätte etwas zu lernen: Dass er mehr ist als nur der Mann mit dem Scherenschlag.

Wegmann auf seinem ersten Platz, einer Bolzwiese in Essen-Bergeborbeck.

Jürgen Wegmann (* 31. März 1964 in Essen) bestritt zwischen 1981 und 1994 203 Bundesligaspiele (69 Tore) und 77 Zweitligapartien (34 Treffer) für Rot-Weiss Essen, Borussia Dortmund, Schalke 04, den FC Bayern München und den MSV Duisburg. Obwohl er 1989 Deutscher Meister wurde, reichte es nie für Einsätze in der A-Nationalmannschaft: „Ich war eben kein Weltstar. Ich habe von fünf Spielen ein richtig starkes gemacht, der Rest war Durchschnitt." Heute arbeitet Wegmann für den Sicherheitsdienst des Bayern-Fanshops im Oberhausener CentrO.

Vom Fußballer zum Ironman: Witeczek auf seinem ersten Platz beim SV Post Oberhausen.

Marcel Witeczek
Der Ironman

Mit 13 Jahren zog Marcel Witeczek aus Polen nach Mülheim. Zwei Mitschüler nahmen den Straßenfußballer mit zum Post SV Oberhausen, und der, obwohl des Deutschen zunächst kaum mächtig, war schnell integriert. Das lag auch an seinen fußballerischen Fähigkeiten: Gleich in seinem ersten Spiel erzielte Witeczek fünf Tore für seinen ersten Verein, der, das wurde schnell klar, nur eine Durchgangsstation sein sollte.

Und tatsächlich: Witeczek schaffte den Sprung in den Profibereich, er wurde Deutscher Meister und UEFA-Cup-Sieger. Der 43-Jährige muss niemandem mehr etwas beweisen. Doch im fortgeschrittenen Alter trainiert er als Hobby-Triathlet mehr als zuvor als Fußball-Profi. Was ihn antreibt, in seiner Freizeit 3,8 Kilometer zu schwimmen, 185 Kilometer Rad zu fahren und 42,195 Kilometer zu laufen und dafür eine monatelange Vorbereitung in Kauf zu nehmen, verrät er im Interview.

Marcel Witeczek
(* 18. Oktober 1968 in Tychy/ Polen) absolvierte zwischen 1986 und 2004 410 Bundesligaspiele (50 Tore), 64 Zweitligapartien (9 Tore) sowie 29 Regionalligaeinsätze (3 Tore) für Bayer Uerdingen, den 1. FC Kaiserslautern, Bayern München, Borussia Mönchengladbach und die SG Wattenscheid 09. Er wurde 1994 und 1997 Deutscher Meister und holte 1996 den UEFA-Cup. Heute ist er als Gesundheitsreferent für die AOK Rheinland/Hamburg tätig.

Marcel Witeczek, wie kam es zu Ihrer Zweitkarriere als Sportler?
Nach dem Ende meiner Zeit als Fußballer wollte ich mich fit halten. Ich bin immer gerne joggen gegangen, daher habe ich an einigen Marathonläufen von Düsseldorf, Berlin und Hamburg bis nach New York teilgenommen. Ich habe über zehn Marathons und ein paar Crossläufe gemacht.

Das klingt noch nicht besonders spektakulär.
Am Anfang wollte ich auch einfach nur ins Ziel kommen, aber dann bin ich ehrgeiziger geworden und es wurde immer mehr. Irgendwann bin ich unter drei Stunden gelaufen, und dann musste ich mir neue Ziele setzen.

Und dann war ausgerechnet Triathlon naheliegend?
Ja, manchmal ist es eben so einfach: Ich bin immer sehr gerne Rad gefahren. Also musste ich nur noch Schwimmen lernen. Das ging sehr schnell. Seit zwei Jahren laufe ich nun Triathlon. Daher trainiere ich im Moment mehr als zu meiner Profizeit.

Wie groß ist der Aufwand, den Sie betreiben?
Sechs, sieben Mal pro Woche trainiere ich, letztes Jahr waren es sogar zehn Einheiten. In der Hochphase laufe ich über 200 Kilometer pro Woche, fahre 400 bis 500 Kilometer mit dem Rad und schwimme 10, 12 Kilometer. Da kommen schnell 25 Stunden zusammen.

Sind Sie jetzt fitter als zu Ihrer Zeit als Profi?
Definitiv. Damals hätte ich nie gedacht, dass ich 15 Kilometer am Stück laufen kann. Und dass ich das freiwillig machen würde, erst recht nicht. Ich bleibe wohl einfach ein Wettkampftyp, der sich immer verbessern will.

Nähern Sie sich schon Ihrer Maximalleistung?
Seien wir ehrlich: Ab 40 geht es körperlich bergab. Ich habe mit meinen 43 Lenzen vielleicht noch zwei, drei gute Jahre. Danach wird die Leistung runtergehen.

Wie ist es für einen Mannschaftssportler, plötzlich auf sich allein gestellt zu sein?
Ich trainiere seit zwei Jahren öfter mit Bernd Meyer, der 2007 Triathlon-Weltmeister in der Altersklasse 40 geworden ist. Auf den langen Strecken ist es auch für den Kopf wichtig, dass man nicht allein ist. Aber im Rennen hilft einem niemand.

Was war Ihr bisheriges Highlight?
Den Ironman in Frankfurt habe ich in unter elf Stunden geschafft. Die Vorbereitung war aber auch gewaltig: ein ganzes Jahr lang hatte ich darauf hintrainiert.

Haben Sie weitere Ziele?
Die Qualifikation für Hawaii werde ich wohl nicht mehr schaffen, denn dafür müsste ich noch eine Stunde schneller sein. Der Aufwand wäre sehr groß, das geht zeitlich nicht.

Und was ist mit dem Ironman in Roth?
Er ist der renommierteste Wettbewerb in Deutschland, und ich würde gerne daran teilnehmen. Da muss ich mir noch das Okay von meiner Frau holen. Morgens um sechs würde ich schwimmen gehen, nachmittags nach der Arbeit müsste ich noch eine Einheit machen und am Wochenende fährt man dann fünf, sechs Stunden weg. Das ist recht zeitaufwändig, und daher muss ich mit meiner Frau darüber verhandeln. Schließlich klappt es nur, wenn sie das mitmacht.

Wofür nehmen Sie die ganze Quälerei auf sich?
Ich habe gerne ein Ziel vor Augen. Das Training macht mir Spaß, und die Wettbewerbe sind etwas Besonderes. In New York auf die First Avenue einzubiegen und auch noch von den Zuschauern in der siebten Reihe angefeuert zu werden, ist ein tolles Gefühl.

Leusbergstraße gegen Neustraße: Woelk in Recklinghausen, seiner Heimat.

Lothar Woelk
Der ewige Arbeiter

Lothar Woelk gehörte zu denen, die dem VfL Bochum in den 1980er Jahren das Image der „Unabsteigbaren" verpassten. Allein schon durch sein Äußeres mit langen Haaren und Bart wirkte er verwegen. Seine rustikale Spielweise passte dazu und machte ihn zu einem, den man nicht gerne als Gegner hatte. So sorgte Woelk in seinen zwölf Jahren mit dafür, dass dem VfL immer der Klassenerhalt gelang.

Ein Titel blieb dem ehrlichen Arbeiter aber verwehrt, und daran hat er heute noch zu knabbern. Ebenso wie an der Tatsache, dass er die letzten drei Jahre seiner Karriere nicht wie verabredet bei seinem Herzensverein Bochum, sondern beim MSV Duisburg verbrachte. „Wir sind in der Zweiten Liga gestartet und ich war besessen davon, ins Oberhaus zurückzukehren", betont Woelk. Es überrascht kaum, dass er sein Ziel erreichte. Ein Gespräch über harte Arbeit und heftige Enttäuschungen.

Lothar Woelk
(* 3. August 1954 in Recklinghausen) absolvierte zwischen 1977 und 1992 420 Bundesligaspiele (30 Tore) und 64 Zweitligapartien (2 Tore) für den VfL Bochum und den MSV Duisburg. Anschließend erwarb er die Fußballlehrerlizenz und arbeitete kurzzeitig als Scout und Co-Trainer für den VfL Bochum. Heute lebt er als Privatier im Ruhrgebiet.

Lothar Woelk, sind Sie von Haus aus ein Arbeiter?
Ich bin in einer Bergarbeitersiedlung in Recklinghausen aufgewachsen. Wer da gewohnt hat, der hatte seinen Lebensunterhalt, aber große Sprünge konnte sich niemand erlauben. Italien-Urlaub war für uns in weiter Ferne, da war dann eher Erkenschwick angesagt. Immerhin hatten wir Verwandte in der DDR, in Königs Wusterhausen bei Berlin. Das kam mir wie ein Paradies vor.

Waren das die idealen Voraussetzungen für Ihre Karriere als Fußballer?
Fußball war der Mittelpunkt für uns. Nach der Schule haben wir gekickt. Wir kannten keine PlayStation oder Tennis, uns hat nur der große Ball interessiert. Auf den Straßen und Hinterhöfen haben wir alles live gemacht, was heute in den Fußballschulen trainiert wird. Der Ball war aus Rauleder mit einer Naht, der wurde nach jedem Spiel sauber gemacht und eingefettet.

War das Lederteil ein knappes Gut?
Klar, der wurde gehegt und gepflegt. Zur Not mussten wir einen Plastikball nehmen. Das war nicht angenehm, weil der fast so wie die Bälle von heute flatterte.

Gibt es heute noch Straßenfußballer?
Es werden immer weniger. Wenn überhaupt, dann sind es eher die ausländischen Mitbewohner, die auf den Bolzplätzen anfangen. Sonst ist es doch so: Sobald einer herausragt, wird er zu irgendwelchen Lehrgängen kutschiert.

Sie selbst stachen heraus, als „Unabsteigbarer" beim VfL Bochum.
Meine Philosophie war immer: Solange Lothar Woelk beim VfL spielt, steigen die nicht ab. Ich habe es zwölf Jahre geschafft. Kurz nach meinem Abgang war es dann das erste Mal so weit.

Warum hat es denn mit Ihnen immer geklappt?
Wir waren zwar eine graue Maus, aber trotzdem eine gute Mannschaft. Dieter Bast, Jupp Tenhagen, Ata Lameck – das war das Korsett, zudem kamen junge Leute dazu. Wenn der Verein dazu noch mal den Mut gehabt hätte, etwas zu investieren, wäre mehr drin gewesen als nur der zweite Platz im DFB-Pokal.

Verfolgt Sie das Endspiel von 1988 immer noch?
Ich habe das Finale gegen Eintracht Frankfurt später noch ein, zwei Mal angeschaut. Mehr als wir hätte man gar nicht machen können. Wir waren die klar bessere Mannschaft.

Warum hat es nicht gereicht?
Der Schiedsrichter hat uns ganz klar benachteiligt. Er hat uns einen Elfmeter verwehrt, ein Tor nicht gegeben und die vielen Fouls von Charly Körbel an Uwe Leifeld nicht geahndet. Am Ende stand es 0:1. Später beim Fußballlehrer-Lehrgang habe ich Charly gesagt: „Hau ab, du hast mich um meinen Pokal beschissen." Das war aber mehr im Spaß.

Es wäre der einzige bedeutende Titel in der Geschichte des VfL gewesen.
Der Schiri kam später beim Essen zu mir und entschuldigte sich für seine Leistung. Ich habe ihm gesagt: „Das können Sie nicht wiedergutmachen. Für mich wäre das ein richtiger Erfolg gewesen, wir hätten uns im UEFA-Cup präsentieren können. Um diese Chance haben Sie uns betrogen."

Warum sind Sie kurze Zeit später nach Duisburg gewechselt?
Ich hatte vom VfL die Zusage, noch einmal um zwei Jahre zu verlängern. Leider hat sich der Verein nicht daran gehalten. Ich war 34, so sind eben die Mechanismen. Aber enttäuschend war das schon.

Ein Stück Heimat: Wolters auf seinem ersten Platz beim Erler SV 08.

Carsten Wolters
Der Dauerläufer

Als Jugendlicher stand Carsten Wolters einmal auf Abruf in der Gelsenkirchener Kreisauswahl, was schon recht beachtlich ist, wenn man lediglich beim Erler SV 08 in der Kreisliga A kickt. Und obwohl er seinem Heimatverein bis zum 23. Lebensjahr treu blieb, wurde er noch Deutscher Meister mit Borussia Dortmund und ein Urgestein des MSV Duisburg.

Das ist schon ungewöhnlich genug. Doch das wirklich Bemerkenswerte an seiner Spielerkarriere ist, dass sie noch immer kein Ende gefunden hat. Der 42-Jährige tritt weiterhin gegen den Ball: Nicht nur in Duisburgs Traditionsmannschaft, sondern auch in der Landesliga, in der er schon zu Beginn seiner Laufbahn drei Jahre lang für Erle am Ball war. Dorthin ist er im Sommer 2011 mit dem SV Höntrop aufgestiegen. Warum er noch immer nicht die Lust verloren hat, obwohl er inzwischen auch noch die U19 des MSV trainiert, verrät er im Interview.

Carsten Wolters
(* 25. Juli 1969 in Gelsenkirchen) absolvierte zwischen 1992 und 2007 179 Bundesligaspiele (13 Tore) und 195 Zweitligapartien (18 Tore) für die SG Wattenscheid 09, Borussia Dortmund und den MSV Duisburg. 1996 wurde er mit dem BVB Deutscher Meister. Heute ist Wolters Trainer der Duisburger U19, nachdem er zwischen 2008 und 2011 für die U17 verantwortlich war. Nebenbei spielt der dreifache Familienvater seit 2009 für den SV Höntrop, dessen Anlage nur fünf Autominuten von seinem Haus entfernt liegt.

Carsten Wolters, wie konnten Sie so lange unentdeckt bleiben?

Damals war die Nachwuchsförderung nicht so wichtig. Es gab auch andere Beispiele: Billy Reina hat jahrelang in Unna auf Asche gespielt, ehe er den Sprung geschafft hat.

Wären Sie gerne noch einmal jung?

Ich sag meinen Jungs bei der Duisburger U19: „Ihr müsst euch freuen und eigentlich in jedem Training top motiviert sein, weil ihr in der höchsten Liga spielt." Ich habe in der Kreisliga A gespielt. Man sollte es zu schätzen wissen, dass man sich auf dem höchsten Niveau weiterentwickeln kann.

Hätten Sie es als Jugendlicher für möglich gehalten, Deutscher Meister zu werden?

Mein Ziel in der Jugend war es, in die erste Mannschaft von Erle 08 zu kommen. Das habe ich geschafft. Die Bundesliga wurde erst mit 23 in Wattenscheid ein Thema für mich.

Wie kommt es eigentlich, dass Sie als gebürtiger Gelsenkirchener nie auf Schalke gelandet sind?

Nach dem Bundesliga-Abstieg 1994 mit Wattenscheid war ich mir mit Manager Rudi Assauer und Trainer Jörg Berger schon einig. Die wollten mich und ich wollte nach Schalke – das war mein Traum. Ich war früher Fan und bin öfter im Stadion gewesen.

Doch der Traum hatte sich schnell erledigt.

Leider gab es das Bosman-Urteil noch nicht, so dass die SGW trotz des ausgelaufenen Vertrages eine Ablöse verlangen konnte. Die haben eine Million D-Mark aufgerufen, eine völlig utopische Summe. Damit war es erledigt. Ich habe noch ein Jahr Zweite Liga mit Wattenscheid gespielt und bin dann nach Dortmund gewechselt.

So haben Sie es innerhalb von fünf Jahren von der Landesliga in die Champions League geschafft.

Ich wusste, dass ich normalerweise nicht spielen würde. Die Borussen haben mit Reuter, Sammer, Cesar und Kohler lauter Topspieler aus Italien geholt, da musste ich mich hinten anstellen. Es war auch keine Schande, da nicht zu spielen.

Aber zufrieden waren Sie nicht, oder?

Letztlich war das Jahr okay, ich bin auf 15 Pflichtspiele gekommen. Das hat mich sportlich weitergebracht, war aber nicht befriedigend. Schließlich war ich im besten Fußballer-Alter. Daher war der Wechsel nach Duisburg der richtige Schritt für mich. Der MSV ist mittlerweile mein Verein geworden.

Aber Sie haben noch einen Zweitverein.

Ich bin mit dem SV Höntrop in die Landesliga aufgestiegen. Wenn es sich zeitlich vereinbaren lässt, versuche ich, das hinzukriegen. Aber es ist ganz klar, dass die U19 vorgeht, wenn es zeitliche Überschneidungen gibt.

Wie erwehren Sie sich gegen übermotivierte Gegenspieler?

Viele haben mich im Vorfeld gewarnt, dass ich richtig auf die Knochen kriegen würde. Die Erfahrung habe ich nicht gemacht.

Und Ihr Körper ist von der Schinderei begeistert?

Ich merke schon, dass die Regeneration länger dauert und dass ich das ein oder andere Wehwehchen spüre, das ich früher nicht hatte. Aber ich fühle mich nicht wie 40.

Was motiviert einen Deutschen Meister, ganz weit unten zu spielen?

Ich will mich fit halten. Und ich bin kein Typ, der alleine im Wald laufen geht. Mein ganzes Leben hat sich um Fußball gedreht. Der Alltag wurde davon bestimmt, die Wochenenden waren verplant. Seit 1992 ist es so und es macht immer noch Spaß.

Auf der Suche nach Talenten: Worm auf seinem ersten Platz beim MSV Duisburg.

Ronald „Ronnie" Worm
Der Millionenmann

Als Ronnie Worm als Zehnjähriger beim frisch gebackenen Bundesliga-Gründungsmitglied Meidericher SV anfing, war der große Fußball in weiter Ferne. Seine Nachwuchsmannschaft spielte auf der Schlacke der Hochöfen. Das erste Heimspiel auf Rasen durfte er mit 18 Jahren bestreiten, als es um die deutsche Jugendmeisterschaft ging.

Die widrigen Bedingungen sollten ihm nicht schaden, schließlich wurde der Offensivmann zum Bundesliga-Rekordtorschützen des MSV, zum Nationalspieler und bei seinem Wechsel nach Braunschweig auch zum ersten Millionentransfer der Bundesliga.

Noch heute lebt der Ur-Duisburger in Braunschweig. Dabei arbeitet er längst als Trainer für das Deutsche Fußball Internat in Marl und bildet auch Talente für seinen MSV mit aus – ganz ohne Schlackeplätze. Ein Gespräch über graue Mäuse und den Nabel der Fußballwelt.

Ronald „Ronnie" Worm
(* 7. Oktober 1953 in Duisburg) absolvierte zwischen 1971 und 1987 380 Bundesligaspiele (119 Tore) und 57 Zweitligapartien (14 Tore) für den MSV Duisburg und Eintracht Braunschweig. Zudem kam er zwischen 1975 und 1978 auf 7 A-Länderspiele (5 Tore). Heute arbeitet Worm als Trainer für das Deutsche Fußball Internat in Marl, lebt aber weiterhin in Braunschweig.

Ronnie Worm, sind Sie ein klassisches Eigengewächs?
Ich bin ein Meidericher Junge und bin hier groß geworden. Das war schon immer mein Verein, und deshalb wollte ich auch nur für den MSV spielen. Als ich 15 war, haben meine Eltern auch noch das Klubheim übernommen. Fünf Jahre lang haben sie es geführt, es war eine echte Familiensache.

War es für Sie von Vorteil, dass Ihre Eltern das Lokal betrieben?
Die Spieler der ersten Mannschaft haben im Vereinsheim gegessen, wenn sie zwei Mal am Tag Training hatten. So habe ich alle kennengelernt, auch die Trainer. Mit 15, 16 habe ich unter „Zapf" Gebhardt dienstags und donnerstags bei der Ersten mittrainieren dürfen.

Dabei standen Sie schon mit zehn Jahren vor dem Ende Ihrer Laufbahn.
Bereits vor meinem Eintritt in den Klub hatte ich eine Verletzung am Knie. Es war eine Jugendsünde: Mit neun Jahren habe ich mich auf ein paar Polster geworfen. Die sind aber weggeknickt und ich kam mit dem Knie auf dem Rand einer Holzkiste auf. Das halbe Bein war auf, aber ich hatte Glück. Der Arzt sagte, dass das Bein steif geblieben wäre, wenn ich einen halben Zentimeter höher aufgekommen wäre.

Wie hat sich die Verletzung bemerkbar gemacht?
Wenn das Wetter umschlug, konnte ich kaum laufen. Daher habe ich in der D3-Jugend im Tor angefangen. Irgendwann hat sich das gegeben. Mit 14 war ich schon in der Schülernationalmannschaft, mit 15 durfte ich vor 70.000, 80.000 Zuschauern in Berlin und Hamburg gegen England spielen.

Was war es für ein Gefühl, wenig später in die erste Mannschaft zu rücken?
Es war ein runder Übergang. Ich kannte die Spieler schon, daher habe ich mich nie als Fremder gefühlt. Wir waren im DFB-Pokalendspiel und im Europacup-Halbfinale. Für eine Mannschaft, die als graue Maus bezeichnet wurde, waren das schon tolle Erfolge.

Wie kam es, dass Sie sieben Jahre nach Ihrem Debüt in der ersten Mannschaft nach Braunschweig gewechselt sind?
Das Geld spielte natürlich auch eine Rolle. Aber ich bin beim MSV groß geworden und man dachte, dass man mich wie einen kleinen Jungen behandeln könne. Irgendwann habe ich gesagt: „Ich würde gerne bleiben, aber so, dass ich mit Rudi Seliger und Bernard Dietz gleichgestellt bin." Die waren Nationalspieler, ich war Nationalspieler. Aber der Verein wollte das finanziell nicht mitmachen. Dann musste ich halt wechseln.

Ist Ihnen der Abgang nicht schwer gefallen?
Es ist nicht leicht, sein ganzes Umfeld aufzugeben und eine neue Geschichte anzugehen. Aber wenn man nichts wagt, dann gewinnt man auch nichts. Mit einer kleinen Unterbrechung bin ich jetzt seit 32 Jahren in Braunschweig. Und so schnell möchte ich da auch nicht weg.

Dabei war Braunschweig nicht unbedingt der Nabel der Fußballwelt, schon gar nicht für einen Nationalspieler.
Sicherlich nicht. Aber das Umfeld hat mir sehr imponiert. Nach dem Training und nach den Spielen hat die Mannschaft zusammengesessen, es ging familiär zu. So, wie ich es aus Duisburg kannte.

War es eine Belastung, der erste Millionentransfer der Bundesliga zu sein?
Eine Bürde war das nicht für mich, weil ich wusste, dass kein Spieler so viel Geld wert ist. Für diese Summe hätte ich den Abstoß machen, hinterherrennen und dann das Tor machen müssen. Das war nicht machbar, daher hat mich das auch nicht gejuckt.

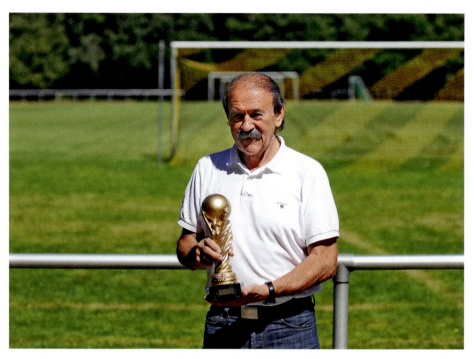

Sein größter Coup: Wosab mit der von ihm hergestellten WM-Trophäe.

Reinhold Wosab

Der Mann mit dem Weltpokal

Reinhold Wosab hat fast alle Vereinstitel gewonnen, die man als Fußballer gewinnen kann. Er wurde Europapokalsieger der Pokalsieger, Deutscher Meister und DFB-Pokalsieger. Um an die WM-Trophäe zu kommen, musste der beidfüßige Offensivmann aber erst seine Spielerkarriere beenden. Nach Stationen als Manager bei Rot-Weiß Lüdenscheid und Fußball-Obmann bei Borussia Dortmund stellt er seit 1985 in Alzey Pokale her, darunter auch den bedeutendsten der Welt.

Neben der FIFA und dem DFB bestellen sogar Schalke und die Bayern bei ihm – und natürlich sein BVB, den er zur 100-Jahr-Feier mit Trophäen für die besten drei Torschützen des Jahrhunderts versorgte. Warum ihm ausgerechnet der Deutsche Fußball-Bund zu seinem größten Coup verhalf und warum er auch im fortgeschrittenen Alter lange noch keine Zeit für die Rente hat, verrät der gebürtige Marler im Interview.

Reinhold Wosab
(* 25. Februar 1938 in Marl) spielte von 1962 bis 1971 für Borussia Dortmund, anschließend noch jeweils zwei Jahre für den VfL Bochum und Rot-Weiß Lüdenscheid. 1963 wurde Wosab Deutscher Meister, 1965 DFB-Pokalsieger. Als der BVB 1966 den Europapokal der Pokalsieger gewann, hatte Wosab seinen Stammplatz bereits an Stan Libuda verloren. Nach verschiedenen Tätigkeiten als Fußball-Funktionär übernahm er 1985 das Unternehmen Goly in Alzey, für das er auch heute noch tätig ist.

Reinhold Wosab, wie kam es zu Ihrer Karriere nach der Karriere?

Als Spieler und als Funktionär war ich immer auf andere angewiesen. Und bei Dortmund habe ich für lau als Vorstand gearbeitet. Ich wollte einfach mal weg und selbständig werden. Dann hatte ein Bekannter den Plan, ohne Eigenkapital eine Firma in Alzey zu übernehmen. Also habe ich meine zwei Häuser in Dortmund verkauft und zugepackt.

Was ist Ihre Lieblingstrophäe?

Ich kann alles machen, aber ein Stück ist etwas ganz Besonderes. Für die FIFA haben wir den Weltpokal hergestellt, ich habe zwei Exemplare davon immer noch bei mir. Das Original kostet drei Millionen Euro, es ist ja auch aus massivem Gold. Das dürfen die Weltmeister kurz in die Kamera halten und müssen es danach wieder abgeben. Dann kommt unser Double ins Spiel: Das kann auch mal hinfallen, weil es ja nur 1.000 Euro kostet.

Wie haben Sie es angestellt, ein täuschend echtes Replikat herzustellen?

Wir haben ein spezielles System entwickelt, bei dem wir mit Harz und Mehl gießen. Das wird dann später vergoldet. Ein Laie würde keinen Unterschied erkennen. Der Pott ist sogar so schwer wie der echte.

Hätten Sie es erwartet, dass Sie nach Ihrer aktiven Karriere die Hand an den Weltmeisterpokal legen würden?

Nein, natürlich nicht. Das habe ich mir aber erarbeitet. Der Auftrag von der FIFA kam 2001 über den DFB. In den 26 Jahren, in denen ich dabei bin, haben wir alle großen Ehrungen übernommen. Die letzte war der Goldene Schuh für den WM-Torschützenkönig Thomas Müller.

Sind Sie stolz, wenn Sie Ihre Trophäen im TV sehen?

Natürlich, das kann man doch auch sein! Als ehemaliger Spieler immer noch im Gespräch zu sein und einen Namen zu haben, ist doch sehr angenehm.

Was ist denn Ihr dickster Auftrag?

Der DFB schenkt allen Vereinen in Deutschland zum 50-, 75- und 100-jährigen Jubiläum Plaketten. Wir übernehmen das seit einem Vierteljahrhundert.

Wie lange werden Sie noch Pokale herstellen?

Ich bin jetzt 73 und suche einen Nachfolger. Wenn einer den Laden übernimmt, macht er wirklich gute Geschäfte. Aber ich glaube, dass wir trotzdem in Alzey bleiben werden. Unsere Tochter hat uns drei Enkel geschenkt, und deswegen wollen wir auch gar nicht weg. Ich habe da schließlich sehr viele Freunde.

Dennoch sind Sie regelmäßig in Dortmund.

Ich fahre zu fast jedem Heimspiel des BVB. Als ehemaliges Vorstandsmitglied bekomme ich schließlich immer meine VIP-Karte, das steht so in der Satzung. Und so weit ist es ja auch nicht entfernt, es sind nur 300 Kilometer.

Haben Sie noch Kontakte zu den handelnden Personen bei der Borussia?

Jürgen Klopp ist ein Freund von mir. Er kommt aus der Mainzer Ecke, daher habe ich schon Promispiele mit ihm gemacht, als er noch ein ganz Kleiner war. Kloppo hat zu uns aufgeschaut und sich gefreut, dass er mit uns kicken durfte. Heute ist er ein Weltstar, so schnell geht das. Aber er ist immer bescheiden geblieben, ein super Junge. Er ist ein Mensch mit Herz.

Und er hat Ihnen in Alzey einige Gratulanten beschert.

Die Leute haben mir 2011 zur Deutschen Meisterschaft des BVB gratuliert. Dabei bin ich doch nur 1963 Meister geworden. Aber sie finden, dass ich immer noch dazu gehöre.

"20 Jahre Chef auf dem Platz reichen": Der U19-Trainer drängt nicht ins Rampenlicht.

Dariusz Wosz
Der Rückkehrer

Noch nicht einmal die Hälfte, aber doch die längste Zeit seines Lebens hat Dariusz Wosz inzwischen in Bochum verbracht. Dabei war der Weg ins Ruhrgebiet weit für ihn. Als Neunjähriger zog er aus Polen nach Halle an der Saale in die damalige DDR. Der kleine Wirbelwind, der bis dato auf der Straße und einem Kartoffelacker gekickt hatte, wurde innerhalb weniger Jahre zu einem begehrten Fußballstar. Das wurde ihm spätestens bewusst, als er im Dezember 1991 nach langem Hin und Her zum VfL Bochum wechselte.

Dabei wollte Wosz weder ein Star sein noch für Bochum spielen. Heute ist die ehemalige „Zaubermaus" eine Legende des Vereins. Und der einstige Techniker, der mittlerweile die Trainerlaufbahn eingeschlagen hat, ist längst im Ruhrgebiet heimisch geworden. Ein Gespräch über neue Umgebungen, hohe Erwartungen und viel zu kurze Bedenkzeiten.

Dariusz Wosz
(* 8. Juni 1969 in Piekary Slaskie, Polen) absolvierte zwischen 1987 und 2007 324 Bundesligaspiele (39 Tore), 129 Zweitligapartien (18 Tore) und 93 Partien (15 Tore) in der DDR-Oberliga für den Halleschen FC, den VfL Bochum und Hertha BSC Berlin. Zudem kam er auf 17 Länderspiele (1 Tor) für die deutsche Nationalmannschaft sowie 7 Länderspiele (1 Tor) für die DDR-Auswahl. Seit Anfang 2008 trainiert er die U19 des VfL Bochum.

Dariusz Wosz, wie haben Sie den Umzug in die damalige DDR erlebt?

Ich habe kein Deutsch gesprochen und bin eine Woche nach unserer Ankunft eingeschult worden. Meine Eltern haben gebetet, dass mir die Schule gefällt. Die hätten mit allem gerechnet, aber nicht damit, dass ich ihnen vor Begeisterung in die Arme falle. So war es.

Wie lief es mit dem Fußball an?

Am Anfang habe ich allein auf dem Hof gebolzt, weil ich wenig Freunde hatte – ich konnte mich ja kaum unterhalten. Ich habe meinem Onkel die Garage und die Dachrinnen kaputt geschossen. In einen Verein bin ich erst mit elf Jahren eingetreten. Ab da ging es Jahr für Jahr mit Highlights weiter, ehe ich mit 17 in der ersten Mannschaft des Halleschen FC trainiert habe.

Und schließlich standen Sie in der Startelf der letzten DDR-Nationalmannschaft.

Ich wusste zu dem Zeitpunkt gar nicht, dass es der letzte Auftritt sein würde. Einige Spieler hatten sich leider schon vorher davongemacht. Und wenn ich nicht dabei gewesen wäre, wäre es auch nicht schlimm gewesen. Denn eigentlich wollte ich für Polen spielen.

Wie bitte?

Wenn ich nicht die DDR-Staatsbürgerschaft angenommen hätte, hätte ich nicht weiter Fußball spielen dürfen. Später habe ich mich bemüht, für Polen aufzulaufen. Aber die UEFA hat es verboten, weil ich ein Qualifikationsspiel für die DDR bestritten hatte.

Wie sind Sie später beim VfL Bochum gelandet?

Normalerweise wäre ich der erste Ossi beim VfL geworden. Ich hatte einen Vorvertrag und sollte gleich nach der Wende kommen. Aber dann wurde ich dafür bestraft, dass ich dem damaligen Manager Klaus Hilpert vertraut habe.

Inwiefern?

Halle hatte eine hohe Ablösesumme für mich gefordert, die wollte der VfL nicht zahlen. Ein halbes Jahr lang hat sich niemand mehr aus Bochum bei mir gemeldet. Erst als Anfragen vom Hamburger SV, Schalke 04 und dem AS Monaco kamen, wurde der Verein wieder warm mit mir. Am Ende hätte ich sogar den Vertrag mit Halle verlängert, nur, um nicht nach Bochum gehen zu müssen. Ich bin letztlich vors DFB-Gericht gezogen.

Das Ergebnis fiel ernüchternd aus.

Ich hatte ja die Absichtserklärung unterschrieben. Wenn ich nicht nach Bochum gegangen wäre, hätte ich eine Strafe in Höhe von 2,5 Millionen D-Mark zahlen müssen. Ich hatte noch nicht einmal 10.000 D-Mark auf dem Konto und war nur noch enttäuscht. Ich habe sogar überlegt, mit dem Fußball aufzuhören.

Und dann sind Sie im Dezember 1991 doch nach Bochum gewechselt.

Zunächst wurde ich als linker Außenverteidiger eingesetzt, im zweiten Jahr sind wir abgestiegen. Da gab es Phasen, in denen ich am liebsten gar nicht gespielt hätte.

Wie wurden Sie dann doch noch zur „Zaubermaus"?

In der Saison 1996/97 haben wir am zweiten Spieltag bei Bayern München gespielt. Ich habe einige Gegner ausgetanzt und Peter Peschel die Vorlage zum 1:1-Endstand gegeben. Sogar die Bayern-Fans haben uns gefeiert, wir waren keine graue Maus mehr.

Wie hat Ihnen die Rolle als Star der Mannschaft gefallen?

Ich stand im Rampenlicht und die Erwartungen waren entsprechend groß. Aber ich bin nicht aus dem Gefüge ausgebrochen, weil ich kein Star sein wollte. Daher gab es auch keinen Neid.

Auch nicht, als im Januar 1997 das Angebot vom FC Valencia kam?

Nein. Valencia hatte mir drei verschiedene Verträge vorgelegt, einen mit Peseten, einen mit US-Dollar und einen mit einer Firma. Als ich den Präsidenten von Valencia zu Gesprächen in Düsseldorf traf, hatte der plötzlich ganz andere Zahlen auf den Tisch gelegt als vorher sein Vize. Bis ein Uhr morgens haben wir diskutiert, dann habe ich abgesagt.

Wie sah es am nächsten Tag aus?

Am Morgen gab es eine Pressekonferenz, in der ich gesagt habe, dass ich beim VfL bleibe. Am Mittag kam ein Anruf aus Valencia, in dem sie auf alle Forderungen eingegangen sind. Aber ich konnte es nicht machen, weil ich kein zweiter Andreas Möller sein wollte.

Warum haben Sie den Verein 1998 trotzdem verlassen?

Am Tag nach dem letzten Saisonspiel bin ich ins Büro von Werner Altegoer eingeladen worden. Klaus Hilpert und Klaus Toppmöller waren auch da. Ich bin davon ausgegangen, dass man um mich herum eine neue Mannschaft aufbauen wollte. Aber dann haben sie mir mitgeteilt, dass Paris St. Germain Interesse an mir hätte. Im Nachhinein ist es verständlich, dass der Verein das Geld gut gebrauchen konnte. Aber das hätte man mir meiner Meinung nach anders beibringen müssen. Vielleicht hätte ich es auf der anderen Seite eine Woche sacken lassen sollen. So bin ich schließlich nach Berlin gegangen. Und Hertha BSC hat auch eine vernünftige Summe an Bochum gezahlt.

Wie haben Sie die Reaktionen der Fans erlebt?

Ich war sehr enttäuscht. Aber die, die meinen Trabi angezündet haben, waren ein paar Vollidioten – keine echten VfL-Fans. Es gab damals viele Missverständnisse. Und so war der erste Auftritt mit Hertha BSC in Bochum sehr unerfreulich. Ich habe eine unberechtigte Rote Karte gesehen und wurde vom Feinsten beschimpft. Am Montag danach ist mein Vater gestorben. Da habe ich gesehen, was wirklich wichtig ist. Und dementsprechend war schnell vergessen, was bei meinem Abschied passiert ist.

Sind Sie deshalb nach drei Jahren zum VfL zurückgekehrt?

Für mich war immer klar, dass ich nach Bochum zurückkehre. Ich hatte ein Haus und viele Freunde in der Stadt. Die Menschen hier sind überragend. Und Bochum ist mittlerweile meine Heimat.

Zehn Tage vor Ende der Saison 2009/10 wurden Sie Interimstrainer. Ein Fehler?

Der Verein hat mich gebraucht. Deshalb habe ich es gemacht – auch wenn die Mission eigentlich unmöglich war.

Verfolgt Sie dieser Abstieg bis heute?

Das Schlimme war, wie sich die Mannschaft präsentiert hat. Auch nach dem 0:3 gegen Hannover waren sich einige Spieler keiner Schuld bewusst. Was ich an diesem Spieltag erlebt habe, ist bis heute eine Enttäuschung.

Was wäre gewesen, wenn Sie den Klassenerhalt geschafft hätten?

Ich hätte es, glaube ich, nicht weitergemacht. Bis heute habe ich noch zu viele Freunde in der Mannschaft, mit denen ich selbst gespielt habe.

Wie lange wollen Sie noch U19-Trainer sein?

Von mir aus 20 Jahre. Ich habe viele Freiheiten und kann meine Ideen verwirklichen. Der Job als Jugendtrainer macht mir sehr viel Spaß.

Zieht es Sie denn nicht in die Bundesliga?

Das Profigeschäft würde mich reizen, aber nicht als Cheftrainer. Da muss man sich ständig präsentieren und kriegt einen auf den Deckel, wenn es nicht läuft. Ich war 20 Jahre auf dem Platz Chef, das reicht.

Ein Bochumer Held: Wosz bei seinem Abschiedsspiel mit Rein van Duijnhoven und Rob Reekers.

Als Spieler hatte Wolfram Wuttke immer den Schalk im Nacken.

Wolfram Wuttke
Das Enfant terrible a. D.

Hacke, Spitze, noch ein Streit: Wolfram Wuttke war das Enfant terrible der achtziger Jahre – hochbegabt und unverbesserlich. Mittlerweile hat sich der geniale Zehner gebessert, auch aufgrund mehrerer Schicksalsschläge. Nachdem er 1993 wegen eines Schulterbruchs seine Karriere beenden musste, verlor er mit dem eigenen Sportgeschäft in Recklinghausen viel Geld. Es folgten Scheidung und Hausverkauf sowie ein missglücktes Engagement als Spielertrainer beim TuS Haltern.

Doch erst eine Brustkrebserkrankung im Jahr 2000 ließ Wuttke wirklich nachdenklich werden. Den Kampf um sein Leben hat er mittlerweile gewonnen, nun ringt er um seinen Ruf. Oder, besser gesagt: um einen besseren. Denn der einstige Lautsprecher würde nur zu gerne als Funktionär im Sport Fuß fassen. Doch das stellt sich schwieriger dar als erwartet. Ein Gespräch über das passende Image und unpassende Eigenheiten.

Wolfram Wuttke
(* 17. November 1961 in Castrop-Rauxel) absolvierte zwischen 1979 und 1993 299 Bundesliga-spiele (66 Tore) für Schalke 04, Borussia Mönchengladbach, den Hamburger SV, den 1. FC Kaiserslautern und den 1. FC Saarbrücken sowie 37 Partien (12 Tore) für Espanyol Barcelona. Zudem kommt er auf 4 A-Länderspiele (1 Tor) für Deutschland. Seine größten Erfolge: Olympia-Dritter 1988, DFB-Pokalsieger 1990. Heute lebt er mit seiner Lebensgefährtin Marlies, einer Kinderkrankenschwester, in Selm.

Wolfram Wuttke, waren Sie der Prototyp des Enfant terrible?
Diplomatisch gesagt: Ein paar Dinge von mir waren sicherlich nicht so, wie man sich das gewünscht hätte. Aber man sucht sich immer einen aus, und so hat sich das bis zum Ende meiner Karriere fortgeführt. Das lag sowohl an mir als auch an den Medien.

Hätten Sie als Leisetreter eine größere Karriere hingelegt?
Das ist die meistgestellte Frage an mich. Und ich habe einen Standardspruch darauf: Einige Dinge würde ich tatsächlich anders machen, aber die meisten genauso, wie ich es getan habe. Es ist doch müßig, zu spekulieren, ob ich dann 40 Länderspiele und nicht vier gemacht hätte.

Gibt es denn etwas, dass Sie bereuen?
Eigentlich nur eine Sache. 1992 hatte ich ein Angebot vom FC Valencia. Ich hatte aber einen etwas skurrilen Berater aus Belgien, der es verlackmeiert hat. Ich hätte drei Jahre noch gutes Geld verdienen und in einem supergeilen Stadion spielen können. Aber es hat nicht funktioniert, so dass ich letztlich in Saarbrücken gelandet bin.

Ein Jahr zuvor waren Sie beinahe nach Schalke zurückgekehrt.
Es gab einen losen Kontakt. Aber drei Mal zum gleichen Verein zu wechseln, das war dann doch zu viel. Außerdem war meine Altersgrenze fast schon erreicht.

Weshalb haben Sie als Kind des Ruhrgebiets die längste Zeit Ihrer Karriere fern der Heimat verbracht?
Meine Karriere war immer mit holprigen Zeiten versehen, um es mal locker auszudrücken. Der ein oder andere Wechsel war unumgänglich. Da kann man nicht wählerisch sein, und deshalb habe ich nur ein Viertel meiner aktiven Zeit im Revier verbracht.

Wie kam es, dass Sie immer wieder mit Ihren Trainern aneinandergeraten sind?
Ich war ein impulsiver und sehr aufbrausender Typ. Ich wollte jedes Spiel gewinnen, auch im Training. Da ist schon mal das ein oder andere Wort gefallen, das nicht hätte fallen dürfen. Also ist man aneinandergeraten. Als Sternzeichen Skorpion habe ich den Dickkopf aufgesetzt, da hat mir vielfach die gewisse Diplomatie gefehlt.

War Ihnen denn nicht klar, dass man sich mit harten Hunden wie Ernst Happel besser nicht anlegt?
Er hat in seinem Wiener Schmäh mal gesagt, dass man mir ins Hirn geschissen hätte. Aber das hat mir nichts ausgemacht, er hatte ja auch andere beleidigt. Und ich muss nach wie vor sagen, dass Ernst einer meiner besten Trainer war. Er hatte neben Peter Neururer am meisten Ahnung vom Fußball. Vermutlich war der Zeitpunkt meines Wechsels nach Hamburg einfach schlecht.

Was meinen Sie?
Der HSV war Europapokalsieger der Landesmeister und Deutscher Meister. Sie hatten mit Felix Magath, Manni Kaltz und Ditmar Jakobs eine total veraltete Mannschaft. Und dann war da auch noch Dieter Schatzschneider.

Sie bildeten ein geniales Großmaul-Gespann.
Schatzi war auch kein Kind von Traurigkeit. Er hat sich nichts gefallen lassen, weder von Magath noch von Kaltz. Da wir beide uns im Trainingslager auch noch ein Doppelzimmer geteilt haben, war es vorprogrammiert, dass es eines Tages Theater geben würde.

Der damalige Manager Günter Netzer unterstellte Ihnen eine Charakterschwäche.
Netzer und ich haben uns einfach nicht verstanden. Sein Problem war, dass er von oben mit dem Finger auf andere Leute zeigte. Im Grunde genommen ist mir das aber auch egal.

Ich weine der Zeit keine Träne nach. Denn ändern kann ich es eh nicht mehr. Aber der Ruf des Enfant terrible verfolgt mich bis heute.

Wurde Ihnen das bei der Jobsuche nach der aktiven Zeit zum Verhängnis?

Ich werde überall mit Vorsicht genossen, dass weiß ich. Die Leute denken, dass ich immer noch so bin wie vor 15, 20 Jahren. Dem ist aber nicht so. Seitdem haben mich viele Dinge geprägt und ruhiger gemacht. Ich werde ja auch älter. Und wenn man es mit 50 noch nicht geschafft hat, klappt es wahrscheinlich nie.

Inwiefern hat Ihre Brustkrebserkrankung zu Ihrer Reifung beigetragen?

Als ich die Diagnose im Jahr 2000 bekommen habe, war das wie ein Schlag vor den Bug. Unter den vielen Millionen Männern in Deutschland gibt es nur ein paar Fälle von Brustkrebs. Ich musste mich mit dem Tod auseinandersetzen, ich hatte ihn vor Augen. Es dauerte fast zwei Jahre, bis ich mit allen Therapien durch war. Danach habe ich viele Dinge anders gesehen als vorher.

Sind Sie heute geheilt?

Ja, es ist überstanden und es geht mir wieder einigermaßen gut. Alle neun Monate muss ich zur Blutuntersuchung. Bis dato ist Gott sei Dank alles in Ordnung.

Also stünde einer zweiten Karriere im Fußball nichts mehr im Wege?

Nein. Ich war 2008 Sportdirektor und Trainer beim TSV Crailsheim. Der Hauptsponsor hat Nippon hergestellt und war zigfacher Millionär – ein Verrückter, der dem Rotwein erlegen war. Er hat mich gestriezt und genervt und wollte immer reinreden. Der hat vor Spielen sogar nachts noch angerufen, um die Aufstellung zu ändern. Irgendwann habe ich gesagt: „Jetzt fahre ich nach Hause, zurück in den Kohlenpott."

14 Jahre zuvor waren Sie auf Ihrer bis dahin einzigen Station als Spielertrainer beim TuS Haltern tätig.

Zum Abschlusstraining standen fünf oder sechs Leute auf dem Platz, da war Sinn und Zweck verfehlt. Also habe ich mir gedacht: „Macht euren Scheiß allein, ihr Irren."

Haben Sie als Trainer die Disziplin erwartet, die Sie als Spieler nicht besaßen?

Das mag sein. Dabei war ich eigentlich immer so der Spielerfreund, eher ein anti-autoritärer Trainer. Aber in Sachen Disziplin habe ich doch eine gewisse Konsequenz an den Tag gelegt.

Kommt heute noch eine Trainertätigkeit für Sie in Frage?

Wenn, dann möchte ich nur im Nachwuchsbereich arbeiten – oder als Sportdirektor im Hintergrund. Das ist eher mein Metier, als ständig auf dem Platz zu stehen. Für den Profibereich ist der Zug mehr oder weniger abgefahren, da mache ich mir nichts vor. Aber ein guter Amateurklub aus Nordrhein-Westfalen würde mich schon reizen.

Hätte der Trainer Wuttke den Spieler Wuttke gehasst?

Nö. Es sind nicht mehr so viele Individualisten auf den deutschen Plätzen zu sehen. Da würde man sich doch über einen Wuttke freuen. Natürlich gibt es super Nachwuchsspieler wie Mario Götze und Julian Draxler, die auf dem besten Wege sind, Topstars zu werden. Aber vom Mentalen her sind sie ein bisschen ruhiger.

Warum gibt es solche Typen wie Sie heutzutage nicht mehr?

Mein alter Kumpel Mario Basler, Stefan Effenberg und Frank Mill waren die Letzten, die den Mund aufgemacht haben, wenn ihnen etwas nicht gepasst hat. Das ist heute völlig anders geworden. Die Spieler stehen viel mehr im Fokus. Bei den Wahnsinns-Gehältern, die gezahlt werden, hat man sich auch eher zu fügen als wir damals.

Zurück im Revier: Wuttke auf seinem ersten Platz bei der SG Castrop.

Zorc, hier auf seinem ersten Platz in Eving-Lindenhorst, weiß um die Vergänglichkeit des Erfolges.

Michael Zorc
Der Meistermacher

Als Michael Zorc beim TuS Eving-Lindenhorst anfing, war er Linksaußen, weil er vorne nichts kaputt machen konnte. Kurze Zeit später rückte er ins Mittelfeld, wurde als C-Jugendlicher in die A-Jugend hochgezogen und wechselte mit 16 Jahren zu Borussia Dortmund. Doch seine Geschichte endet nicht drei Jahre später mit seinem Bundesliga-Debüt, sie fängt erst richtig an.

Denn Zorc, von seinem Mitspieler Rolf Rüssmann ob seiner Haarpracht „Susi" gerufen, erkämpft sich schnell einen Stammplatz und erlebt die Entwicklung des Vereins vom Abstiegskandidaten zum Champions-League-Sieger. Nach seinem Wechsel ins Management musste er den Preis bezahlen, den der Erfolg kostete. Die aus der Finanznot resultierenden mageren Jahre wurden ihm angekreidet. Insofern weiß Zorc den derzeitigen Erfolg besser einzuordnen. Ein Gespräch über Beinahe-Wechsel, böse Befürchtungen und Barmbek-Uhlenhorst.

Michael Zorc
(* 25. August 1962 in Dortmund) absolvierte zwischen 1981 und 1998 463 Bundesligaspiele (131 Tore) für Borussia Dortmund und ist somit der Rekordspieler des Vereins. Zudem kam er zwischen 1992 und 1993 auf 7 Länderspieleinsätze (0 Tore). Seine größten Erfolge als Spieler: Champions-League-Sieger und Weltpokalsieger 1997, Deutscher Meister 1995 und 1996, DFB-Pokalsieger 1989, U20-Weltmeister 1981. Seit 1998 ist er als Sportdirektor für den BVB tätig, mit dem er 2011 erneut Deutscher Meister wurde.

Michael Zorc, wie begann das mit Ihnen und Borussia Dortmund?

Ich war BVB-Fan. Das ist doch jeder Junge, der in der Umgebung groß wird. Mein erstes Spiel auf der Südtribüne habe ich zu Zweitligazeiten erlebt, das muss 1974 gewesen sein. Ich war zwölf Jahre alt. Meine Oma hatte mir einen Schal gestrickt und dann ging es über die Hohe Straße ab ins Stadion. Die Gegner waren nicht wie heute Arsenal London, sondern Barmbek-Uhlenhorst und Göttingen 05.

Sieben Jahre später feierten Sie Ihr Bundesligadebüt unter dem schwer alkoholkranken Trainer Branko Zebec.

Wir Spieler hatten davon gehört, aber zum Ende der Saison wurde es leider auch sichtbar für uns. Trotzdem war er ein hervorragender Trainer. Heute würde man von einem harten Hund sprechen. Gegen ihn ist Felix Magath eher ein gemäßigter Vertreter der Zunft. Und auch wenn Zebec nur ein Jahr blieb: Unter ihm hat sich der Verein zum ersten Mal nach 16 Jahren wieder für einen europäischen Wettbewerb qualifizieren können.

Wie haben Sie Ihre eigene Entwicklung vom Fan zum Profi erlebt?

Ich habe meinen Traum gelebt. Im ersten Jahr war ich noch Schüler und hatte am Heisenberg-Gymnasium in Eving mein Abitur gemacht. Im zweiten Jahr hatte ich mich in der Mannschaft etabliert, wenn auch auf verschiedenen Positionen. Trotzdem war es am Anfang sehr schwierig, mit dem Klub die sportlichen Ziele zu erreichen.

Was meinen Sie konkret?

Es gab viele Wechsel, was die Trainer und den Vorstand angeht. Das war keine einfache Zeit, aber es war eben mein Klub. Zudem gab es Mitte der achtziger Jahre noch eine wirtschaftlich schwierige Phase, die in den Relegationsspielen gegen Fortuna Köln mündete. In diesen Partien hat man gemerkt, was für eine Bedeutung der Klub für die Stadt hat. Beim entscheidenden Spiel in Düsseldorf waren 50.000 Leute, davon 45.000 aus Dortmund. In dieser Zeit sind der Verein und das ganze Umfeld noch einmal deutlich zusammengerückt. Und mit dem DFB-Pokalsieg 1989 wurde eine neue Ära eingeleitet.

Wie haben Sie diesen Titelgewinn empfunden?

Das war damals der absolute Höhepunkt meiner Karriere. Die ganze Region durstete nach sportlichen Erfolgen. Wer in Berlin dabei war, als die Stadt schwarz-gelb war, der hat gemerkt, welche Bedeutung dieses Spiel für die Leute hatte. Das hat eine richtige Dynamik in die Entwicklung des Klubs gebracht. Es war wie ein Startschuss. Danach haben wir permanent europäisch gespielt und die Mannschaft immer weiter entwickelt.

Mit den Erfolgen wurden zunehmend teure Stars eingekauft.

Die Qualität der Mannschaft ist deutlich erhöht worden, letztlich hat uns das die Meisterschaften 1995 und 1996 und auch die Champions League 1997 ermöglicht. Wie wir heute wissen, musste dafür ein hoher Preis bezahlt werden – im wahrsten Sinne des Wortes. Aber rein sportlich war es eine tolle Zeit, die ich miterleben und als Kapitän auch mitprägen durfte. Die Strahlkraft, die der Klub heute hat, liegt in dieser Phase begründet.

Haben Sie zwischendurch um Ihren Stammplatz gebangt?

Der Konkurrenzgedanke war unter Ottmar Hitzfeld stark ausgeprägt. Es gab ein paar Jungs, die sagten: „Je besser wir spielen, desto mehr sägen wir den Ast ab, auf dem wir sitzen." Natürlich ist aber niemand wirklich langsamer gelaufen, damit nicht so viel Geld reinkommt und wieder neu investiert wird. Ich war letztlich einer derjenigen, die überlebt haben. In diesem Zeitraum hatte ich die beste Phase meiner Karriere.

So feierten Sie 1992 als 30-Jähriger Ihr Debüt in der A-Nationalmannschaft.

Auf meiner Position im defensiven Mittelfeld standen mit Lothar Matthäus und Guido Buchwald zwei Weltklasseleute vor mir. Die waren einfach besser. Daher war es schon überraschend, dass ich zur DFB-Auswahl eingeladen worden bin. Aber das ging mit dem guten Abschneiden der Borussia einher. Ich bin stolz auf meine sieben Länderspiele. Aber das ist natürlich nichts im Vergleich zu dem, was Matthäus geschafft hat.

Haben Sie eigentlich jemals darüber nachgedacht, den BVB zu verlassen?

Ganz zum Ende, als ich im Spätherbst meiner Karriere war. Es wurden immer weiter Stars verpflichtet, für meine Position kam 1996 Paulo Sousa. Ich hatte aber den Anspruch, immer spielen zu wollen und war chronisch unzufrieden, wenn ich auf der Bank saß. Dann kamen Anfragen vom Hamburger SV und anderen Bundesligisten.

Wie haben Sie reagiert?

Ich habe hin und her überlegt, mich am Ende des Tages aber doch für den BVB entschieden. Und dafür bin ich mit dem Sieg in der Champions League und dem Weltpokal belohnt worden.

Nach Ihrem Karriereende folgte unvermittelt der Schritt ins Management. Wie haben Sie den Wechsel erlebt?

Es war sehr schwierig, weil es ein direkter Übergang ohne Vorbildung war. Aber ich war froh und dankbar, dass man mir die Chance gegeben hatte, in diesen Bereich reinzuschnuppern. In den ersten Jahren war ich eher der Assistent. Ich war mit dabei und konnte viele Erfahrungswerte sammeln. Das waren wichtige Lehrjahre.

Wann wurde Ihnen die dramatische Finanzsituation des BVB bewusst?

Am Anfang hat mir tatsächlich der Überblick gefehlt. Ich weiß nicht, ob ich der einzige war, dem es so ergangen ist. Dass es immer mal klemmte, habe ich natürlich mitbekommen. Dass die Lage aber so dramatisch und existenzbedrohlich war, habe ich erst erfahren, als es keinen Weg zurück gab.

Hatten Sie die Befürchtung, den Verein zu Grabe tragen zu müssen?

Ich hatte das Gefühl, dass ich es nicht mehr selbst in der Hand hatte. Wir waren von anderen Faktoren, von Gesellschaften und Banken abhängig. Das war kein gutes Gefühl. Danach haben wir uns auf die Fahnen geschrieben, dass dieser großartige Klub nie wieder in eine solche Situation kommen sollte. Gott sei Dank sind wir heute sehr weit davon entfernt. Heute sind wir sehr solide aufgestellt, so gut wie noch nie in der Geschichte.

War es nach dem Abgang von Dr. Gerd Niebaum und Michael Meier nicht eine sehr undankbare Aufgabe, mitten in der Krise mehr Verantwortung zu übernehmen?

Hans-Joachim Watzke hat mir sehr den Rücken gestärkt. Ich war nicht unumstritten und hatte das Gefühl, als ob ich auf Bewährung arbeiten würde. Da ich immer nur Einjahresverträge hatte, hätte man mich gar nicht rausschmeißen müssen. Glücklicherweise haben wir in diesem Zeitraum viele richtige Entscheidungen getroffen, auch wenn die Rückkehr des BVB für den äußeren Betrachter vielleicht ein bisschen zu langsam vonstatten ging. Aber anders war es schwer möglich, weil wir das Budget innerhalb von zwei Jahren halbiert haben.

Wie bewerten Sie Ihre Arbeit in dieser Phase?

Dem sportlichen Anspruch gerecht zu werden, war ein Drahtseilakt. Den hat man nicht immer mit 1A bestanden, weil wir auch mal bei der Trainerfrage oder dem einen oder anderen Spieler falsch lagen. Aber vieles geschah auch aus wirtschaftlichen Zwängen heraus.

Hat Sie die Kritik an Ihrer Person geschmerzt?

Ja, natürlich. Im Profibereich muss man damit umgehen können, dass man von außen bewertet wird. Aber es wurden auch Sachen unter der Gürtellinie ausgetragen, um mir persönlich zu schaden. Ich hatte den Ehrgeiz, zu zeigen: „Das ist mein Klub und ich will versuchen, die Dinge richtig zu stellen." Gott sei Dank hat man mir die Gelegenheit gegeben.

Gab es trotzdem bei Ihnen den Gedanken, alles hinzuschmeißen?

Zwischendurch mal, ja. Das war, als die Anfeindungen massiv waren und auch ins Persönliche gingen. Aber mein Ehrgeiz hat deutlich überwogen.

Kam es Ihnen gelegen, dass Sie mit der Verpflichtung von Jürgen Klopp 2008 ein wenig aus der Öffentlichkeit zurücktreten konnten?

Das entspricht dem Naturell und dem Rollenverständnis der handelnden Personen. Aber vor allem ist es einfacher und besser, eine Konstante zu haben, als wenn man jedes Jahr einen neuen Trainer vorstellen muss. Ich bin überzeugt, dass es für Borussia Dortmund keinen besseren Trainer auf dieser Welt gibt.

Wie würden Sie die Deutsche Meisterschaft 2011 im Vergleich zu Ihren anderen beiden bewerten?

Wenn ich ein bisschen auf die Kacke hauen wollte, würde ich sagen: Das ist die größte Leistung, die in diesem Klub erbracht worden ist – zumindest, soweit ich das profund bewerten kann. Unser Finanzrahmen ist eher für Platz acht ausgerichtet. Was Mannschaft und Trainer in dieser Saison geleistet haben, war sensationell. Wir werden erst in einigen Jahren so richtig merken, was da abgegangen ist. Nach diesem Titel herrschte wieder so eine ursprüngliche Euphorie, wie man sie 1989 erlebt hat.

Mit der Euphorie ist auch die Erwartungshaltung gestiegen.

Wir sind dafür da, die Dinge richtig einzuordnen und sie entsprechend nach draußen zu transportieren. Jeder, der sich ernsthaft mit Borussia Dortmund beschäftigt, weiß, dass das ein Sensationserfolg war. Niemand erwartet von uns, dass dieser Erfolg 1:1 wiederholt wird. Schließlich gibt es auf dieser Welt auch noch Bayern München mit ganz anderen finanziellen Möglichkeiten. Und außerdem mussten auch wir den Umgang mit dem Erfolg lernen.

Sind Sie eigentlich stolz, ein BVB-Urgestein zu sein?

Auf die Kontinuität schon. Aber ich hatte es nicht immer selbst in der Hand, weil ich von anderen Menschen abhängig war. Wenn man so lange für den Verein arbeitet, zeigt es zumindest, dass man kein linker Hund und auch nicht ganz auf den Kopf gefallen ist.

Können Sie sich überhaupt vorstellen, für einen anderen Klub zu arbeiten?

Momentan nicht. Aber vielleicht kommt irgendwann der Tag, an dem man mir sagt: „Dich wollen wir hier nicht mehr." Dann müsste ich mir Gedanken machen. Aber derzeit habe ich keine Ambitionen, etwas anderes zu machen. Und inzwischen läuft mein Vertrag sogar bis 2014. Da kann man längerfristig planen.

Sie waren selbst mal ein viel versprechender junger Spieler und sind dem BVB treu geblieben. Haben Sie Verständnis, wenn die Spieler von heute einen anderen Weg gehen möchten?

Ja, natürlich. Man sollte auch nicht heuchlerisch damit umgehen. Ich habe nie ein Angebot von Real Madrid gehabt. Und wenn ich ganz ehrlich bin, wüsste ich auch nicht, wie ich mich entschieden hätte. Wahrscheinlich hätte ich nicht sofort gesagt, dass ich es mir überhaupt nicht anhöre. Einen Wechsel muss man im Gesamtrahmen einer Fußballkarriere akzeptieren.

Am Anfang: Zumdick auf seinem ersten Platz bei Preußen Münster.

Ralf Zumdick
Die „Katze" auf Wanderschaft

Dass Ralf Zumdick einmal zur „Katze" werden würde, war in seinen Anfangsjahren als Fußballer kaum abzusehen. Obwohl er schon in der E-Jugend nach einer Verletzung des etatmäßigen Schlussmanns ins Tor von Preußen Münster rückte, half er regelmäßig in der D2 als Feldspieler aus. In der A-Jugend musste er seinen Platz im Kasten sogar räumen und setzte später ein Jahr mit dem Fußball aus.

Dennoch sollte der Spätstarter zu einer Größe in der Bundesliga reifen, zumindest als Spieler. Denn seine anschließende Karriere als Cheftrainer in Deutschland war ein halbes Jahr nach dem Aufstieg 2000 mit seinem VfL schon wieder beendet. Auch wenn es ihn danach in die Welt hinauszog, nach Ghana, in die Türkei und mittlerweile in den Iran: Bochum ist längst Zumdicks Heimat geworden. Ein Gespräch über spätes Glück und das Ringen um Anerkennung.

Ralf Zumdick
(* 10. Mai 1958 in Münster) absolvierte zwischen 1980 und 1994 282 Bundesligaspiele (1 Tor) und 21 Zweitligapartien (0 Tore) für Preußen Münster und den VfL Bochum. Anschließend war er Co- und Cheftrainer beim VfL, Chefcoach bei Asante Kotoko und der ghanaischen Nationalmannschaft sowie Assistent von Thomas Doll beim Hamburger SV, Borussia Dortmund und Genclerbirligi Ankara, wo er Doll anschließend beerbte. Seit August 2011 arbeitet er als technischer Direktor von Persepolis Teheran im Iran.

Ralf Zumdick, hatten Sie den großen Fußball zwischenzeitlich schon abgehakt?
Ja. In der A-Jugend bin ich nicht mehr richtig gewachsen. Also saß ich eine Zeit lang bei Preußen Münster auf der Bank. Ich fand das völlig ungerecht, habe meinen Stammplatz nachher aber wiedererobert. Mit 17 hat mich Werner Biskup manchmal sogar in der ersten Mannschaft mittrainieren lassen.

Warum vergingen dann weitere fünf Jahre bis zu Ihrem Zweitligadebüt?
Eigentlich sollte ich einen Vertrag bei den Preußen unterschreiben, aber der Verein steckte ein bisschen in Schwierigkeiten. Und dann kam die Bundeswehr dazwischen, da hat man sich wenig um mich gekümmert. Eigentlich sollte ich in die Sportkompanie kommen, aber dann wurde ich plötzlich ganz normal eingezogen. Ich war mitten im Harz an der Zonengrenze stationiert. Ich war enttäuscht und habe ein Jahr lang überhaupt nicht Fußball gespielt.

Wie hat es doch noch mit dem Fußball geklappt?
Irgendwann hat mich ein ehemaliger Trainer zu den Preußen zurückgeholt. Und dann habe ich ziemlich schnell den Sprung von den Amateuren in die erste Mannschaft geschafft. Auf einmal war ich Zweitligafußballer, habe aber weiter voll gearbeitet.

Warum sind Sie nach nur einer Saison beim VfL Bochum gelandet?
Wir haben die Qualifikation für die eingleisige zweite Liga verpasst. Anschließend hatte ich auch Angebote von Bielefeld und Bremen, aber die Bochumer waren am schnellsten. Also habe ich mich für zwei Jahre bei der Sparkasse beurlauben lassen, weil ich mir den Weg zurück offenhalten wollte. Aber ich habe mich relativ schnell durchgesetzt.

Wie wurden Sie dann zur „Katze"?
In Bochum ist eine Katze gegangen, Jupp Kaczor nämlich. Daraufhin hat Rolf Blau gemeint, dass ich die neue Katze wäre. Hermann Gerland hat sich am Anfang kaputt gelacht, weil er mich eher für einen alten Kater hielt. Aber der Name hat sich gehalten.

Sie wurden zum Ur-Bochumer.
Beim VfL habe ich so ziemlich alles gemacht. Ich war Spieler, Co-Trainer und Cheftrainer. Nach 20 Jahren war es vorbei. Aber wenn man Chefcoach wird, ist klar, dass man die längste Zeit in einem Verein gewesen ist. Das ist eigentlich schade.

Haben Sie sich deshalb nach dem Angebot, Chefcoach zu werden, eine Bedenkzeit erbeten?
Ja, ich habe lange überlegt. Die Alternative wäre gewesen, ewiger Co-Trainer oder Torwarttrainer zu werden. Das wollte ich eigentlich nie. Ich habe den Fußballlehrer schließlich gemacht, weil ich ein Cheftrainer sein wollte – auch wenn das in Deutschland als ehemaliger Torwart sehr schwer ist.

Es folgte ein Leben auf Wanderschaft.
Nach der Zeit beim VfL ging es immer irgendwie weiter. Ich bin froh, dass ich die Welt gesehen habe. Aber die Familie hat ein bisschen darunter gelitten. Meine Frau und ich haben aber von Anfang an in Bochum gelebt. Dort ist jetzt unsere Heimat, dort sind unsere Kinder aufgewachsen und dorthin kehre ich immer wieder zurück.

Wie erleben Sie Ihre aktuelle Station im Iran?
Es ist ein Abenteuer. In dem Land herrscht eine pure Fußballbegeisterung. Wenn wir mit Persepolis Teheran zum Derby gegen Esteghlal antreten, kommen 100.000 Zuschauer ins Stadion. Zu den normalen Spielen kommen auch mindestens 50.000, 60.000 Fans – und das, obwohl nur Männer ins Stadion kommen dürfen.

Dank

Ich danke allen Protagonisten dieses Buches, die sich die Zeit genommen haben, auf ihren ersten Platz zurückzukehren und mich an ihren Erinnerungen teilhaben zu lassen.

Ich danke Uli Homann und Ralf Piorr für ihre wertvollen Ratschläge und Hinweise, Thomas Wein für das Layout des Covers und Simon Ziegler und Udo Jansen für ihren Einsatz und ihre Kreativität bei der Gestaltung der Seiten.

Ganz besonders aber danke ich meiner Mone, die immer für mich da war und mir gezeigt hat, dass die Liebe zum Fußball nicht alles ist.

Fotonachweis

firo sportphoto: *14, 16, 24, 25, 26, 27, 28, 35, 36, 37, 40, 60, 65, 66, 70, 71, 74, 77, 80, 96, 98, 102, 108, 109, 110, 118, 119, 120, 122, 130, 131, 132, 170, 176, 178, 190, 193*
imago: *8, 29, 34, 46, 61, 62, 81, 85, 94, 100, 121, 150, 151, 162, 163, 166, 172, 194*
Kai Griepenkerl: *10, 12, 17, 18, 20, 22, 30, 38, 43, 44, 48, 50, 55, 56, 58, 69, 72, 75, 76, 78, 82, 86, 88, 90, 92, 95, 99, 101, 105, 106, 114, 116, 125, 126, 128, 133, 134, 137, 138, 142, 144, 148, 152, 154, 156, 158, 164, 168, 175, 177, 179, 180, 182, 184, 186, 188, 197, 198, 202*
Archiv Dirk Drescher: *47*
Archiv Hermann Erlhoff: *54*
Archiv Manfred Rummel: *136*

Stand aller Statistiken: 18. Januar 2012